农业经济管理与农村经济发展研究

肖卓霖 著

哈尔滨出版社
HARBIN PUBLISHING HOUSE

图书在版编目（CIP）数据

农业经济管理与农村经济发展研究 / 肖卓霖著. --
哈尔滨：哈尔滨出版社, 2023.8
ISBN 978-7-5484-7476-0

Ⅰ.①农… Ⅱ.①肖… Ⅲ.①农业经济管理 – 研究 –
中国②农村经济发展 – 研究 – 中国 Ⅳ.①F32

中国国家版本馆CIP数据核字(2023)第156349号

书　　名：农业经济管理与农村经济发展研究
NONGYE JINGJI GUANLI YU NONGCUN JINGJI FAZHAN YANJIU

作　　者：肖卓霖　著
责任编辑：赵海燕
封面设计：蓝博设计

出版发行：哈尔滨出版社（Harbin Publishing House）
社　　址：哈尔滨市香坊区泰山路82-9号　　邮编：150090
经　　销：全国新华书店
印　　刷：武汉鑫佳捷印务有限公司
网　　址：www.hrbcbs.com
E-mail：hrbcbs@yeah.net
编辑版权热线：（0451）87900271　87900272
销售热线：（0451）87900201　87900203

开　　本：787mm × 1092mm　1/16　印张：11.75　字数：240千字
版　　次：2023年8月第1版
印　　次：2023年8月第1次印刷
书　　号：ISBN 978-7-5484-7476-0
定　　价：68.00元

前　言

《农业经济管理与农村经济发展研究》是一本专注于研究农村经济发展的著作，旨在探究农业经济管理的规范化对农村经济发展的促进作用，提供有益于农村经济发展的政策建议和思路。本书是对农村经济发展及其相关问题的研究成果的集大成者。

如今，我国正处在全面建设社会主义现代化强国的新时期，农村经济的发展对于国家的全面发展具有至关重要的作用。然而，农村经济发展面临着许多挑战和问题，其中包括农业产业结构不合理、农村人口流失、农村土地流转难等。如何解决这些问题、推进农村经济的健康发展，已成为当前社会热议的话题。

本书以农村经济发展为核心，以农业经济管理为手段，深入探讨了农村经济发展的现状、问题及其解决方法，为推进农村经济的健康发展提供了有益的参考和借鉴。本书首先介绍了农业经济管理的基本概念、任务及研究对象，从而为后续研究奠定了基础。随后，本书分别从不同角度探讨了农业经济管理与农村经济发展的相关问题，并提出了具有现实意义的政策建议和实践思路。

在本书的编写过程中，作者汇聚了各界专家学者的智慧和经验，力求呈现给读者一份真实、客观的研究成果。作者相信，通过对本书的阅读和研究，读者们可以更好地了解农村经济发展的现状、问题及其解决方法。

最后，向所有为本书的创作做出贡献的专家学者表示衷心的感谢。同时，也要感谢出版社的支持和帮助，使得本书能够顺利出版。

在此，也真诚地希望本书能够对读者们有所启迪和帮助，为推进农村经济的健康发展贡献一份力量。最后，再次向所有支持和关注本书的读者致以诚挚的谢意！

目　录

第一章　农业经济管理的基本概念

第一节　农业的概念

一、农业的概念

农业是人类对植物、动物和微生物的生长繁殖过程及其所处的环境条件进行干预，通过人们有意识的劳动以取得符合社会需要的产品的物质生产部门。农业的概念包括内涵和外延两个方面。

（一）农业概念的内涵

即通过人们的劳动、以土地为基本生产资料、以农业生物为劳动对象，将外界环境条件中的太阳能量、营养元素和水分转化为人类所需要的生物性产品。

（二）农业概念的外延

1. 现代农业初始阶段

狭义农业仅指种植业生产，甚至仅指生产一年生农作物的栽培业。广义农业即农业（种植业）、林业、畜牧业、副业和渔业。

2. 现代农业中后期

农业的范围包括为农业提供生产资料的农业前部门和为农业提供农产品加工、储藏、运输和销售的农业后部门。

二、农业的特点

（一）农业的根本特点

农业生产与工业相比有其显著特点，最根本的特点是经济再生产过程与自然再生产过程交织在一起。马克思指出：“经济的再生产过程，不管它的特殊的社会性质如何，在这个部门（农业）内，总是同一个自然的再生产过程交织在一起。”所谓经济再生产，是指结成一定生产关系的社会成员，借助一定的生产手段和劳动对象来进行生产产品的过程。所谓自然再生产，指由于农业生产的对象是有生命的有机体，都有其自身的生长发育规律，都与土壤、气候、雨量、光照等自然环境条件有着密不可分的关系，生物有机体通过同它所处自然环境之间物质、能量的交换、转化，而不断生长、繁殖的过程。因此，农业的再生产过程，既是人们投入活劳动和物化劳动，生产出满足人们需要的农产品的经济再生产过程，同时又是生物有机体本身生长、发育、繁殖的自然再生产过程。这两种过程是紧密结合在一起的，是农业生物本身的生命过程和人类有目的的劳动过程的交错和统一。单纯的自然再生产过程，并不是农业生产，只是构成了自然界的生态循环。作为农业生产，还要有人类的生产劳动对自然再生产过程的干预。这种干预，必须既符合生物生长发育的自然规律，又要符合社会经济发展的客观规律。农业的经济再生产，在不同的社会形态下有着不同的内容，它受特定的经济规律的支配。人们对农业的自然再生产过程的干预能力，是随着科学技术的进步而不断提高的。农业生产正是在经济发展和科技进步两者的相互作用下，不断由较低水平向较高水平发展的。

（二）农业的生产特点

具体表现在：

1. 土地是农业生产中不可替代的基本生产资料

土地在农业中的作用，是和农业生产的特点相联系的，在其他物质生产部门中，土地一般只作为劳动场所，而在农业生产中，土地不仅是人们劳动的场所，同时还是农作物的生长基地，直接参与农作物的生长过程，所以，土地在农业中不仅是劳动对象，而且是劳动手段。土地以自身的物理、化学、生物学特性，为动植物的生长发育提供必要的水分、养分等，直接参与农产品的形成；农业还必须在广阔土地上进行，只有扩大接受太阳光照射的面积，才能更多地吸收和凝固太阳能。但土地面积有限，人们不能创造出比原来更多的土地。因此，进行农业生产，必须十分珍惜土地资源，充分合理地开发利用土地，做到用地养地结合，不断提高土壤肥力，为植物生长提供和协调营养条件及环境条件。

2. 农业生产过程劳动时间和生产时间不一致

生产时间指动植物生长、发育、成熟和繁殖的全过程，是持续不断的。各种生物生长时间的长短，主要由生物本身的特点决定，同时也受季节、气候和自然条件等因素的影响。劳动时间是指人们作用于劳动对象的时间，由于在整个生产时间内，较长时期是动植物在自然生长，并不需要人们持续不断地投入劳动，所以劳动时间带有间歇性。由此产生了劳动力和生产资料利用的季节性。这一特点，要求人们既要按生物本身需要，不违农时地进行农事活动；又要合理组织生产活动，使农业各部门全面发展，全年均衡有效地利用生产资料和劳动力，减少季节性的影响，做到人尽其力，物尽其用。

3. 农业生产受外界环境条件影响较大，有明显的地域性

一般来说，各种农作物对外界条件都有其特殊的要求，由于土地不能移动，而自然

条件又具有地区的分布规律和特点，所以农业生产具有明显的地域性。其突出表现是不同地区种植的作物和饲养牲畜在种类和品种上各有不同。此外，各地区的科技水平、交通运输条件、经营管理水平等也存在差别。因此，在不同地区消耗同等劳动的情况下，会产生不同的农业劳动生产率。这必然造成农业的社会分工主要表现为地域上的分工。其经营效益与农民收入也有差异。马克思指出："农业劳动的生产率是和自然条件联系在一起的，并且由于自然条件的生产率不同，同量劳动会体现为较多或较少的产品或使用价值。"因此，发展农业生产必须因地制宜，分类指导，根据当地自然、经济条件和生态特点进行合理布局，充分发挥各地优势，建立合理的农业生产结构，以便取得更好的经济效果。

4. 农业生产分布广阔，劳动地点分散

农业生产，特别是大田生产，是在广阔的土地上进行的，劳动地点分散。因而不能像工业那样采取集中的规模，适合建立多层次的经营形式。虽然畜牧场集中饲养一定头数的牲畜，养禽场已逐步走向工厂化。而它们还要靠饲养基地，通过流通环节，供应不可缺少的饲料。

5. 农产品具有消费资料和生产资料双重性

农产品除作为消费资料进入消费领域，供给人们生活需要外，还有一部分作为生产部门再生产所需的生产资料进入生产领域。如农业生产所需的种子、种畜、种苗、种禽、除引进良种外，大部分由自身繁殖进行再生产及扩大再生产。农产品质量的优劣，直接影响下一再生产过程的数量和质量，关系到生产者的经济效益，同时也关系到人们的生活水平。因此，应重视生物品质资源的开发、改良和提高。

6. 农业商品化促进流通环节发展，在国民经济中形成许多新产业

农业生产的地域性，要求不同产品进行地区间交换；农业分布广阔，要求产品集运到城市及工矿区人口密集的集中消费点；人们生活水平提高，趋向购买加工包装好的食物，因为农畜产品流通领域等环节，如加工、包装、运输、储存等日益发展，形成许多与农业有关的新产业。发达国家这部分产业的就业人数高于农业直接生产人数。除以上特点外，我国农业中还存在以集体经济为主的多种经济成分、多种经营层次并存的经济特点，其生产及经营水平差别很大，农业经济管理工作必须与此相适应。

三、农业发展历程及趋势

（一）原始农业——农业起源

学界对农业的起源有较多的假设理论。研究指出，原始社会人口逐渐增长使得鸟兽因被过度猎杀而难以获得，肉类食物又因易腐烂而难以长期储存，为了弥补食物缺口，人类开始把采集的野生植物果实保存下来用于第二年播种，收获后作为次年秋冬季的补充食物，从而开始了农业生产活动。人类从狩猎采集向农业生产的转变，为定居生活的

形成提供了基础。在此过程中，尽管作物还没经过驯化，但当时的人类已经开始有计划地进行种植和收获了。约公元前 11000 年，随着冰河期的结束，全球大多数地区的气候从湿润转变为干旱。黎凡特地区（现叙利亚）有极适合早期农业活动的一年生植物群落，亦有优良的气候条件，结合考古发掘成果，学界认为该地区为最早的农业起源地区。

在刀耕火种时代，人类在林地中开辟种植土地，以食物产出为目的替换原生植物群落。在此过程中，虽未经人工选择，但植物性状发生了自然改变，如大约在公元前 9500 年，新月沃土地带——黎凡特地区的谷物种子体积增大，这类性状的改变大大降低了驯化植物的难度。

生活在草原地区的人类群落以畜群供给人类的衣食住行，并维护畜群的繁衍，避免畜群受到野兽侵袭，形成“草地—人类—牲畜”系统。这时的人类跟随畜群，逐水草而居，由牲畜引导着人类进行适应性生产行为，形成了最早的游牧系统，这也是畜牧业的雏形。

农业在全球至少 11 个地区独立起源，约公元前 13000 年，猪在美索不达米亚地区被驯化；约公元前 10000 年，羊在美索不达米亚地区被驯化；约公元前 8500 年，牛在巴基斯坦和土耳其地区被驯化；约公元前 3000 年，骆驼被驯化。

略晚于公元前 9500 年，黎凡特地区驯化了小麦、大麦、豌豆、扁豆、亚麻等农作物，并开始大规模种植小麦，无花果树也在之后的 100 年内被驯化。

约公元前 8000 年，尼罗河两岸开辟了大量农场。公元前 7000 年前后，种植技术传播到了美索不达米亚，苏美尔人对种植业进行了系统化、规模化的运用。与此同时，东亚地区的黄河、长江流域也以水稻为主要种植作物，独立兴起了农业活动。公元前 8000 年至公元前 4000 年，美洲大陆相继驯化了马铃薯、番茄、辣椒、南瓜、玉米等作物。农业生产也在大洋洲、东欧、西欧等地独立起源，并驯化了蜜蜂、大麻、香蕉等动植物。

（二）中国近古代农业

唐末社会大动荡以后，宋代国内相对稳定、人口膨胀，劳动力的增长推动了垦田面积的增加。宋代也重视农业技术的研发和推广，先进的农耕技术、农具、品种极大地促进了宋代农业的进步。

宋代旱地农业体系成熟，精耕细作在太湖流域得到了广泛应用，农民懂得用冻融等自然力改良土壤。淤田法在北方地区得以推广，水稻成为全国第一大粮食作物，冬麦、晚稻两熟制也在南方地区得到大面积推广，在长江流域相当普及。

宋代的农业工具已接近成熟，在农业生产中出现了多种专用农具配套使用的劳作方法。秧马的推广大大减轻了插秧、拔秧的劳动强度，提高了劳动效率。高转筒车是汉魏时期翻车的改良，能引水上山，解决了丘陵、山地、梯田等高于水面的耕地的灌溉难题。犁刀是一种犁和刀相结合的具有综合功能的先进农具，具有破土和斩断芦苇梗的作用，安装在犁镵头上，在耕地时先割断芦苇根，再翻耕，省时省力。

宋代重视新品种的引进、培育和推广，公元1012年从越南引进占城稻，在江南地区试验种植，其抗旱性和土壤适应能力突出，很快就被广泛推广。此外，还从新罗引进黄粒稻、从印度引进西天绿豆、从契丹引进西瓜。宋朝国内育种工作也卓有成效，如洛阳和尚稻、苏州箭子稻等优良籼稻、糯稻有几十种之多。

到了明代，引进了甘薯、花生、玉蜀黍、烟草等新品种，其中甘薯（番薯）高产、易种植，其引种、推广和种植是17世纪中国农业的重大成就之一，甘薯也是明末大饥荒时期重要的救灾食品。明代对旧有的灌溉技术和水力机械也进行了改进，徐光启等先行者在17世纪引进了高于国内水利技术的西方"水法"，引进了"龙尾车"（吸水工具）和"玉衡车"（双桶提水机），为国内农业生产带来了新的思路和方向。

（三）近现代农业

1. 英国农业革命

16—19世纪，英国的农业生产能力取得了突飞猛进的进步，四轮倒茬技术、农业机械化、人工选择育种等新农艺的兴起间接加速了英国人口膨胀，1720—1840年，英国小麦产量提高了50%以上。农业生产效率的提升使很多人从繁重的农业生产中解脱出来投入工业发展，为工业革命打下了扎实的基础。

单一作物在同一片耕地上反复种植，会导致土壤中特定的某一种或多种元素被消耗殆尽，这在当时的英国，主要表现为耕地氮元素匮乏，其流行应对方法为休耕，效率很低。Charles Townshend等人在18世纪中期从荷兰、比利时等地向英国引进并推广了四轮倒茬技术（Four-field Rotation System），该系统将小麦、芜菁、大麦、苜蓿四种作物倒茬轮作，不但种植了粮食作物，提供了放牧饲料作物和刈割饲料作物，保障了牲畜全年的口粮，还利用苜蓿根部根瘤菌的固氮作用，为土壤补充氮肥。

18世纪中期，Robert Bawell等人探索完善了人工选择育种技术，并利用杂交技术来获取有利性状，创造了诸多高产量、强抗逆的动植物品种。

农业在18世纪的另一个瞩目成就是机械力量的应用，降低了农业生产的难度，显著提高了农业生产效率。1701年发明的播种机能够精确地控制播种的深度和间距；1784年问世的脱粒机将脱粒这种烦琐的工作变得高效而轻松；1812年蒸汽机被用作脱粒机的动力来源。19世纪，农业机械已广泛使用于多种农业生产活动。1892年，美国人John Froelich发明了世界上第一台汽油动力拖拉机。

18世纪，传统农用工具在英国获得了改良和更新。以犁为例，为满足不同土壤的翻耕需求，仅在1789年，英国农具生产商Ransomes，Sims & Jefferies就推出了86种不同型号的犁。

农业生产的兴盛也带动了肥料市场的发展，英国人John Bennet Lawes在1842年开办了世界上第一家化肥厂。在硫酸中溶解粪石以生产磷肥、从智利进口硝酸钠和鸟粪作为氮肥是当时常见的肥料来源。

2.20 世纪以来的农业发展

虽然汽油动力拖拉机在 1982 年就已问世，但其在商业上获得成功却发生在 1901 年。20 世纪初，农业机械的发展突飞猛进，1923 年 International Harvester 公司生产的拖拉机已可完全替代畜力，随后问世的联合收割机、点播机、移栽机等新机械推动了农业机械化的进一步发展。机械化农业具有效率高、规模大的优势，极大地提高了单位土地的产出能力。20 世纪初，土壤中氮元素的缺乏是限制产量的主要因素之一，但这个困境在 1910 年得到了改观。德国化学家 Carl Bosch 将已有的硝酸铵合成技术进行改良并成功地在商业市场上推广。第二次世界大战结束后，合成化肥的使用范围大大增加，促进了世界人口的又一次增长。

20 世纪，品种的跨地域引进推广达到了空前规模，约 70% 的农作物被推广引出其发源地，被世界各国引进种植。20 世纪 50 年代以后，基因工程、无土栽培技术等也为农业的发展注入了新活力，生物燃料的制备生产也成了农业发展的新方向。但农业发展依然面临着严峻的问题，气候变化、战争、政治、病害等诸多因素导致的饥荒夺去了数百万人的生命；滥用农药和化肥所带来的环境问题日益突出，膨胀的人口迫切地需要更高产的农作物，种种危机推动了绿色革命的发生。

3. 绿色革命

一般认为，绿色革命是 20 世纪 40—70 年代，全球范围内突破一系列农业技术，并向发展中国家推广的过程。第二次世界大战结束后，十亿多人口面临粮食短缺的困境，美国农学家 Norman Borlaug 等人推动了高产作物、大规模灌溉、无土栽培、现代田间管理等技术的发展，并推广杂交品种、复合化肥和杀虫剂等新型农资，避免了大规模饥荒的发生。

20 世纪，化肥、杀虫剂和农业机械化的发展强力推动了全球农业产量的提高，饲料作物产量的增长也降低了畜产品的价格，使肉类食品能被更多的人消费。绿色革命从发达国家兴起，逐渐推广至各发展中国家，尤其是在亚洲，高产水稻的试种成功解决了数亿中国人的吃饭问题。

4. 袁隆平超级杂交稻

中国育种专家袁隆平从 1960 年开始研究水稻育种，提出选育雄性不育系、保持系和恢复系作为水稻育种的材料，应用三系法实现了杂交水稻的生产应用。1995 年，袁隆平带领团队成功实现杂交水稻两系法育种，比三系法杂交增产 5% ~ 10%。据统计，到 2000 年，中国推广两系杂交水稻的面积累计达 333.33 万公顷，比三系杂交水稻增产 750 ~ 1500 千克 / 公顷，年增产稻谷 1 亿 ~ 2 亿千克 / 公顷。至 2017 年，袁隆平团队选育的超级杂交稻品种“湘两优 900”在河北省邯郸市试种 6.8 公顷，产量达 17235.3 千克 / 公顷，创造了世界水稻单产的最新、最高纪录。

5. 有机农业

1924 年，奥地利哲学家 Rudolf Steiner 提出在生产过程中不使用化学杀虫剂，以此为基石发展出了无化肥、无化学杀虫剂、无转基因的有机农业运动，这股浪潮席卷全球，各国均建有有机农场。从历史上看，20 世纪以前的世界农业几乎均为有机生产，现今返璞归真式的有机农业生产依然无法克服产量低、病虫害多、抗逆性差的困境，也难以找到大规模应用的出路，目前只能依赖少量生产高端农产品的商业模式。

（四）新世纪农业展望

进入 21 世纪，世界一体化、经济全球化的趋势逐渐明显，新环境为各国的农业发展提供了难得的历史机遇，也带来了困难和挑战。当代农业已经摆脱了地域自给自足的状态，进入了商品化农业时代，市场经济下农产品的全球交流空前发展，各国农产品出口竞争激烈。这一切表明，各国的农业生产之间不再互不相干，而是以前所未有的方式紧密联系。农业的全球化、国际化、商品化是新世纪农业的主要趋势之一。

预计到 2030 年，世界人口将高达 80 亿，如何利用现有的紧张资源养活膨胀的人口是世界各国面对的严峻挑战。农业的产业化、集约化生产，是解决这一问题的唯一出路。产业化、集约化农业可打破小农经济模式，实现劳动密集、技术密集、资金密集的高效农业。应充分利用农业、畜牧业废弃物（剩余物）和水、肥、气、热资源，提高劳动产出率和产品产出率。

信息技术已渗透到农业领域，对农业生产、农业经济、农业科研教育等产生了积极的影响，可与设施农业、机械化农业、田间管理等相结合，提高农业生产的定量性、规范性和集成性，发展“精准农业”。利用信息技术获取重要生产数据，从而优化策略，提高产出率，减少负面影响。农业信息数据可在国家、国际组织和地区之间共享，可在科研中发挥不可估量的作用。

农业技术的发展在历史上呈指数型爆发，19 世纪以后的农业发展可以用“突飞猛进”“日新月异”来形容。可以乐观地估计，在 21 世纪，农业科学技术的发展将大幅度改变当前的农业生产结构，特别是现代生物技术将提高作物和牲畜的品质，培育出产量高、质量优、抗逆性好、生态负面影响低的新品种。

随着现代化的发展进程的加快，世界各国的城市化率都逐渐提高，农村人口比例持续下降。相关数据显示，截至 2020 年我国居住在城镇的人口为 90199 万人，占 63.89%；居住在乡村的人口为 50979 万人，占 36.11%。与 2010 年相比，城镇人口增加 23642 万人，乡村人口减少 16436 万人，城镇人口比重上升 14.21 个百分点。可以看出在农业劳动产出率提高、农业产量增长的大环境下，从事农业生产的人口将逐渐降低，这也是 21 世纪农业发展的另一趋势。

四、农业的地位与发展目标

（一）农业在国民经济中的地位与作用

在自然经济的古代农业阶段中，农业是国民经济的主体产业。在近代世界经济中，农业产业部门由国民经济中的主体产业转变成为基础产业部门。农业在我国国民经济中的作用主要体现在以下四个方面：

第一，农业为人类社会提供必不可少的生产资料。农业不仅为人类社会提供必不可少的生活资料，而且为社会经济发展提供最基本的生产资料。建国以来，我国农业为工业生产提供了巨大的原材料供给。

第二，农业是国民经济发展的基础。一是，农业是国民财政收入和创汇的重要来源。二是，农业劳动生产率的提高，一方面为非农产业的发展提供必要劳动力，另一方面为非农产业的发展提供广泛的销售市场。

第三，农业为我国的工业化提供了巨大的资金积累支持。农业为国家工业化建设提供资金贡献，大体上通过三个途径，即：工农业产品价格“剪刀差”、税收和储蓄。

农业的基础作用还表现在，农业的发展和现代化，将促进有中国特色的农村经济的形成和发展，促进国民经济进入良性循环。农业地位从主体产业演变为基础性产业，这既是世界各国国民经济发展的普遍规律，也是我国国民经济发展的现实要求，根本不影响农业在国民经济中的基础性地位，更不能成为我们放松发展农业的任何理论依据。

（二）农业和农村发展的经济目标与方针

1. 农业经济结构调整优化的特点、难点和重点

（1）特点

在上述国际、国内复杂的经济环境下，农业经济结构调整呈现三大特点：

一是具有规律性。即第一产业呈下降趋势；第二产业呈稳定趋势；第三产业呈迅速发展趋势。在第一产业内部，种植业是下降趋势，林牧渔业呈增长趋势。这是不以人的意志为转移的。无论是发达地区还是中等欠发达地区，都不例外。

二是具有阶段性。农业经济结构调整有一个从量变到质变的过程，即由形成期、成长期、高潮期，到退潮期的时序阶段变化。而这些阶段的长短是受社会经济和自然条件因素制约的。对此要有明确的认识。

三是具有差异性。不要说世界范围内国与国、地区与地区的差异，就是在中国，由于幅员广大，各地区社会条件和自然条件千差万别，也决定了农业经济结构具有强烈的地域的差异性。

（2）难点

新时期农业经济结构调整起码有三大难点：一是这次调整优化要向农业的广度和深度进军，在目前农村经营体制和农民素质较低的情况下，难度较大；二是这次调整要切

实落实科教兴国、科教兴农战略，实施可持续发展战略。从粗放经营转向集约经营，从利用资源转向利用和保护资源，这一过程是递进的过程，不是一朝一夕所能奏效的，为农业经济结构调整带来困难。三是这次调整优化农业经济结构要以市场经济为导向，以实现农业现代化为目标。而市场变化多端，现代化进程曲折不平，都将为农业结构调整带来难度，需要认真对待，才能立于不败之地。

（3）重点

新时期调整优化农业经济结构的重点：一是将粮食转化为肉、蛋、奶等，适应人民生活水平提高的需要；二是将低档次的农产品调为高品质的农产品，适应中国加入世贸组织对农业的要求和挑战；三是在大江大河源头地区重点退耕还林、植树种草，促进农业可持续发展。

2. 农业经济结构调整目标的实现

为保证新时期调整优化农业经济结构目标的实现，结合对农业经济结构调整研究的成果，可从可操作性方面思考。调整优化农业经济结构，要突破农业仅提供初级原料的局限性，按农业产业化经营体制的要求，加强农业产前生产资料供应，以及农业产后的储运、加工、销售等服务，打破目前以初级原料生产的单一格局，促进传统农业的基础向新的产业分化；以农产品加工为主导产业，提高农产品的加工增值率和提高农业资源的综合利用率；把农业建成现代化基础产业。为达到上述目的，各地可制定不同内容的农业经济结构调整的规划方案。为使规划方案更具有可操作性，可依据方案，制定出一个具体的项目储备库，可划分为近期、中期、远期项目，也可分为大、中、小三类项目。项目库可做到“项目建议书”的深度。包括：项目背景、项目内容和方案，项目资金预算和筹措，项目达产后的效益估算，项目承担单位等。有了项目库可向社会招商引资，也可向主管部门争取基本建设投资资金，也可向社会发布项目信息提高知名度、信誉度。调整优化农业经济结构要突破农业部门分割，生产经营分散的局面。在家庭经营基础上通过现代市场经济的协议、契约、合同、参股、投资、入社等，发展合作社、专业协会、股份公司和法人企业，实现龙头企业加基地加农户的农业产业化经营模式。在这一过程中，培育和完善龙头企业是关键。据研究，培育龙头企业的原则有三条：一是因企制宜原则；二是精简高效原则；三是利益共沾原则。

选择龙头企业有三条标准：一是具有法人资格的企业；二是具有雄厚的技术力量、良好的科研、生产、推广体系的企业；三是开展企业公共关系，即能与基地和农户有机结合的企业。龙头企业在农业产业化经营中的运行机制有三条：一是龙头企业与基地乡（镇）村（组）的合理利益留成的机制；二是龙头企业与农户之间的价格（保护价）运行机制；三是基地与农户的利益留成再分配机制，可采取奖金、补贴、资助的方式再分配给农民一部分利益。调整优化农业经济结构要突破农业技术落后局限，加快实施科教兴国战略，提高科技创新能力。科教兴国可从农村社会最基层细胞村级单位搞起，即科教兴村。在全国部署科教兴村试点时，抓住调整和优化农业产业结构的特点、难点、重点，做好规划方案，农科教结合，提高农民素质，普及实用科学技术，建立主导产业，要以村带乡、带县、带省，促使产业结构和地域结构的合理化。

第二节　农业经济管理的任务

农业经济管理涉及范围比较广泛，例如农业生产、农产品加工和销售等。在实际的农业生产过程中，农业经济管理是一项有计划且有组织的工作。相关管理人员会激励农民，提高农民的种植热情，促进农村经济发展。随着我国科学技术的不断发展，农业机械化水平不断提升，传统的农业经济管理模式已经不能够满足现阶段农业经济的发展需求。因此，必须对农业经济管理进行改革。农业经济管理涉及的部门较多，相关管理人员应该做好与其他部门的协调工作，充分发挥农业经济管理的作用。现阶段，我国农业快速发展，对农业经济管理的要求也越来越高。相关管理人员应该制定科学的农业经济发展目标，促进农业经济发展。

一、农业经济管理内涵的分析

农业经济管理，指的是在农业再生产的过程中，对农业生产、交换、分配、消费等一系列经济活动进行有计划的组织、控制以及协调，并对参与经济的人员进行激励，从而达到预期目的的一系列工作的总称。农业经济管理具有其独特的重要性。在社会主义条件下，对农业经济的管理是国家领导和管理农业发展的重要内容。要实现对农业经济的管理，就要按照客观的经济规律和自然规律的发展趋势和特点，在农业生产部门中合理地组织和处理生产关系，适当地对上层建筑进行调整，以便于更有效地使用人力、物力以及财力和自然资源，合理地组织生产、销售，妥善地处理好国家、企业以及劳动者三者之间的利益关系，调动广大劳动者对农业生产的积极性，从而实现农业经济的最高效益，最大限度地满足社会对农业产品的需求。

二、农业经济管理的目标、职能与手段

（一）农业经济管理的目标

农业经济管理的目标可以概括为以下几点：

1. 提高农业生产效率

通过采用科学的农业技术、合理的耕作方式、科学的育种方法等手段，提高农作物和畜禽的产量和品质，提高农业生产效率。

2. 实现农业可持续发展

农业经济管理应该注重发展生态农业，避免过度开垦、过度利用资源导致的环境污染和生态破坏，实现农业的可持续发展。

3. 保障农民收入

农业经济管理的目标之一是提高农民收入，通过改善农业生产方式、提高农作物和畜禽品质，增加农产品附加值等方式，提高农民的经济收入水平。

4. 保障国家粮食安全

农业经济管理要确保国家粮食安全，提高粮食产量和品质，加强农产品储备，保障国家粮食供应。

5. 推动农村经济发展

农业经济管理要促进农村经济发展，通过农村产业结构调整、推动农村一、二、三产业融合发展等方式，增强农村经济的活力和竞争力。

（二）农业经济管理的职能

农业经济管理的职能是指农业经济管理部门或机构在农业经济领域内所要承担的职责和任务，其内容主要包括以下几个方面：

1. 农业政策制定

农业经济管理部门需要制定适合当地实际的农业政策，包括农业生产、农业技术、农产品销售等方面的政策。

2. 农业生产组织

农业经济管理部门需要组织和指导农民进行农业生产，包括耕作技术、育种技术、农药使用等方面的指导。

3. 农业资源开发与利用

农业经济管理部门需要对农业资源进行管理，包括土地、水资源、生态环境等方面的保护和开发利用。

4. 农产品市场管理

农业经济管理部门需要管理农产品市场，包括农产品的销售、价格调节、农产品质量监督等方面的管理。

5. 农村经济发展

农业经济管理部门需要推动农村经济发展，包括农村产业结构调整、农村金融服务、农村信息化等方面的推动。

6. 农业国际合作

农业经济管理部门需要加强与国外农业相关机构的交流与合作，引进国际先进技术，促进农业技术进步和农业国际化。

（三）农业经济管理的手段

农业经济管理的手段包括以下几种：

农业技术手段：包括新型种植技术、育种技术、化肥、农药等农业生产手段，通过推广新型农业技术，提高农作物和畜禽的生产效率和质量，实现农业可持续发展。

农业金融手段：包括各种贷款、信用担保、保险等农业金融服务，为农业生产提供资金支持，促进农业生产发展。

农业市场手段：包括农产品定价、市场调节、农产品储备等市场管理手段，通过市场调节手段，调节农产品价格波动，保障农民和国家的利益。

农业信息化手段：包括农业科技信息化、农村电商、农业大数据等信息化手段，通过信息化手段，提高农业生产效率、农业产业发展水平和信息共享效率。

农村基础设施建设：包括农村路网、农村电网、农村水利等基础设施建设，通过建设农村基础设施，提高农村生产和生活条件，促进农村经济发展。

农业政策手段：包括税收政策、补贴政策、保护政策等政策手段，通过政策手段，调节农业生产经营行为，促进农业生产发展。

三、农村经济管理工作过程中的要求与任务

（一）农村经济管理工作过程中的要求

农村经济管理工作开展中，最重要的是要根据农村当地的实际情况进行开展，以求找出最为合理且完善的方案，实现推动农村经济的全面发展与进步，不断加强农民的收入水平。在落地方案执行过程之中，要确保管理、监督以及执行的三方运作，助力农村经济的持续性发展。不仅要持续做好方案规划，在符合国家法律规章政策的同时，更要进一步做好创新优化调整的工作，促进良好改革，探索更切合农村实际情况的方案，形成可持续化的良性循环。村经济管理工作过程中的要求主要包括以下几个方面：

1. 客观分析农村经济现状和问题

农村经济管理者需要对农村经济现状和问题进行全面、客观的分析，包括农业生产、农村基础设施、农民收入、农村金融、农村社会保障等方面的情况。

2. 制订科学的发展战略和计划

在对农村经济现状和问题进行分析的基础上，制订科学合理的农村经济发展战略和计划，包括农业生产发展、农村基础设施建设、农民收入提高、农村金融发展等方面的计划。

3. 加强农村经济管理和监督

农村经济管理者需要加强对农村经济的管理和监督，包括对农业生产、农村基础设施、农村金融、农民收入等方面的监督和管理，及时发现和解决问题。

4. 发挥市场调节作用

农村经济管理者需要发挥市场调节作用，制定合理的农产品价格政策，保障农民和国家的利益，促进农产品市场稳定发展。

5. 加强与农民的沟通和交流

农村经济管理者需要加强与农民的沟通和交流，了解农民的需求和诉求，及时采取有效措施解决问题，促进农村经济稳步发展。

6. 强化政策的宣传和落实

农村经济管理者需要加强对政策的宣传和落实，让政策落到实处，促进农村经济的发展和农民收入的增长。

（二）农村经济管理工作的主要任务

通过从工作经验和遇到的问题来看，要想做好农村地区的经济管理工作，最主要的是将以下几点做到位：

第一步，减轻农民负担。根据我国的实际情况表现出的需求来说，不但要顺利地开展监督工作，在保证政策实行的同时，还要有效杜绝潜在的隐患以及复发的可能，针对潜在的各类工作做到按劳分配、按需分配，强化控制。

第二步，要循序渐进地提升农村对经济管理的水平。仅仅制度化的建设工作是远远不够的，为了达到长期阶段的经济管理效果，相关的政府职能单位还要培养健全的经济管理单位，不仅能够更好地做出决策，而且能同时发挥自身的监察职能，保证财务数据的规范、合理。

第三步，深化服务体系及合作经济体系的建设。不仅要驱动当地职能单位更好地执行各项工作，还要带动当地农民群众合理参与经济管理。因此，还需要制定完善的规章制度，对农户群众的行为进行约束，为其后续工作奠定良好基础，设置明确的奖惩体系，以更为全面、规范的姿态促进农村经济管理工作有效实施。

第三节　农业经济管理的研究对象

农业经济是农业中经济关系和经济活动的总称。它包括生产力与生产关系的发展运动和生产、交换、分配、消费等方面的经济关系和经济活动。

农业经济管理，就是研究农业中协调生产关系和组织生产力的规律性，农业中生产、交换、分配和消费的合理结合，具体来讲，包括两个方面：

一、研究协调生产关系

即研究农业中生产资料所有制形式的合理确定，农业中的以及与农业有关的各种经济关系的调整，农产品的生产、交换、分配和消费及其相互关系和形式，使农业生产关系经常处于协调的最佳状态，适应和促进农业生产力的发展。

农业经济管理研究、协调生产关系是为了实现农业可持续发展，提高农业生产效率，促进农村经济的发展和农民收入的增长。

在农业生产中，生产关系是农业生产的基础。生产关系的协调是指协调土地、劳动力、资金等生产要素的配置，以达到高效、低耗、稳定的农业生产目标。农业经济管理需要研究和协调生产关系，具体可以采取以下措施：

（一）调整土地利用方式

调整土地利用方式，优化土地资源配置，增加农产品产量和质量，提高土地利用效率。

（二）加强农村劳动力培训和技能提升

加强农村劳动力的培训和技能提升，提高劳动力素质，增强农村劳动力的就业能力和创业能力。

（三）加强农村金融服务

加强农村金融服务，为农业生产提供资金支持，促进农业生产发展。

（四）推广新型农业技术

推广新型农业技术，提高农作物和畜禽的生产效率和质量，实现农业可持续发展。

（五）建立农业生产合作社

建立农业生产合作社，实现农业生产社会化、规模化、集约化，提高农业生产效率，减少资源浪费。

（六）建立农业生产与销售联动机制

建立农业生产与销售联动机制，及时了解市场需求，调整生产结构和生产布局，提高农产品销售率和利润率。

通过以上措施，可以协调生产关系，实现高效、低耗、稳定的农业生产，促进农村经济发展和农民收入增长。

二、研究组织农业生产力

就是要研究农业生产力诸要素的合理组合、农业生产结构及其在地域上的合理布局、农业科学技术的适合范围和经济上的合理性，以及现代管理方法的运用等。通过研究，农业中各种资源得到充分利用，提高了农业经济效益、生态效益和社会效益。需要特别指出的是，由于处于协调状态的生产关系是合理组织生产力的重要前提，而科学组织生产力，才能更好地发挥生产关系内在的优越性，因此在研究中，还必须重视农业生产关系与生产力之间的调节。农业经济管理研究组织农业生产力可以从以下几个方面入手：

（一）市场需求分析

通过市场调研和数据分析，了解消费者对农产品的需求，预测市场对农产品的需求趋势和变化，制订相应的生产计划和销售策略，提高农产品市场竞争力。

（二）农业技术研发

通过研发新的种植技术、施肥技术、病虫害防治技术等，提高作物产量和品质，降低生产成本，增加农业效益。

（三）资源配置管理

合理配置土地、劳动力、资金、物资等资源，提高资源利用效率和生产效益。

（四）农业信息化建设

建设现代化的农业信息系统，收集和整理农业信息，及时发布农业市场信息和政策信息，为农业生产和经营决策提供科学依据。

（五）市场营销管理

通过建立农产品营销渠道、加强品牌建设和宣传推广，提高农产品市场知名度和影响力，拓展市场份额和利润空间。

综上所述，农业经济管理需要通过多个方面的努力，提高农业生产力和经济效益，为农业发展和农民增收作出积极贡献。

第二章　农业经济管理的必要性

第一节　充分调动广大农民的热情

农民是影响农村经济的主要因素，要想促进农村经济良好发展，就必须充分调动农民的积极性。相关人员通过一定的理论指导，积极寻找解决问题的措施，才能够较好地调动农民的积极性。马克思劳动财富创造力理论的根本法则是共同富裕能够激发创造财富的积极性。这个理论从浅层面看是鼓励农民个体追求财富，而深层次的意义是全体人民共同富裕。这一理论激发了农民的热情，在确保农民追求个人财富的同时创造更多的社会财富。在以前，农民对个体经济发展对整体经济发展的影响没有深刻的认识，只是凭借自身的力量开展农业生产。可是这不能满足现阶段农村经济发展的需求，严重影响农村的经济发展，因此农业经济管理至关重要。

一、农民的概念

（一）“农民”内涵的理解

什么是农民？国内外学界对此都做过深入研究，由于角度不同、视界不一，因而对于农民的定义也是众说纷纭，到目前为止，也没有一个被大众普遍认可的定义和较为统一的看法。尽管如此，我们通过对文献的梳理，将“农民”的内涵归结为以下几个方面：

1. 农民是一种职业

从词源上看，古汉语中“农”字从辰，古指贝壳制的农具，“农民”一词意指使用农具的人，古代有“士农工商”的“四民”之说，即士民、农民、工民、商民。在古代，农民是作为一种职业而出现的。“民以食为天”，在人类发展的进程中，人们为了生存和生活的需要而从事种植、养殖、放牧等农业生产劳动，于是便出现了从事农业生产劳动的人群，农民也随之出现，它更多地表现为一种职业属性。在当下的西方发达国家，“农民”一词被翻译成“Farmer”，是指经营 Farm（农场、农业）的人，这个概念与 Fisher（渔民）、Artisan（工匠）、Merchant（商人）等职业并列，代表的纯粹是一种职业。

如果从职业的角度来界定农民的概念，“从事农业生产的劳动者”是这一概念的核心。

它具有这样几个基本特征：主要从事种植、养殖等农业生产劳动；劳动产品是物质生活的必需品，自给自足；职业没有门槛，更多地以代际传承的方式自然进入，没有多少技能和技术含量，也就是说，“农之子之为农”，乃顺理成章之事。

2. 农民是一个阶层

自进入有阶级的社会之后，随着社会的不断发展、商业的发达、工业的兴起，社会职业分工越来越细，农民作为一种职业而发展成为代表整个社会的一个阶层、一个阶级。特别是进入封建社会，农民作为被压迫阶级要受到地主阶级的剥削，地主通过占有土地以收取地租、放债、雇工等形式获得农民的劳动果实，相对来说，农民没有或拥有极少的土地，而我国古代是农业为主体的经济发展模式，大部分生存艰难的农民只能靠向拥有较多土地的地主出卖劳动力来谋求生存，但劳动关系是极不平等的，这样，地主与农民之间就形成了雇佣与被雇佣、剥削与被剥削的关系。农民阶级的政治地位、社会地位总是处于从属性的、被剥削的位置。

新中国成立后，农民作为一个阶级的社会地位以法律的形式被规定下来。我国宪法明确规定：“社会主义的建设事业必须依靠工人、农民和知识分子”“，中华人民共和国是工人阶级领导的、以工农联盟为基础的人民民主专政的社会主义国家。”农民作为一个阶级，不仅在历史上创造了灿烂的中华农业文明，在社会主义革命和建设中也发挥了重要作用，农民是社会主义建设事业的依靠力量，是无产阶级的同盟军。政治地位的确立并不意味着就有了社会地位，在我国现阶段由于各种因素制约，农民阶级的社会地位并没有完全被认可和体现出来。

3. 农民是一个群体

在我国的古老乡村，人们以血缘关系为纽带聚族而居，从事种植、养殖等农业生产劳动，共同生产，共同生活，从而形成了特定的社会生产方式和生活方式以及对于人与自然、人与社会、人与人之间关系的看法。这一人群常常与居住在都市的人群形成一种对照，因而被称之为乡下人。他们过着“日出而作，日落而息”的田园生活，从事着冒严寒、经风雨的体力劳动，被认为是低人一等，属于社会底层人群，没有多少文化，思想观念比较陈旧、保守。

英文中的“Peasant”翻译为农民就带有贬义。从词源及构词成分看，Peasant 一词源于古法语，系由古拉丁语 Pagus 派生，该拉丁词义为“异教徒、未开化者、堕落者”，带有强烈的贬义，因而 Peasant 在古代的本义是对卑贱者的贬称，也是对从事农业生产劳动者的蔑视。农民作为一个群体，在不同的历史时期，称谓有所不同。在奴隶社会，主要指自耕农和隶农。在封建社会，除了自耕农以外，出现了大量的佃农。随着封建社会的瓦解和资本主义的发展，农民的分化加剧，形成了雇农、贫农、中农和富农等阶层。

农民在中国的历史上可以说是有着举足轻重的地位，因为长期以来农民都是中国社会的最大最主要的社会群体，有自己独特的生存状态，有自己固有的思想观念，往往成为保守、僵化、愚昧、落后的符号。正是在这种意义上，农民作为一个群体便被赋予了“农民意识”“小农意识”的特质。

4. 农民是一种身份

户籍管理制度本来意在对居民户口进行登记，限制农民在城乡之间的自由流动，加强社会管理，但在实际执行中，户口则变成了划分农民和非农民的标准了。只要你登记的户口是“农业户口”，无论你从事何种工作，一律统计为农民。基于户籍标准，给“农民”一词下个定义，那就是“户口登记在农村并为农业户口的农村人”。与户口相对应的是在户口的背后却是城市和农村、“农业户口”和“非农户口”巨大差别的社会福利待遇。“非农户口”的成员享有商品粮供应、就业、医疗、住房等多项社会福利待遇，而“农业户口”的成员，即使不从事农业生产劳动，也不能享受“非农户口”的社会福利待遇，由此形成了泾渭分明的二元对立关系，形成了农民与市民两种截然不同的群体。

应该看到，对“农民”内涵的不同理解对于我们正确认识“农民”都具有一定的参考与借鉴意义。农民作为一个概念，其内涵也会随着社会的发展而不断变化。从历史的线索看，农民，最初是作为一种职业而出现的，随着社会的发展，又变成了阶层、阶级和群体的指称，甚至变成了“农业户口”的代名词。就内涵而言，农民的属性具有不确定性。在我国，作为一种职业，农民没有资格标准和准入条件，农村人往往与生俱来就是农民。作为一个群体，它往往被作为落后、保守的代名词。作为一种身份，它因为户籍的限制而难以享受各种社会福利。因此，在城镇化加速发展、农民阶层不断分化的今天，要全面实现乡村振兴，有必要对“农民”的内涵进行再检讨。

（二）“农民”外延的演变

谁是农民？这个问题由于农民内涵的不确定性也就变得复杂起来。尤其是在当下的中国，在改革开放之后，农民进城务工，出现了数以亿计的农民工，农村也不再是单一的农业生产，传统意义上的户口制农民分化越来越突出，谁是农民已经成为一个难以厘清的问题。

在中国的历史上，传统社会是个农业社会，我国是个农业大国，农民始终是中国人口结构中最大的社会群体。无论是作为一种职业、一个群体、一个阶层乃至一个阶级，其对象和范围是非常清楚的。新中国成立之后实行的“二元结构”户籍制度以“户口”作为界定农民的标准。这样，我们所说的农民、所统计的农民的对象自然也是明确的。至此，农民在我国已经由传统意义上的“从事农业生产的劳动者”演变为了简单明了的“一切农业户口者”。

在20世纪80年代初期，广大农民开始从农村流向城市，从事各种非农的生产劳动，于是出现了所谓的“农民工”。农民在城乡间流动，就出现了诸如子女上学、住房、养老等社会问题，从而倒逼我国户籍制度的改革。1984年10月，国务院发布《关于农民进入集镇落户问题的通知》；1997 年 6 月，国务院批转公安部的《关于小城镇户籍管理制度改革的试点方案》；2001 年 3 月，国务院批转公安部《关于推进小城镇户籍管理制度改革的意见》；2014 年 7 月，国务院公布《关于进一步推进户籍制度改革的意见》，明确提出取消农业户口与非农业户口的性质区分，统一登记为居民户口。

随着国家一系列政策与制度的出台和工业化、城镇化的发展，一大批农民由农村走向城市、城镇，实现了“农转非”，户口制的农民的绝对数量在大幅减少。但是，在经过 40 多年的改革开放之后的今天，农民的外延由于农民身份的分化而变得更为复杂，谁是农民成了不是问题的问题。

（三）农民与农村的发展

中国的事情离不开农民，中国的发展离不开农民，农村的发展、乡村振兴更离不开农民。要调动农民的积极性、主动性、创造性，首先必须搞清楚什么是农民和谁是农民的问题，这是关乎乡村振兴战略目标的实现，需要我们进行认真检视与反思。

1. 科学界定农民的内涵

要科学界定农民的内涵，必须充分考虑概念本身的历史和现实的变化状况，无论是作为一个职业、一个阶层或阶级、一个群体还是一种身份，农民的本质属性是不能偏离的。从历史的发展看，农民的属性由职业而发展到阶层或阶级、群体，这些都是在农民的本质属性上的演化。农民从事农业劳动，在“劳心者治人、劳力者治于人”的时代，农民从事农业生产劳动是低下的，由此而形成了他们身份低下、低贱的特征来，他们对生产或生活方式的看法自然就成为了“农民意识”。这在封建社会自然是普遍存在的。至于户口对于农民的身份限定则是基于社会管理需要，这是源于我国古代的保甲制度，而非农民的本质而言的。因此，对于“农民”概念的内涵界定，我们应该更多地从职业属性上去探究。

从职业属性上看，农民就是居住在乡村从事农业生产劳动的从业者，这里的农业应该包括种植业、林业、畜牧业、渔业和副业等。在这个定义中，农民的居住地在乡村，所从事的工作是农业生产和经营活动。按照这样的理解，就可以把农民概念简单化，淡化户口作为界定农民的唯一标准，发挥户籍管理的社会登记功能，突出农民的职业特性。由职业而阶层、阶级或群体，自然就会把农民摆到应有的位置，进而尊重农民作为一种职业的社会地位，推动农民由先赋身份向职业身份转变，还农民这个概念为本来的职业属性，让农民成为有吸引力的职业，努力造就一种爱农业、懂技术、善经营的现代新型职业农民。

2. 准确厘清农民的外延

基于对农民内涵的理解，农民的外延应该就非常明确了。随着我国城镇化的加速发展，农村人口向城镇转移，大量农民进城落户。尽管如此，我国农村常住人口仍是一个很庞大的数字。在这里，我们要把农民与农村常住人口区别开来：对于农村中不满 16 周岁的少年儿童没有职业能力、年满 16 周岁仍在读书求学而没有从事农业生产劳动的青年，都不应该认定为农民；年满 60 周岁以上的农村常住人口由于年老体弱不再从事农业生产以后，从理论上讲，也不能再纳入农民的范畴。

此外，长期在城市、乡镇从事非农产业生产经营活动的农民工，应该根据他们所从事工作的性质称之为工人比较合适，严格意义来讲，农民工也不能算真正的农民了。但是，这些人和农民一样，只要仍在乡村居住，应该统一称为村民比较合适。

3. 精准施策，有的放矢

在突出职业特性、淡化户口来识别农民的时候，可以预见，“农民作为从事农业生产活动的主体，这一职业也不会消亡，但农民群体的缩减是不可避免的”，户籍制度背后所隐藏的城乡居民间差异化的公共福利和社会保障则是当前破解农民问题的一大障碍。乡村振兴，不是一朝一夕的事情，需要有一个动态的过程；破解农民问题也不单单是户口问题，需要区别不同情况，精准施策，渐进式推进。

对于解决农村常住人口，包括少年儿童、外出务工的农民工、老人，尽管享受不到“非农户口”的社会福利待遇，但在“农业户口”名下可以享有宅基地、土地使用权和经营权，作为农民，在农村拥有一份自己的产业，这是他们生活的保障，也是他们最不愿意失去的东西。这就需要从宅基地、农村土地改革出发，可以采取宅基地有偿转让、土地流转等政策措施，切实保障这些人的基本权益。

对于 60 周岁以上的农村老人，原本就是农民，有很多还在自食其力，甚至 80 多岁还在劳动，也是户口制农民的必然结果。因为我国没有农民退休的制度，对于这些人的生活保障问题，一方面通过政策措施，积极发展农村养老事业；另一方面在尊重传统和现实的基础上逐步改善他们的生活福利待遇，真正做到老有所养。

对于在城乡间流动的农民工，应以他们所从事的职业来界定。要通过政策支持与引导，让他们在城镇有房住、有工作、有出路、有保障。“要确保进城农民能够享受到与当地居民同等的社保权益，去除因城乡户籍不同而产生的福利供给差别，使进城民工及其子女享有均等的就业机会、教育机会，享受到同等的社会基本公共服务，从制度和法律层面规避城乡居民因职业差异而衍生的身份差异。”

对于身在农村、以务工为职业的真正农民，这是乡村振兴的主要依靠力量。如何让他们安心务农，如何调动他们的主动性、积极性和创造性，关键在于在乡村振兴的过程中要切实解决好农民富裕问题。我们要着力解决城乡居民在社会福利待遇方面的巨大差异，在制度层面消除农民在农业户口与非农户口之间的差别，促进城乡居民权利对等、社会保障体系均衡分配，以确保农村居民、城镇居民享受到同等的待遇。要通过政策支持，发展现代农业，逐步实现农村现代化和农业现代化。在城乡壁垒消除、实现一体化之后，大多数村民自然会为寻求自身最大价值而走出农村自主择业，少数村民也会选择留在乡村，变身为规模化现代农业的农场主，成为真正意义上的 farmer。只有到了这个时候，农民才能成为一种受人尊敬、令人向往的职业，乡村的全面振兴就会如期实现。

二、农村经济中的农民增收问题

（一）农民增收的必要性

我国社会经济的发展过程中，城乡融合度不断提高，城市居民对乡村的物质供给、生态文明以及劳动力有非常大依赖性。农村居民的医疗和就业等逐渐向着城市地区发展，很多城市蔬菜水果来自农村地区。城市的医疗和教育对农民来说有着非常大的压力，想要农村子女有城市子女一样的学习和发展机会，就必须提高农民收入，这不仅符合社会的公平性原则，同时也能体现我国的基本国策。我国是农业大国，农村人口在总人口中占据着非常大的比例，各届党和国家领导人对农村建设以及农民增收等问题重视度非常高。城乡收入差距的进一步扩大，农村人口流动性大，人口逐渐减少，将会引发一系列问题，容易发生社会矛盾。做好农民增收问题的解决，能够更好地促进社会和谐稳定发展，营造一个公平正义的社会环境，使人口素质得到全面增强和提高，为社会主义和谐社会的构建打下良好基础。

（二）农民增收困难的成因

1. 农产品过于单一，市场竞争力不足

当前，我国大多数农村地区都采取大规模种植方式，很少推广新品种和精细化种植。在农产品生产力发展过程中，出现了越来越明显的供大于求的情况，居民在水果和蔬菜选择方面越来越严格，越来越青睐绿色、精加工农产品。因为农民很难实现对市场信息的及时、准确把握，农产品种植过于单一。受城市在高营养农产品需求以及大量农产品挤压等因素的影响，很多农产品的市场价格非常低。我国经过长时间发展，农林牧渔产业得到长足发展，不断有新的品种出现，但就我国农村整体情况而言，发展水平仍旧较低，还很难满足市场经济发展的实际需要。

2. 农业弱质性抑制农民收入的增加

农业弱质性对农民收入增长有非常大的影响。相比于其他服务业和工业，农产品的生产不仅需要人工种植和培育，同时还很大程度上受天气等因素的影响，在保证有充足阳光、合适雨水等情况下，农产品种植才能取得理想的产量和品质。如果出现严重的洪涝或者干旱情况，农产品产量会有严重下降，甚至绝收。农业生产对自然条件的依赖性，导致农业生产存在弱质性特点。建设完善的水利和灾害防治等措施，能够实现农产品生产环境的有效改善，降低恶劣自然环境对农产品生产带来的干扰和影响。

从市场经济角度出发，农产品产量的增加并不一定意味着增收。农产品生长需要较长周期，农产品供给缺乏一定的弹性，市场在农产品的需求方面较为平稳，除了政府在粮食等主要农产品方面制定的最低保护价外，其他农产品价格会随着季节的变化发生非常大的波动，农民因为没有足够的信息了解渠道，在价格方面过于被动，正是这些因素，农民增收存在有非常大的不确定性。

三、农村经济中的农民增收与农业管理

农业经济管理可以通过以下方式调动广大农民的热情：

（一）提供更多的农业技术和信息

农民在生产过程中需要不断更新知识和技能，以提高农业生产效率。农业经济管理机构可以为农民提供技术咨询、培训和信息服务，帮助农民了解最新的种植技术和市场动态，从而激发他们的热情和创造力。

1. 农业技术推广是提升农民收入的基本原理

（1）农业创新扩散理论

农业创新扩散理论认为，农民对于新技术的采用通常经历了四个阶段。在农业技术推广的最早期，由于存在许多的不确定因素，在这个突破阶段，只会有少部分农民会尝试使用新技术。由于创新者的使用与推广逐渐成功，吸引来了更多的农民愿意参与其中，早期的反对创新者在这个阶段已经很难动摇大多数农民想要尝试的决心，因此，这是农业技术推广的关键阶段，在这个阶段，创新技术会被大规模拓展，激发农民兴趣，坚定农民决心。在创新农业技术带来了明显的成效以后，事实有力地印证了新技术的吸引力，风险的降低吸引了更多人的加入，从而将新的动力机制带入了自主推动阶段。最后，大量客观现实的存在，使一些人受制于客观条件，逐渐落后，因为创新不是适合于所有人，不是对所有人都具有相同吸引力。除去一些心理因素之外，还有经济情况等，这就出现第四个阶段，即浪峰减退阶段。

（2）农户行为改变理论

农民对新技术和新成果的认知程度和实践参与度在很大限度上决定了农业技术的推广与应用效果。广大的农业生产者才是农业技术推广的最终采用者，同时也是受益人，而在农技推广的实践中，这样一个基本的前提是最容易被忽视的。如果没有站在农民群众的切身需求方面去思考应推广什么样的技术，以及应如何推广农业技术等相关问题，就会大大影响农技推广的效果。

因此，想要做好农业的科技推广，并让农技推广真正在农民的实践中得到应用，为农民增加收入，应着重做好以下三点。一是应当以人为本，从农民群众的生产需求出发，重抓务实，推广真正可以为农民所用的农业技术。二是要选择适当的农技推广方式，特别是在基层农技推广的工作中，相关的服务工作人员应采取多样化的手段，充分调动农民的生产热情，提高其采纳新技术的意愿度。三是要适度把握农技推广与农民增收之间的关系，使农民意识到农技推广工作中自己才是最终受益者，使其充分明确农技推广与

自身收入提高的关系。

（3）农业技术传播理论

真正做好农业技术传播，首先要了解农民的真正需求，在了解了农民行为改变的真正内在动力以后，才可能真正实际地研究农民的行为，从而钻研农民行为改变的规律所在，协调农民、改善人际关系，提高农民的自主生产经营能力，只有这样才可以使农业技术的传播向合理的方向转变。农业推广人员只有在掌握了行为科学的基本原理前提下，才可以更有效地推进农业技术活动的展开。总的来说，影响农民行为的因素有三点，农民需求、市场需求以及政策导向。只有真正落实以上三点，才能有力推动农业新技术的传播。

2. 农业技术推广对于农民收入提升的积极作用

（1）提高农业生产效率

农业技术推广首先透过提高生产效率帮助农民提升收入。农技推广本质上是在改变现有的农业产业结构，降低了农民劳动成本，提升了农民劳动生产率。与此同时，农产品的价值也在农业新技术的带动下得到大幅度的提升，使农民的收入随之改善。因此，这样的良性循环促使农业产业化逐渐形成，并得到长足的发展。

（2）新型农业技术推广运行机制带来更大效益

如果想要农业技术推广为农民带来更多收入，人们必须掌握农业技术推广的核心与重点。在农业技术推广的进程下，有三点务必要清晰地区分开，即农技推广的主体、客体和受体。农技推广的主体是农技推广组织，客体则是农业技术成果，而受体是农技运用的目标群体。只有将这三者有机结合在一起，才能使农技推广的效率大幅提升。在农技推广的进程中，农业技术的科研人员以及研发成果发挥着重要作用，不但将科研成果落地，切实为农民增加收入产生效益，同时农技研发成果还具有再创新的功能。这些都决定了农技推广的进程是否真正地被农民接受并使用。

（二）鼓励农民参与农业经济管理

农业经济管理机构可以组织各种农业经济活动，如农业展览、农产品交易会等，让农民参与其中，增加他们对农业经济的参与感和认同感。

提供信息和技术支持：为了让农民更好地参与农业经济管理，农业部门可以为他们提供相关的信息和技术支持，包括农业市场信息、先进的农业技术和管理经验等。

培训和知识普及：农业部门可以组织培训班、讲座和研讨会等，向农民传授相关知识和技能，提高他们的经营和管理能力。

建立农业合作组织：农民可以通过建立农业合作组织，如农业合作社、农民专业合作社等，实现资源共享、风险分担和协作经营，提高经济效益和管理水平。

支持农民参与农产品销售：农民可以通过参与农产品销售，了解市场需求和价格动态，为自己的生产提供更多的销售渠道和销售信息，同时增加收益。

支持农民参与政策的制定和实施：农业部门可以通过开展调研、征求意见等方式，让农民参与农业政策的制定和实施，增加农民的话语权和参与感。

总之，鼓励农民参与农业经济管理，可以提高农业生产效益和农民收益水平，促进农村经济发展和社会稳定。

（三）推广农业保险制度

农业生产面临很多不确定因素，如天气、病虫害等。推广农业保险制度可以保障农民的利益，减轻他们的经济风险，从而增强他们的信心和热情。

1. 提前构建农保费率精算体制与科学调整体制

农保售价的精算工作，对农保的高效、健康发展有着极大的影响。策略性农保售价是否科学，既与投保农户的权益息息相关，也涉及为农户缴付了很多保险费的国家的权益。

此处其实是两个层面的内容，一是各区域要进行风险规划与费率分区的工作，二是构建具备公信度的费率精算体制。

对风险规划与费率分区的课题，经过几十年的发展，已获得从监督机构到一部分企业的关注。由于保险要构建在公正公开的环境下，风险规划与费率分区是确定有效的售价的前提，这也是其他国度农保发展的先进做法所形成的一种定价模式。此模式越早实施越好，这对农保体制构建有着极大的推动作用。

对由谁来主导策略性农保定价权，进而明确有效的、公信度高的策略性农保费精算体制有着极大的推动作用。当前，中国农保的售价通常是由保险企业裁定，一部分省、直辖市是由保险企业与国家相关机构商议的。国家并未认识到需要政府机关来主导，在近年的农保实验中，有很大范畴的较为严重的灾害损失产生。因此，各运营主体年度赔偿率都很低，大概是 50% ~ 70%，保费率也由于拓展业务、定损赔偿等通常是依赖基层国家机关或涉农部门也很低。因此，在七年的时间里，运用策略性农保的企业大多数年份账目上依然出现了盈利。保险企业支出这类财会状况，通常是老天爷的“恩赐”，并且很难预估哪个年度会将以往多年的盈利都赔得精光，这样的说法就值得玩味了。然而，短阶段的财会成效，让很多财保企业开始关注这个“大蛋糕”，开始陆续申请农保项目，引起国家机关与农户对农保售价的重视，这大致也是财政与税务对扩充支持策略性农保力度持有疑议的主要原因。

在国外，策略性农保的售价系统通常是由代表民众权益的国家机关订立的，售价的持续调节也是由这类部门实施的。这类定价的准则也包含风险与售价相配对，农保运营与财产、人身保险的盈余水准也是对等的。所以，这类由国家机关在风险考评阶段制定的售价也是有效的。参加运营农保的保险企业不会超额担保利益，然而也动摇不了其根基，国家接管给出高额补助也被认为是科学的。

在中国，不管中央国家机关抑或区域国家机关还并未形成成熟的条件与能力来引导农保的定价与调节。需要在国家机关方面，建立一个部门来研究农业危机与精算农保费率还是很困难的。财政部与银保监会近年来颁布了《农业保险大灾风险准备金管理办法》，希望透过该模式，在既定程度上化解由于售价的制定与调和体制的不善所形成的超额担保利润的难题，然而这并非能就此根治目前农保领域的顽疾。因此，应该在中央一级设立一类风险研究与费率制定的部门，该部门能够从当前的农业研究部门选出，例如中农院。假如可行度不高，就只能由各省市逐渐创建条件，在省一级构建农村保费率精算体制与科学调整制度，参考本区域农保精算参数与材料，为其长远部署出谋划策。

2. 农保制度的基本框架与路径选择

（1）顶层设计与统计管理并行

经过超十年的发展，我国农保其实明确了分散策略的模式与思维，做不做、怎样做，这由各区域的部门自主确定，对应的中央国家机关要进行扶持与补助。然而，农保的体制怎样创设、策略性农保是否遵守各种规章体制、怎样运营、团队如何管控等疑问在政府文件中并未做出明文规定。这对缺少农保知识与经营管理实际的各个区域政府来讲，的确是有些难度。因此，大多数省市或由于意识不够，或由于没有解读透彻有关准则，并未建立适于区域农业特征的农保体制。一部分区域尽管创设了适合区域特征的农保体制，也不缺乏创新性。然而，这也与农保的运营需求相差过大，实际操作中出现了很多缺陷。

比如，一部分区域对参加农保的各方主体的权责规定不明朗，让农险运营因为受到不合理的干涉而让农民受损。随着实验的深度进行，顶层创设上的缺陷对农保健康发展会带来不利影响。

并且，统筹管控制度的不到位也左右着农保的深度开展。当前，农保的监督作业，由银保监会牵头，然而因为农保本身具有策略性强等特征，其高能力牵涉到的机构较为散乱。从涵盖领域来讲，由于牵涉到农业的有关产业，所以其推动计划实施的包含农林业等机构；从我国改革的策略来说，必须由我国发改委进行调整；从财政补助来说，财政补助资金的下拨牵涉到财政机构。另外，农保的立法难题牵涉到国务院法制机构，税务工作牵涉到税务机构。虽然《农业保险条例》明文规定，各层级国家机关的责任、功能与行为等都进行了明确，而且牵涉的有关机构也在自发地完成有关工作，然而因为还未构建统筹管控机制，缺少牵头的部门，各有关机构的交流并不顺利，因此形成的协同效应与作业效率都偏低，这给农保的深度推动造成极大阻力。

（2）增加策略、帮扶加以强化、增加对农保的支撑是全球各国（区域）的常规模式，也是世贸组织容许各国支撑农业的绿箱策略的其中一种。随着中国策略性农保实验的推进，国家机关要加大扶持的力度，以保证试点作业的可持续发展。

具体来讲，首先是健全税收惠民策略。例如，参考全球先进做法与中国已有的涉农公司的税务补助策略，要免收栽种行业的营业税与印花税。一是扩充免除所得税的农保灾难风险计提金的资金额，例如，要从当前的25%逐渐增长到100%，以增加运营主体的资金能力。二是对农保运营主体的盈利，要在特定阶段适度减收税负，这有助于运营主体增多计提金，减少保险费率，提升农户的保费缴付能力。三是探寻免除运营栽种业、养殖业保险项目的所得税，对其他类涉农保险的营业税与印花税进行先征后付，依照既定比率回笼本金的模式。

其次，落实运营管控管理费用补助与再保险费补助，鼓励农保发展，增添农保的供应。这两类补助其实是在2006年的《国十条》里就已经明文做出规定，而现在必须完成的是条件成熟后进行实际操作。

最后，健全当前的保费补助模式，构建保费补助的长效机制。贯彻落实2014年中央一号文件中的指示精神，提升中央、省级财政对主要粮作物的保险费率的补助比率，变更当前的补助联动策略，以带动区域国家机关、保险企业与农民的主观能动性，构建并完善农保保费补助的长效体制。另外，构建保费补助资金绩效考评体制，扩充考评试点范畴，透过对补贴资金的全面考评，推动策略的持续健全与顺畅推行，提升财政补贴的实施效果，深入带动农保的可持续发展。

（3）提升农保运营主体的运营与管控水准

各种农保运营主体要依据其本身特征，持续强化商品与服务新政，努力提升运营管控与服务的水准。要推介农保商品创新，推动农保商品科技化与大众化。

其一，结合中国若干年的农业生产、灾难参数，强化农业风险的规划，依照相异地区与险种的风险损失情况、保险职责、农民能承担的极限等元素，科学确定保险费率，提升商品定价的科技化水准；此外，创新研发保费少、保单易懂的保险商品，有目的地提升保证额度。

其二，主动研讨天气数据保险、小额贷款保证保险等新的保险品种，持续满足农民保险服务系统的构建，逐渐构建高效的农保服务网络、第一时间为农户提供投保通知、业务咨询、报案与赔偿引导等各种服务。

其三，适应深入发挥保险的防损减灾的功效，强化农业、畜牧兽医、林业等农林主管机构与水利、气象、国土等灾难管控预警机构的协作，谨慎考评各种灾难对承包标的的伤害性，连同有关机构积极进行防损减灾工作，协助农户提升抵抗风险的功能。

其四，应增加新科技的投用，加速GPS、无人机勘探、卫星遥感等成熟科技的引进，提升承保、赔偿等重要流程的工作品质与效果。另外，要强化农保信息化构建力度。例如，扩充IT科技在承保、赔偿、财会核算等流程的管控与运用，从科技方面严禁虚假行为，让业务运营的基本操控能够更为标准、流程更为优化、管理更为严谨。

（四）加强政策支持

政府可以出台一系列支持农业发展的政策，如农业补贴、税收优惠等，这些政策可以降低农业生产成本，提高农民的收入水平，从而激励农民投身到农业生产和经济管理中来。

总之，农业经济管理机构可以通过提供技术支持、鼓励参与、合作组织、保障风险和政策支持等多种方式，调动广大农民的热情，推动农业生产和经济发展。

第二节　明确农村经济在我国整个经济中所占的比例

很多人认为城市经济发展是我国经济发展的核心力量，但是随着农村经济的不断发展，农村经济在我国整体经济中所占的比例逐年上升。为了较好地促进农村经济发展，相关人员应该明确农村经济在我国整体经济中所占的比例，并且争取更大的比例。现阶段，从我国经济发展情况来看，虽然市场经济发展迅猛，但是长期忽视农村经济发展导致出现很多问题，严重影响我国经济的快速发展。相关人员必须重视农村经济发展，积极寻找农村经济发展过程中存在的问题并且采取一定措施解决这些问题，例如政府提供政策扶持和开展农业经济管理等。为农村经济发展提供重要的政策支持，促进农村经济发展。目前存在的主要问题是农村经济增长的内部动力不足，因此应采取措施，大力发展农村经济。

一、农业在国民经济中的基本角色

从人类及其生产活动的发展历史来看，农业是人类首先创造的生产活动，同时也是人类社会生产活动的起点。人类创造农业是为了满足人类自身的生存需要，人类的生存离不开衣食，而农业是提供食物、衣料的主要的生产部门，因而没有农业，就没有人类的生存，更没有人类的生产活动，这对于任何一个国家都是如此。从这个意义上讲，人类的一切社会活动都是建立在农业基础上的。

农业在国民经济活动中的基础性地位同时体现在农业是人类社会从农业社会走向工业社会、走向现代科技文明的基础。从人类社会的发展历史来看，在工业革命发生之前的漫长时期里，农业产值在国民经济总量中的绝对优势使得农业部门在大多数国家的国民经济中一直作为基本的和主导的产业部门发展着。随着农业的增长与发展，农业的生产除了满足劳动者自身的生存需要外，产生了农业剩余，农业剩余的产生促进了社会分工，带来了工业、商业和与其相伴而生的城市的出现，从而也催生了商品经济的出现并促进其发展。同时，工业、商业、城市及商品经济等的出现、发展和繁荣，又会促进并带动人类社会科学文化事业的发展。人类社会科学文化事业的发展，一方面促进了人类社会现代文明的产生和发展，另一方面也带动了人类社会生产的技术水平的不断提高，从而促进了社会各产业的增长与发展。工业、商业及城市等的发展和社会技术水平的提高反过来又会带动和促进农业的改良和发展，从而形成农业与工业、农业与其他产业、农业与整个社会发展的良性互动，以促进整体经济的增长和整个社会的发展。由此可见，农业的发展是社会专业化分工的物质基础、是工业革命发生的物质基础、是工业化和城市化产生的基础，是技术进步、现代文明和人类进步的基础。

工业革命发生后，随着非农产业的蓬勃发展，农业产值和劳动力在国民经济中所占的比重或份额呈逐步下降的趋势，但这并不意味着农业在国民经济中的地位和作用也随之下降，甚至可以被忽略。恰恰相反，农业部门在国民经济中的基础性地位不仅没有改变，而且，农业部门在整个经济系统中的作用日益显现出不能为其他产业所代替的性质。

首先，农业曾经是，现在仍然是人类生存所需的粮食和养料的主要源泉，这也是农业对于整个人类经济社会的最重要的作用和功能，同时该作用和功能也是迄今为止其他产业部门所不能承担和替代的。

其次，农业是工业，特别是轻工业重要的原料来源。一方面以农产品为原料的工业的发展通常为工业化的起点，因而，对于工业刚刚起步的国家来讲，为工业提供重要原料供给的农业的发展对促进该国工业化的顺利进行意义重大；另一方面，随着经济增长和工业化进程的不断推进，虽然以农产品为原料的工业在国民经济中所占的份额不断下降，但是以农产品为原料的工业在满足人们对生活必需的消费品的需求方面具有不可替代的性质。另外，随着生物技术等科技的发展，农产品又成为新能源、新材料的重要的原料。因此，农业在各国的工业原料来源中至今仍占有十分重要的地位。

再次，农业部门是工业化最重要的要素提供者。一般来说，在工业化起步时，作为国民经济的主导产业的农业部门或通过市场机制或通过政府的行政手段或通过出口（提供外汇资金）将资本、劳动力等生产要素转移至工业等非农产业部门，或者说，农业部门是工业化启动所需资源的主要提供者，在这一点上也是其他产业部门所不能替代的。然后，农业部门是其他产业部门重要的市场。农业部门对生活消费品和生产资料的购买形成了对非农产业部门产品的需求，并且随着农业的发展，农民收入逐步增加，农民对非农产品的需求也在逐步提高，这扩大了工业等非农产业部门的市场，刺激了非农产业部门的增长。可以说，农业部门是国民经济中其他产业部门重要的市场组成部分。

最后，农业对于农村地区减少贫困、对于人类生存所依赖的生态环境的养护和可持续发展意义重大，农业是提供人类生存和经济社会发展所必需的生态产品的特殊的、且唯一的生产部门。

二、农业对经济增长的贡献

（一）农业对经济增长的产品贡献

农业部门生产的总产品中扣除掉农业部门自身消费和留存的部分后剩下的部分即为

我们通常所说的农产品剩余。这部分农产品剩余就是农业部门为其他非农产业部门的发展，也是为整个经济增长所做的产品贡献，同时也是农业部门为非农产业部门和经济增长所做的最“原始”的贡献。一般来说，农产品剩余越多，农业部门的产品贡献也就越大。农业部门的产品贡献主要包括两个部分：一是满足非农产业部门人口的粮食需求；二是为非农产业提供原料。

1. 农业对经济增长的粮食贡献

只要人类仍然以动植物作为主要的食物，那么人类的生存就离不开农业。农产品供给，特别是粮食供给，对于一个国家或民族的生存与发展、社会经济的增长、发展与进步来说，是一个至关重要的基础性因素。没有粮食的生产与供应，人类或一个国家或一个民族的生存与发展就会受到威胁，在这种情况下，整个国家的经济增长、发展与进步更是无从谈起。

影响粮食需求量的因素之一是人口数量及其增长率。毫无疑问，一个国家或地区的人口数量规模越大，其对粮食的需求量也就越大。同时，在人口基数一定的前提下，人口增长率越高，也就意味着人口规模增加得越快，从而对粮食的需求量增加得也越快，反之则反。

影响粮食需求量的因素之二是人均收入水平。市场对粮食的需求收入弹性很小，和凯恩斯的“基本心理法则”的作用，导致经济增长所带来的人均收入水平的提高使得增加的收入中用于购买粮食的比重越来越小，但是从绝对量上来讲，在一定的收入范围内，对粮食需求的绝对量会随着人均收入水平的增加而有较大的增长。同时，随着经济增长以及人均收入水平的提高，人们对粮食的需求结构会向多样、高质等方向转变，这种转变会进一步增加粮食供给的压力。另外，工业化以及相伴而生的城市化也在一定程度上加大了对粮食的需求。随着工业化进程的推进，大量以工业为中心或者依附于工业的城市出现，大量的农村人口涌向城市，同时城市的收入水平高于农村的收入水平，这使得人口从农村流向城市后整个社会对粮食的需求量增加，同时对粮食的多样化需求也有所增长。

总之，随着人口和经济的增长所带来的人均收入水平和城市化水平的不断提高，整个社会对粮食的需求量在绝对量上是不断增加的。因而，农业对经济增长的粮食贡献首先体现在其对整个社会不断增长的粮食需求这一生存需要的满足上，更重要的是这是一个国家经济增长的基础，而且整个社会粮食供给的压力越大，就越能凸显农业部门对经济增长的粮食贡献的重要性。

我们也可以从反面即发生粮食短缺对整个经济增长的不利影响的角度去分析农业部门的粮食贡献。这种不利影响更多地发生在发展中国家或经济发展的前期阶段。如果一国发生粮食短缺，只能通过进口来弥补粮食供给的不足，而发展中国家尤其是低收入国家或处于经济发展前期阶段的国家的外汇收入有限，将有限的外汇用来进口粮食势必会削弱国内工业生产所需的紧缺物资和技术的进口能力，从而抑制非农产业部门的发展与扩张，使工业化进程受阻。如果一国由于外汇收入有限无法通过进口粮食来解决粮食短缺的问题，其结果会是粮价上涨，从而使得城市居民生活成本增加，这会导致城市工人要求雇主提高工资，而这种工资的提高并不伴随着生产率的提高。工业与农业的交换条件恶化，从而导致工业等非农产业的生产成本增加，利润减少，进而投资下降，最终导致工业等非农产业的增长与发展受阻。如果企业主为了保持一定的利润，通过提高产品价格来抵消工资等成本的上涨，这种做法又会增加通货膨胀的压力，从而引发公众的不满和社会不稳定，同时也会降低该国的工业品在国际市场上的竞争力。如果政府面对通货膨胀的压力采取紧缩的政策，又势必会导致经济增长速度减缓。另一方面，粮食价格的上涨也会引起人们的实际收入水平下降（在低收入国家或欠发达国家尤为如此），从而使其对非农产品的购买力下降，进而减少对非农产品的市场需求，最终阻碍工业等非农产业的扩张与发展。

可见，农业对经济增长的贡献同时体现在充足的粮食供给对稳定粮食价格、降低非农产业生产成本及保障非农产品的市场需求，从而促进其顺利扩张与发展、稳定物价水平等方面产生的积极作用上。没有农业及其粮食生产一定速度的增长，就不可能满足日益增大的粮食需求，也就根本谈不上工业化的发展进步，其最终结果是经济增长与发展速度的减缓甚至停滞，严重的有可能引起整个社会的动荡。

2. 农业对经济增长的原料贡献

农业部门除了提供人类社会生存和发展所需的生活资料——粮食等农产品外，还为非农产业部门，尤其是工业部门提供生产所必需的原料，比如食品加工业、烟草制品业以及纺织品和服装行业等都要以农产品为原料。农业部门为非农业部门提供生产所必需的原料实质上就是农业对经济增长发挥的原料贡献的根源。农业部门的这种原料贡献根据其发挥贡献的途径的不同分为直接的原料贡献与间接的原料贡献。

农业部门直接的原料贡献与间接的原料贡献的区别要从国民经济各生产部门间的生产联系上去考察。所谓各生产部门间的生产联系是指在国民经济中各生产部门间在投入和产出方面存在的相互影响、相互依存的交织关系。生产部门间的联系从投入产出关系上可以分为前向联系和后向联系：前向联系是指以一个生产部门同购买其产品作为中间投入的生产部门之间的联系；后向联系是指一个生产部门同向该部门提供中间投入品的生产部门之间的联系。从联系的方式的角度，生产部门间的联系又可以分为直接联系和间接联系：直接联系是指一个生产部门与直接向它提供投入品和直接购买其产品的部门之间的联系，即一个生产部门与和自身有直接的前向联系和直接的后向联系的部门间的联系。同样，和这一生产部门有直接联系的生产部门也与其他生产部门存在直接的联系（这种直接的联系同样也包括直接的前向联系和直接的后向联系），而后者与我们所考察的生产部门间的联系是间接的，不仅仅在第二轮，在以后各轮涉及的生产部门与我们所考察的生产部门间的联系都是间接的，因此称这种联系为部门之间的间接联系。

在上述定义下，农业部门的前向联系部门是指以农产品为中间投入品的生产部门以及农产品运销、仓储等产后服务部门，农业部门的后向联系部门是生产农业生产所需的中间产品的生产部门以及由此产生的运销等服务部门，上述两者在本质上即为与农业部门有直接联系的生产部门。除此之外，农业部门也会通过与各生产部门间的间接联系从而与各生产部门产生间接的前向联系和间接的后向联系。在此意义上，农业部门的原料贡献实质上就是农业部门与各生产部门间产生的前向联系。因而，农业部门直接的原料贡献实质上就是农业部门与各生产部门间产生的直接的前向联系，而农业部门间接的原料贡献实质上就是农业部门与各生产部门间产生的间接的前向联系。农业部门的后向联系则在农业部门的市场贡献部分进行分析。农业部门直接的原料贡献是指农业部门通过直接的前向联系所做出的原料贡献，其表现为与农业部门有直接的前向联系的各生产部门产值中以农产品为中间产品的价值所占的比重，该比重越大，一方面说明农业部门做出的直接的原料贡献越大，另一方面也说明农业部门与该生产部门间有着较为密切的直接的前向联系，反之则反。同时，我们也可以从各生产部门在生产过程中直接消耗的农产品的价值占农业部门总产值的比重这个角度衡量农业部门的直接的原料贡献：某生产部门在生产过程中直接消耗的农产品的价值占农业部门总产值的比重越大，说明农业部门总产值中投入到该生产部门生产中去的农产品所占的比重越大，因而农业部门对该生产部门所做出的直接的原料贡献也就越大，反之则反。

在农业部门的直接的原料贡献的分析中，我们不得不提的是在经济发展的初级阶段，尤其是工业化初期阶段，农业部门对以农产品为原料的轻工业的直接的原料贡献及其对工业化发展与经济增长的意义。在工业化初期阶段，以农产品为原料的工业产值一般在整个工业总产值中占有较大的比重。这一方面是因为在该阶段人们收入水平低，生活必需品极其匮乏，从而生活水平低下，满足人们基本生活需要是经济发展的首要目标，而以农产品为原料的工业如食品加工业、纺织和服装加工业等基本上是生产人们生活必需品的产业，因而在此时期发展以农产品为原料的工业符合经济发展的需要；另一方面是因为在工业化初期，大多数国家拥有丰富的非熟练的、低技能的劳动力，但缺乏资本、技术和熟练的、高技能的劳动力，在这样的资源禀赋结构下，相对于需要资本密集型、技术和人才高投入的生产资料工业而言，发展具有劳动密集型、资本和技术含量不高的消费品工业（这些消费品工业中有相当大的比重是以农产品为原料的工业）更具有生产以及出口上的比较优势，更符合经济发展的实际。随着经济的增长，由农业部门发展所保障的消费品工业的顺利成长会进一步推动生产资料工业等其他产业的发展与扩张，从而使得工业化得以顺利推进。可见，在经济发展的初级阶段或工业化初期，由充足的农产品原料供应所保障的消费品工业的顺利成长与发展对于满足一国人民生活必需品的需求、提高人民生活水平、保障工业化的顺利推进，进而促进经济增长与发展具有非常重要的作用，这一逻辑在本质上就凸显了农业部门在原料供应方面对加速工业化进程、促进经济增长与发展所作出的贡献。同时，即使是对于进入工业化中后期或已经完成工业化的国家来讲，一方面以农产品为原料的轻工业部门在满足人们生活必需的消费品需求方面是其他产业部门所无法替代的。同时，以农产品为原料的轻工业部门是国民经济系统重要的组成部门。这种不可替代性和地位也彰显了农业部门直接地原料贡献的重要性。另一方面，农业部门的发展会通过直接的前向联系对相关的生产部门产生相应的推动和促进作用。

在各部门的生产联系中，各生产部门除了直接消耗农业部门的产品外，还会通过间接的生产联系间接地消耗农业部门的产品，从而产生了农业部门间接的原料贡献，其本质是农业部门直接的原料贡献通过间接联系的一种延伸，而这种延伸却一直在被我们所忽略。同样，我们可以通过各生产部门总产值中间接消耗的农产品的价值所占的比重以及各生产部门间接消耗的农产品的价值占农业总产值的比重来衡量农业部门间接的原料贡献。两比重越大，说明农业部门做出的间接的原料贡献越大。可见，农业部门间接的原料贡献是建立在其直接的原料贡献的基础上的，同时又是其直接的原料贡献通过各生产部门间联系的一种延伸或扩大。其他条件不变时，农业部门直接的原料贡献越大，其间接的原料贡献也相对来说越大；在农业部门直接的原料贡献一定时，农业部门与各生产部门间的间接的前向联系越紧密，农业部门所发挥的间接的原料贡献也随之越大。

农业部门间接的原料贡献对经济增长的意义在于农业部门的发展通过直接的前向联系推动各产业部门的发展，而各产业部门的发展又会通过自身与其他产业部门间的产业联系将这种推动作用不断地传递下去。比如，充足的农产品原料供给保障了并促进了以农产品为原料的消费品工业的增长与发展，这些消费品工业的增长与发展又会通过直接的前向联系推动与其有直接联系的生产部门的增长与发展，比如很多以轻工业产品为原料的制造业、相关服务业等等都会因消费品工业的增长与发展而得到增长与发展，而这些产业部门的增长与发展又会推动与其有直接联系的生产部门的增长与发展，从而将农业部门直接的原料贡献所形成的带动作用不断地传递下去。而且，各产业间的前向联系越紧密，农业所发挥的原料贡献也就越大，反之则反。可见，农业部门的发展还会通过与各产业部门间的间接的前向联系间接地推动其他产业的发展，从而促进一国，尤其是处于工业化起步阶段的国家的工业体系的建立，进而加速一国的工业化进程，带动经济增长与发展。

在以往的有关农业部门的原料贡献的文献中，只是谈及农业部门直接的原料贡献，而对其间接的原料贡献分析少之又少。区别农业部门直接的原料贡献和间接的原料贡献，同时将两者都纳入到我们对农业部门的原料贡献的分析中是我们重新认识和完整且真实衡量农业部门的原料贡献的关键。同时，我们要着重提出的是农业部门的原料贡献的作用路径和方式在农业部门的市场贡献中同样存在，这也是我们重新认识农业在经济增长中的作用的关键，而这恰恰是今天被我们所忽略的。

（二）农业部门对经济增长的市场贡献

农业部门除了向非农产业部门提供粮食和原材料供给外，同时还是非农产业部门重要的市场。农业人口所需的日常生活消费品有一部分是出自本部门的产出，而另一部分如服装、日用品、家具和家用电器等是来自非农产业部门。此外，农业部门在生产过程中所需的中间投入一部分来自本部门的供给，如种子、有机肥等，而另一部分则是购买的非农业部门的产品，如化肥、农药、农用机械等。在日用消费品和生产所需的投入品上，农业部门对非农产业部门生产的产品形成了需求，扩大了非农产业部门的销售市场，从而促进了非农产业部门的经济增长，并最终带动整个经济的增长，正因如此，实际意义上，农业部门为非农产业部门以及整个经济增长做出了市场贡献。

农业部门的市场贡献也分为直接的市场贡献和间接的市场贡献，是两者的加总。农业部门直接的市场贡献表现为农业部门对其生活所需的消费品和生产所需的投入品的购买从而形成的对各产业部门产品的需求。前者可以通过农业部门所购买的消费品额占整个社会消费品零售额的比重来衡量，而且，农业部门的收入水平越高，其对消费品的购买额越大，在其他条件不变的情况下，农业部门所购买的消费品额占整个社会消费品零售额的比重也就越大，因而表示农业部门的直接的市场贡献也就越大。后者可以通过农业部门在生产过程中所直接消耗的各生产部门的产品的价值占各生产部门总产值的比重来衡量，其值越大表示农业部门在生产投入品的购买上对各生产部门产生的直接的市场贡献越大。

农业部门间接的市场贡献一方面表现为该部门对消费品的购买通过消费乘数的作用对整个社会消费品购买量及国民收入的扩大效应，其大小主要取决于农业部门对消费品的购买量和农业部门的边际消费倾向的大小。而且，在其他条件不变的情况下，农业部门的边际消费倾向越大，该部门对消费品的购买所产生的间接的市场贡献越大，反之则反；另一方面，农业部门间接的市场贡献表现为该部门通过间接的后向联系形成的对各生产部门产品的间接消耗上，其可以通过农业部门在生产过程中间接消耗的各生产部门的产品价值占各产业部门总产值的比重来衡量，而且，该比重越大说明农业部门做出的间接的市场贡献越大。可见，农业部门间接的市场贡献是建立在其直接的市场贡献的基础上的，同时又是其直接的市场贡献通过各生产部门间联系的一种延伸或扩大。其他条件不变时，农业部门直接的市场贡献越大，其间接的市场贡献也相对来说越大；农业部门直接的市场贡献一定时，农业部门与各生产部门间的间接的后向联系越紧密，农业部门所发挥的间接的市场贡献也随之越大。而农业部门间接的市场贡献常常被我们所忽略。

农业部门直接的市场贡献对于经济增长的意义在于：

首先，对于经济处于起步阶段的国家，在国民经济中，农业部门在产值和人口中具有绝对的优势，这种绝对的优势决定了拥有众多人口的广大农村地区是非常重要的非农产品销售市场（甚至在经济发展的前期是最大的非农产品销售市场），农业部门对非农产品的市场需求状况直接关系到这些非农产业部门及其相关产业如运输业、仓储业等的生存与发展。因而，农业部门直接的市场贡献对于工业化的起步及其顺利推进、进而对整体的经济增长具有重要的作用。

其次，农业部门对生产所需的投入品或农业生产资料的购买实质上是农业部门通过直接的后向联系形成的对各产业部门产品的需求。这种后向联系一方面扩大了生产农业所需投入品的非农业部门的市场，从而带动这些生产部门的发展；另一方面农业部门直接的后向联系也会通过现代的或较为先进的生产资料的购买，投入到农业生产中，从而带动农业生产率的提高，促进农业部门的发展。而农业部门的发展反过来又会促使农业部门在经济增长中发挥更大的贡献，从而形成一种良性的循环。

农业部门间接的市场贡献对于经济增长的意义一方面体现在农业部门对消费品需求的增加会通过乘数的作用间接地对整个社会的总消费量的增加产生一种扩大的效应，而且由于农业部门的边际消费倾向通常会大于城市部门，因而在其他条件相同的情况下，农业部门的消费对国民收入的扩张作用一般大于城市部门。另一方面，农业部门间接的市场贡献对经济增长的意义体现在农业部门的发展与扩张增加了对与其有直接的后向联系的部门的产品的需求，从而带动后者的发展与扩张，而后者的发展与扩张又会带动与其有直接的后向联系的部门的发展与扩张，依此类推，从而将农业部门直接的市场贡献所引起的带动作用不断地传递下去，并最终带动整体经济的扩张与增长。

在现有的有关农业部门的市场贡献的文献中，主要是分析农业部门直接的原料贡献，而对其间接的原料贡献分析少之又少，甚至忽略。如同农业部门的原料贡献一样，区别农业部门直接的市场贡献和间接的市场贡献，同时将两者都纳入我们对农业部门的市场贡献的分析中也是我们重新认识和完整且真实衡量农业部门的市场贡献的关键，因而也是我们重新认识农业在经济增长中的作用的重要内容。另外，我们要提及的是在传统的二元经济中，农业部门的市场贡献有可能被削弱。因为在传统的二元经济中，落后的、自给自足的农业部门与先进的现代部门并存，贫穷的农村与富裕的城市并存，农业部门生产的大部分农产品仅用于维持生存，农民仅有少量货币用于购买非农产品，而农业部门与其他生产部门联系不紧密。显然，在这种情况下，农业部门直接的市场贡献和间接的市场贡献都是很小的，而农业部门要有大的市场贡献，农业部门必须要与国民经济其他部门充分结合，加速农业商品化，这应是许多国家的一项重要的农业政策目标。

此外，一国经济对外开放的程度也对该国农业部门的市场贡献有一定的影响。在其他条件相同的情况下，一国对外开放程度越大，就越会弱化农业部门与其他生产部门间的直接的和间接的市场联系，使得农业部门对各生产部门以及整个经济增长的市场贡献大大被削弱了，反之则反。另外，对其他产业部门尤其是对工业的保护政策在一定程度上也会影响农业部门的市场贡献。对其他产业部门的保护政策会改变该部门与农业部门间的贸易条件，使其向不利于农业的方向变化，这会导致农业部门的生产、收入和投资等都会下降，从而阻碍农业部门的发展，同时降低农业部门的市场贡献。虽然上述因素会影响农业部门市场贡献的大小，但是，对农业部门的市场贡献的大小起决定性作用的是农业部门自身的发展水平和农业部门与其他产业部门间联系的紧密度。

（三）农业部门对经济增长的要素贡献

正如经济学家库兹涅茨所说，农业的产品贡献来源于农业生产（维持生存以外的生产），农业的市场贡献来源于农业与其他部门的交易，而农业的要素贡献则来源于农业资源向其他部门的转移。农业部门向其他部门转移的资源或要素包括两种：资本和劳动力。

1. 农业部门对经济增长的资本贡献

在经济增长与工业化进程中，与农业部门不同，非农产业部分，尤其是工业部门的发展需要大量的资本投入，而对于正处于工业化起步阶段的国家来讲，资本恰恰是最为稀缺的生产要素，因此在这样的国家中，占国民经济绝对优势的农业部门必然成为非农产业发展以及工业化启动所需资金的主要来源，这就是农业对经济增长的资本贡献，或者说农业部门对经济增长的资本贡献表现为：为非农产业部门的发展、扩张提供可靠的资本。

（1）农业资本转移的必然性

一般来说，工业等非农产业部门发展所需的资本来源有三个渠道：国外援助、外商投资和国内积累。其中，国外援助主要来自发达国家和受发达国家控制的国际组织，其主要表现形式是无偿赠予和长期低息贷款。外商投资包括发达国家金融机构的商业贷款和外商直接投资。国外援助数量的有限性以及附加的政治或经济条件、外商投资的趋利性以及由此导致的对本国民族产业的竞争与排挤，甚至引发该国金融危机等不利因素使得国外援助和外商投资不能作为发展中国家工业化资本的主要来源，而只能作为一种补充，因而，国内积累必然成为工业化所需资金的主要来源。

在工业化初期，一国的非农业部门尤其是工业部门规模很小，其自身的积累远远无法满足工业化发展所需资本的需求，而在国民经济中占主导地位的农业部门 . 必然成为国内储蓄和资本积累的重要来源。

同时，在经济发展初期，农业部门在生产过程中具有的劳动密集型的特点，以及人们对非农产品需求的收入弹性大于农产品，均使得非农产业部门对资本的需求量远大于农业部门。另一方面，资本从农业部门转移到非农产业部门有助于非农产业部门的扩张以及由此带动的基础设施的建立和部门多样化的发展。前者会带来农业剩余劳动力的加速转移，从而提高农业劳动生产率和农民的收入水平，最终使农业部门获益；后者也会直接或间接地使农业部门获益。因此，农业部门有可能成为、同时也必然成为非农业部门发展所需资本的主要来源。

（2）农业资本转移的途径及条件

资本从农业部门转移到非农业部门的途径一般有两种，一种是依靠市场机制的自愿性转移，另一种是依靠政府行政力量的强制性转移。依靠市场机制转移农业资本的主要途径是农业部门净储蓄转移。

相比较而言，农业部门的净储蓄转移是自愿的、且是有偿的，而依靠政府行政力量转移农业资本如农业税、工农业产品间的不等价交换则具有强制性、无偿性以及隐蔽性的特点。政府选择后者而不是前者来促使资本从农业部门转移至非农业部门，这一方面有制度上的原因，另一方面是因为依靠市场机制转移农业资本不仅速度慢，而且这种转移会受到很多不确定因素的影响，同时更普遍的情况是在工业化初期，农业部门本身的剩余就很少，如果政府不采取强制手段去尽量降低农民的消费，就不可能产生工业化起步所需的大量资本，从而使工业化受阻。因而，在一国经济发展过程中，尤其是工业化起步阶段，农业税以及工农业产品价格“剪刀差”等政府强制性手段为非农产业部门的发展与扩张及经济增长做出了重要资本贡献。

2. 农业部门对经济增长的劳动力贡献

农业对经济增长的要素贡献除了资本贡献外，还有一个重要的要素贡献是农业部门为工业化建设，从而为经济增长与发展提供了大量劳动力供给。在经济发展的初始阶段，农业在国民经济中的比重占据绝对优势，同样，农业劳动力在总劳动力中也占有绝对的比重。随着国家工业化的兴起，工业等非农产业部门的迅速扩张增加了对劳动力的需求，这一方面依靠非农产业劳动力的再生产，另一方面更多的是依靠农业部门来提供。农业劳动力向工业等非农产业的转移本身就是工业化进程中的重要内容，是人类发展、社会进步和社会劳动生产率提高的必然趋势。

一般认为，农业部门存在大量剩余劳动力的情况是发生在工业化的中前期阶段，尤其是国民经济结构明显以二元经济为特征的时期，同时也是当今很多发展中国家普遍存在的现实情况。在劳动力可以自由流动的前提下，农业部门大量剩余劳动力的存在使得工业等非农产业部门可以以最低的且是不变的工资水平获得大量的剩余劳动力供给，从而节约了工业等非农产业部门的劳动力成本，保障了这些产业部门的利润，进而促进了工业等非农产业部门的增长与扩张，并最终推动了工业化的发展和经济增长。除此之外，农业劳动力的转移其实质是劳动力资源的优化配置，它提高了农民的收入水平，增加了农业部门的消费和投资，从而扩大了工业等非农产业部门的市场，带动了工业等非农产业部门的发展及整个经济的增长。同时，农业劳动力从农业转移到工业等非农产业、从农村转移到城市，这一过程催生了大量的商品和服务的需求，从而创造了新的就业机会，并进一步带动了工业等非农产业部门的扩张及城市化进程的加速。另外，农业劳动力转移到非农产业部门伴随着劳动者自身文化素质、技能水平等的提升，这在一定程度上提升了整个社会劳动力素质及技术水平，扩充了社会资本，从而间接地促进了工业化的发展及经济增长。以上均是农业部门为工业化及经济增长所做的劳动力贡献。

但是，农业剩余劳动力的转移还有可能对经济增长产生不利的影响。首先，农业剩余劳动力的转移提高了农业的劳动生产率，从而导致工业等部门的利润的减少，这不利于资本积累和工业等部门的扩张，进而阻碍工业化的推进和整体经济的发展。其次，在农业剩余劳动力转移过程中，最早转移出来的往往是那些拥有一定的知识、技能的优质的劳动力，这些劳动力在农业部门恰恰是稀缺的劳动力，因而这些劳动力的转移不利于农业生产，甚至会导致农业产出减少，从而损害了农业发展的潜力。另外，在城市存在失业的情况下，农业劳动力的转移会进一步恶化城市就业，增加城市人口的压力，同时在城市，这部分劳动力和城市居民还有可能形成“城市中的二元社会”，这不仅仅会阻碍城市化进程的推进，同时还会对整个国家的产业的合理布局、产业结构的优化升级产生不利的影响，甚至会影响社会的和谐和稳定。

可见，农业资源的转移在工业化进程中呈现阶段性的变化特点：在工业化开始阶段，农业劳动生产率低下，技术水平落后，从而农业剩余产品和剩余劳动力很少，因而农业资源的转移的速度和数量都比较小。在该阶段主要是激活和发展农业，从而为工业化的推进奠定农业基础；在农业生产率提高到一定程度以后，依据各国不同的资源条件，或依靠市场力量或依靠政府行政力量（压榨农业），推动农业资源向工业等非农产业转移。到工业化的高级阶段，农业资源转移的规模和速度减缓，其绝对量不断下降，甚至出现了农业资源的转入，即“整合农业”。最后是农业产业化阶段，工农业之间在市场的相互融通过程中形成良性互动的发展关系，共同构成国民经济的有机组成部分。

第三节　明确农村经济的发展方向

明确农村经济的发展方向是发展农村经济的基础。现阶段，全球的经济形势已经发生改变，传统的通过压榨劳动力促进经济发展的方式已经逐渐被淘汰。当前我国农村有大量剩余劳动力，完全照搬西方国家的发展模式是行不通的。必须明确农村经济的发展方向，走适合我国农村经济发展的道路。同时指出我国部分产业存在产能过剩的问题。从工业重心向农业重心靠拢，能够解决工业生产过程中产能过剩的问题，促进农村经济发展。对农业经济进行有效管理，能够明确农村经济的发展方向，突破农村经济在发展过程中遇到的瓶颈，改善农村经济发展现状。

一、我国农村经济发展现状

农村，基本上都地处偏僻，交通不方便，文化及科技水平不高，这就使得农村的经济发展跟不上城市的发展脚步。但伴随着我国政府对农村经济重视程度的提高，我国农村经济水平也已经得到了提升。

（一）农村经济体制不健全

由于我国农村所处地理位置比较偏僻，在经济交流上存在较大的难度且大多数农民文化水平不高，具有良好经济能力水平的人才也不多，在经济发展中并没有一个坚实的发展基础，这就使得农村经济的发展并不稳固。而且，在农村经济的发展过程中，由于涉入经济市场的时间并不长，经济发展受到了地域及当地文化、科技水平的制约使得其经济发展体制并不健全，而且，农村的产品交易主要集中于农产品之间的交易，交易方式较为单一，并没有发挥出货币的流通职能，而制约了我国农村经济的发展。

1. 土地制度存在的问题

我国农村土地实行集体所有、农户承包经营的制度，在这种情况下，农民不但对土地没有所有权，而且对土地经营权也是不完整的。因此，这种制度并不能有效解决土地经营过程中出现的各种矛盾，无法发挥土地资源的最大利用效益，抑制了农民的积极性，而且很多地区的农地已经出卖给投资商进行开发，使得土地流转不易进行。

2. 农村金融制度不完善

农村金融制度从属于经济体制，随着市场经济体制改革的不断深化，随之而来的，是农村金融制度滞后于农村经济发展。首先，政府作为金融制度的主要供给者，对农村金融市场所做出的种种制度性安排，不能适应新时期需求者广泛的金融需求，以及非正式金融组织的运作机制和存在的金融风险，从而限制了民间金融生存和发展的空间。

3. 农业组织形式不完善

绝大多数农户势单力薄，严重制约了大中型农业机械作用的发挥，而且由于农户分散经营，不易组织，给农业科学技术的推广造成了一定的难度，制约了科学技术向现实生产力的转化。

4. 农村社会保障制度不完善

我国现阶段的农村社会保障是一种初级形态的社会保障，从我国目前的现实情况看，农村养老保险、医疗保险、社会救助及社会安抚是主要的社会保障项目，其他项目还没有展开，及时开展的社会保障项目，保障水平也较低，同时农村福利保障项目少，档次低，规模小，不能满足农民在数量和质量上对社会保障的要求。

（二）农村经营组织建立不完善

为了能够全面发展我国农村的经济，政府开始在农村建立一定数量的经营组织，例如农村合作信用社等，这些合作社的建立能够有效地团结农村中具有经营意识的农民们参与到经济交流当中，从而促进农村经济的发展。但是，由于我国的农村经营组织的建立并没有得到政府的全力支持，这就使得农村经营组织的建立并不完善，并没有发挥出其经济推动的最大潜力。

1. 我国农业经营组织化的主要模式及特点

（1）公司（龙头企业）

这种模式是当前农业组织化发展的主要形式。其主要特点是龙头企业跟农户建立协议关系，由公司为农户提供种子、生产资料、技术以及产前、产中、产后一条龙服务，农户负责对农作物种养，最后由公司收购产品。这既解决了农户的生产风险和市场风险，保证了农民的收入，又解决了公司的原材料供应与产品的收购问题。“公司 + 农户”是近年来发展最快的组织形式，对于解决地方农业发展和农民增收等发挥了重要作用。然而，这一模式存在制度缺陷，由于大量分散的小农户和龙头企业在实力、地位上不对等，农户在双方博弈中处于绝对劣势，因而往往无法获得应有的公平收益和权益。部分龙头企业不但没有起到带动作用，反而在一定程度上损害了群众利益。

（2）农民专业合作社

农民专业合作社是在农村家庭承包经营基础上，同类农产品的生产经营者或者同类农业生产经营服务的提供者、利用者，自愿联合、民主管理的互助性经济组织。农民专业合作社作为农户自己的组织，一头连着分散的小农户，一头连接大市场，解决了小农户与大市场无法对接的问题，在提高农业和农民组织化程度、推进农业产业化经营和结构调整、增加农民收入等方面发挥了突出作用，是农民进入市场的最佳组织载体。在农民专业合作社基础上，许多地方出现了农民 + 专业合作社、农户 + 专业合作社 + 公司等具体的农业组织化形式，在实践中显示出强大的生命力。

（3）专业协会

专业协会主要是从事专业生产的农民，在技术服务、生产、销售等环节上联合起来而建立的民间社会团体，他们围绕某一产业或产品进行购销、技术服务，不以营利为目的，社员之间没有产权的结合，内部利益关系松散。如蔬菜、酱品、葡萄、西瓜、花木等专业生产协会。这种组织能为农户提供产前、产中、产后服务，提高产品的产量和质量，组织农产品进入市场，帮助农户增加收入。总体上看，农民专业协会是农业合作经济组织发展的初级形式，其发展趋势是由松散型向紧密型，由非实体向实体转变。

（4）股份合作制

农业企业是民间各种生产经营主体与从事某种专业生产的农户共同投资组建的从事生产经营活动的经济实体，成员之间既有劳动的联合，又有资本的联合，形成以产权和利益为纽带的互助合作共同体，企业的利益实行按股分红和按交易量返还社员。和专业合作社相比，资本在企业的生产经营和收益分配中占有更重要的位置。这一组织形式主要在发达地区农业产业化经营比较高的地方出现。

2. 我国农业经营组织化存在的主要问题

（1）发展组织化的制度基础不完善

家庭联产承包责任制是我国农村基本经营制度，对于解放农村生产力，促进我国农业发展发挥了巨大作用，必须长期坚持。然而，这一制度以家庭为中心，经营分散，不利于产业化经营和农业现代化的实现，必须用其他机制进行弥补，比如土地流转。而土地流转限制条件多，农民土地承包经营权的内容不充分，农民土地权利的稳定性难以得到有效保障，这对农业组织化的深入发展具有极大制约。

（2）发展组织化的产业基础薄弱

一是农业产业化水平不高。农业产业化与农业组织化是相辅相成的关系，当农业产业化水平高时，组织化程度必然高；而组织化的提高又会促进农业产业化的发展。当前我国农业产业化发展仍处于起步阶段，除了“公司＋农户”“公司＋基地＋农户”“公司＋合作社＋农户”这些基本模式外，其他创新模式少，制约了农业经营组织化的提高。

二是农业专业化程度不高，规模经营不明显。我国农业专业化程度不高，区域分工不明显，使得农业经营组织化动力不足。

（3）农户需求强度和参与积极性不高

农业经营组织化的发展需要农户的参与，必须以满足和提高农户的利益为核心。对于专业合作社、专业协会、行业协会为代表的组织化模式，虽然代表了农户的利益，但由于服务功能单一、运作方式不规范，市场影响力不大，农户的需求强度和参与积极性不太高。而“公司＋农户”、股份合作制农业企业为代表的农业经营组织化模式，主要考虑的是公司利益和地方经济发展，兼顾农户的利益，农户的谈判能力不强，这种模式只能保证农户有稳定的收入来源，农户收入提高不明显，因此，农户参与积极性不高。由于农民需求强度不大，参与积极性、主动性不强，农业组织化经营很难全面展开。

（4）专业技术人才缺乏

一是有知识的农业劳动力缺乏。改革开放以来，由于务农收入微薄，大量农村劳动力外出打工，现阶段留在农村的基本都是小孩、妇女和老年人。这部分人农业专业知识缺乏，务农收入仅用于糊口，大多守着自己的几亩薄田耕种，以传统的方式进行生产。

二是农业技术力量不到位。农技站、专业农技人员岗位形同虚设，没有发挥农业科技推广、农业技术帮扶的作用，使得农业很难进行技术革新、技术推广和联合生产。由于没有专业的技术支撑，农业经营组织化也就难以发展。

（5）政策限制和政府支持力度不到位

我国长期以来采取了一条重工轻农、重城轻乡的非均衡发展战略，农村为我国城市发展输入了大量廉价土地、劳动力和巨额资金，而自身发展却相当滞后，受政策限制比较多。比如土地流转制度、农村金融、农民户籍制度、农村社会保险制度等政策均不完善，制约了各种资源的合理流动以及对农业的支持力度。外加上政府长期以来对农业的重视

程度不够，从而对农业的扶持力度不到位，使得农民种粮没有经济效益，大量农民外出务工，土地撂荒严重

（三）农村产业结构单一

我国农村的经济交流主要是依靠农产品的交易，这样的产业结构相对比较单一，对激发农村的经济多样化发展具有一定的难度，对经济发展水平的提升也并没有较大的推动性。而且，由于农村的产业结构较为单一，其在经济上所承担的风险也较大，一旦产业链上出现金融问题将造成较大的经济风险。面对我国农村经济发展的现状，我们一定要掌握好我国农村经济的发展方向，控制好农村经济发展的脚步，才能够有效地激发农村的经济水平的提升。

二、我国农村经济发展方向

在我国农村经济不断发展的过程中，存在着许多不足需要我们解决，只有改善了我国农村经济发展的现状，才能够看清其经济发展的方向，最终推动我国经济的全面发展。

（一）农业产业化发展方向

农村是我国农业发展的重要基地，我们要有效地利用农业发展来全面带动我国农村经济的进步，所以，有效地利用农业来提升农村经济水平，促进农业产业化的发展是农村经济发展的方向之一。将农业产业化，能够将我国农村的小农经济相互结合起来，从而将其发展成为一个产业链，并建立起一个连锁产业和农产品生产链，这样能够为我国农村经济发展带来更高的效益，激发经济的发展。

1. 三权分置

实现乡村振兴，关键在于深化土地三权分置改革，引导和促进资本向农村农业集中，实现农业生产规模化、专业化、现代化和农业产业的结构优化，促进与二三产业融合发展，切实提升土地产出效益和抗风险能力。

土地改革一直是“三农”改革重点。尤其是土地的承包权、经营权的改革。现阶段实行“三权分置”并行，有利于明晰土地产权关系，更好地维护农民集体、承包农户、经营主体的权益；有利于促进土地资源合理利用，构建新型农业经营体系，发展多种形式适度规模经营，提高土地产出率、劳动生产率和资源利用率，推动现代农业发展。

深化土地三权分置改革，为土地集中经营破除了制度障碍；多措并举，加速资本向农村农业集中，为有效开发利用土地资源，实现市场导向、规模经济基础上的现代农业产业化和乡村振兴注入了强效的催化剂。

2. 乡村振兴

我国城乡发展不均衡，农村发展不充分的现状亟待解决，具体体现在城乡居民收入绝对差距逐年加大，城乡基础设施建设差距明显，教育、医疗资源分配不均衡等方面。

2017 年 10 月 18 日，党的十九大首次提出乡村振兴战略，并把它列为全面建成小康社会需要坚定实施的七大战略之一。

2018 年中央一号文件再次聚焦乡镇振兴，明确了实施乡村振兴战略的三阶段目标任务：到 2020 年，乡村振兴取得重要进展，制度框架和政策体系基本形成；到 2035 年，乡村振兴取得决定性进展，农业农村现代化基本实现；到 2050 年，乡村全面振兴，农业强、农村美、农民富全面实现。

对照“产业兴旺、生态宜居、乡风文明、治理有效、生活富裕”的目标，去年以来，各地频出新招，寻找新时代推动乡村振兴的路径和方法。新时代各地应继续采取多种路径、多种模式，探索出适合当地特色的乡村振兴之路。

3. 粮改饲

粮改饲，是农业部开展的农业改革，主要引导种植全株青贮玉米，同时也因地制宜，在适合种优质牧草的地区推广牧草，将单纯的粮仓变为“粮仓 + 奶罐 + 肉库”，将粮食、经济作物的二元结构调整为粮食、经济、饲料作物的三元结构。

科技兴草增绿富民，人草畜美美与共。农业供给侧结构性改革的标志之一粮改饲，于 2015 年启动，起初在全国 30 个县试点。粮改饲试点几年来，试点各县因地制宜，多管齐下，积极探索适应现代畜牧发展的产业模式。

4. 化肥农药零增长

为了实现到 2020 年化肥、农药利用率达到 40% 以上的目标，下一步农业部会继续推进化肥农药的减量提效。

一是抓重点品种，特别是在果菜茶、园艺产品的重点生产线推广有机肥替代化肥的行动，推广绿色防控和生物防治。

二是抓新兴主体，指导家庭农场、合作社和龙头企业带头减化肥和农药。

三是大力推进科技创新，提高化肥农药使用的科学性和有效性。通过政府购买服务、金融创新对有机肥进行补助等措施来促进化肥农药的减量实施和绿色发展。

5. 互联网 + 农业

在乡村振兴战略下，依托“互联网 +”发展各种专业化社会服务，促进农业生产管理更加精准高效。将农业与互联网相结合可以让现代化的科学技术融入到传统领域中，使亿万小农户与瞬息万变的大市场更好地对接，对推动农业提质增效、拓宽农民新型就业和增收渠道意义重大。

“互联网 +”农业与电商而言，拓展了发展空间。各大电商看中“农产品网上卖”的巨大市场空间，积极发挥各自优势，在农业领域大展拳脚。

于农户、消费者而言，增进了互联互动。消费者通过互联网与农户沟通，高质量农产品得到更快、更广的传播，用户安心又放心，农户省时又省力。

于农企而言，是重大发展机遇。互联网的开放、快速传播的特性，将倒逼着农企更注重质量、品牌、特色。当然，“互联网 +”农业改变的，远不止这几方面。

“互联网 +”可以利用市场需求和消费信息来引导生产、加工、流通，增强一、二、三产业的互联互通性，同时把“互联网 +”的理念、技术引入到农业，推进农业与其他产业深度融合，打造农业农村经济的升级版。

6. 农业领域 PPP

PPP（Public-Private Partnership），又称 PPP 模式，即政府和社会资本合作，是公共基础设施中的一种项目运作模式。在该模式下，鼓励私营企业、民营资本与政府进行合作，参与公共基础设施的建设。利用资本推动农业现代化的进程，这就是一次战略行动。

在“互联网 + 一切”的大背景下，对互联网或传统企业巨头而言，“互联网 + 农业”无疑是一块巨大的“蛋糕”。

农产品与“互联网 +”的融合，是传统行业和新思维的碰撞。随着互联网技术对农业的渗透，互联网与农产品逐渐紧密结合起来，从对农业的深度改造开始，到颠覆农业的传统营销模式，再到互联网公司跨界进入农产品生产领域，一场轰轰烈烈的互联网农业盛宴正在上演。

7. 农村三产融合

2016 年 1 月国务院印发《关于推进农村一二三产业融合发展的指导意见》，明确提出以新型城镇化为依托，推进农业供给侧结构性改革，着力构建农业与二三产业交叉融合的现代产业体系，并就发展产业融合方式、培养产业融合主体、完善产业融合服务等方面作出了全面部署。农业“三产融合”正式进入快车道。

推进乡村产业振兴，既要农业兴，更要百业旺。目前，中央已累计安排 120 多亿元资金，推动一二三产业融合。随着共享农庄、智慧旅游等新产业、新业态不断涌现，一二三产业融合发展体系正在构建，为乡村发展注入新动能。

乡村振兴战略已全面开局，期待三产融合持续深入推进，激活乡村发展的内生因子，增强“三农”发展的造血功能，让农业成为朝阳产业，让农村成为人人向往的美丽家园，让农民成为全社会普遍尊崇的职业。

8. 返乡创业

近年来，越来越多的农民工等人员返乡创业，他们相对有经验、有见识、有技术、有门路，也积累了一定的资金，是非常适合创业的主体。农民工返乡创业正释放出巨大的潜力和活力，为推进新农村建设和新型城镇化提供了新动力。各类人员返乡下乡创业，有利于促进实施乡村振兴战略，推动更多人才、技术、资本等资源要素向农村汇聚，以大众创业、万众创新开辟就业新渠道、培育“三农”发展新动能。

9. 循环农业

近半个多世纪以来，我国农业的增长在很大程度上依赖于资源开发和化石资源投入的增加，大量使用化肥、农药、生长调节剂等化学物品，带来了环境污染问题、生物多样性减少或消失的问题、土壤板结造成的自然肥力退化问题、地下水资源污染问题、食品安全问题等。

循环农业力求解决环境污染问题，优化产业结构，节约农业资源，提高产出效果，打造了新型的多层次循环农业生态系统，成就出一种良性的生态循环环境；同时，因地制宜，依托当地生态资源创设独立成熟的单一或多种复合农业模块的经营方式，充分利用中国地大物博的优势，既根植于当地生态环境的优质改善，又跨区域调配资源，形成更广义空间上的现代生态循环农业。

10. 土壤污染防治

土壤污染防治关乎米袋子、菜篮子、水缸子，相较水污染、空气污染，防治难度更大。土壤污染治理专家认为，土壤污染防治法草案中涉及多种行业标准，目前尚未形成“国标”，应加快制定完善相关配套标准。

一是土壤环境质量标准。“土壤是极其复杂的，不同污染物在不同的土质中吸附、转化、扩散、挥发过程等都不一样。”尽快出台分区、分类、分等的土壤环境质量标准体系，允许地方客观制定区域土壤环境质量标准。其中，建议优先研究制定适合我国区域土壤环境与健康保障的镉质量标准体系；重新修订土壤环境铅、镍质量标准，新建立铊、锑、钒等新型金属污染物土壤环境质量标准。

二是土壤修复评估标准。“目前有的农用地修复标准设置过高，一定程度上存在过度修复情况，亟须纠正。”在工业企业土壤的修复价值方面，还没有统一标准。局部辨证施治，要与整体辨证施治相结合。专家认为，国家立法的同时，应加快地方立法进程。这有助于加强国家和地方对进入土壤的污水、废弃物、尾矿渣、肥料、农药和污泥等污染源的控制与使用管理，有助于加强对耕地、工业用地、商业用地、矿区以及集中式饮用水源地等土壤环境的有效监管，有助于将土壤污染防治工作落实到各级政府政绩考核中。

（二）完善农村金融性机构建立的发展方向

为了促进我国农村的经济流动和货币交流，提高我国农业经济的发展水平，提升农村人民的经济意识，我国政府建立起了一定数量的农村金融性机构，例如中国农业银行、农村信用合作社等。但是，由于我国农村经济发展起步较晚，对金融性行业的认识不足，对相应的金融性机构的信任度不足，所以无法全面推动金融性机构在农村经济发展中所起到的作用，所以，建立完善的农村金融性机构是我国农村经济发展的重要方向。政府要重新界定农村金融机构的经营范围，提高金融机构对农业发展的支持力度，加大农村的经济发展投资，从而全面提升农村经济发展的水平。

强化制度和监管创新，打造良好制度环境和监管环境。在制度创新中，要结合农村及“三农”的特点，针对农村中小金融机构发展与改革的趋势，需要将涉及农村金融方面的诸多政策制度进行创新。在财政方面，应加大对农村中小金融机构的补贴力度，将涉农方面的财政资金尽可能通过农村中小金融机构进行运作；在担保及保险方面，应创建政策性的担保公司，并建立政策性农业保险体系；在市场开发及市场竞争方面，应针对农村中小金融机构实施政策调控和政策扶持的差异化，以区别于其他商业银行。

优化公司治理，完善管理架构，明确经营目标。在公司治理制度及管理架构方面，农村中小金融机构应积极参照现代股份制商业银行制度安排，进一步深化和改革产权制度，完善公司治理制度。在产权关系方面，应该严格按照“政企分开”及“谁出资，谁拥有”原则，严格执行一级法人管理。在股东结构调整方面，要适当集中股权，增加股东利益相关性和监督意识。在激励约束机制方面，要强化对高级管理人员的合理激励约束，从而规范其管理权限和合理提高管理人员的收入水平。在管理架构方面，要分析同行业管理层次及架构优点，结合自身特点，采取适合自身的扁平化管理架构模式，减少管理层次，做好内部部门协调，提高管理应对能力和市场反应能力。

在农村金融创新过程中，农村中小金融机构必须同时重视和强化金融风险管理。预防和控制金融创新所带来的新风险，实现金融创新与风险防范的动态平衡。未来的银行竞争是金融创新和客户资源的竞争，农村中小金融机构需要认真分析农村金融市场和紧密结合“三农”需要，深化农村金融创新，巩固和拓展“三农”客户资源，才能真正提高自身综合竞争力，使自身在激烈的金融竞争中立于不败之地。

加强信用管理，建立农村金融信用体系。应尽快建立起统一的农村信用制度和评价体系，迫切需要将农村信用制度和体系建设提到农村金融改革和发展的日程上。由农村金融的相关主管部门设立或委托专业机构，根据有融资需求的农民及农户信用背景、资产状况、债务情况及行为模式，计算出农民及农户的个人信用分数，建立动态农民农户个体征信系统；对于各类农村企业，可以尝试依照现有的城市企业征信系统模式，初步建立起“三农”企业征信系统，加强对“三农”企业开设、变更、经营状况变动的管理工作，及时录入、更新相关数据。建立个体及企业的农村信用体系，可以为农村中小金融机构的信贷决策提供重要的参考依据。

紧密结合“三农”特点，提供农村金融创新产品。农村资金的缺乏原因众多，需要在机构准入、抵押品、信贷担保、微观金融政策等多方面做出探索和研究，使用政府担保贷款、信用贷款和联保贷款方式是增加农村资金的比较好的方式。金融机构还可以开发新的贷款抵押品，如农用车、农业机械等农民拥有的动产，养殖水面使用权、经营权、经济林权等权利质押作为抵押，以增加金融供给，有效解决农民贷款难问题。需要认真研究“三农”及农业、农产品特点，对向农村金融市场提供的产品在内涵、功能、营销模式、风险特点等方面，进行深入的研究和创新。

（三）农村文化教育发展方向

文化教育是经济发展的基础，只有掌握了充足的文化和先进的科技才能够有效地推动经济的发展。那么，农村在经济发展过程中要加大农村文化教育的力度，促进农村经济发展在文化方向上的开展。所谓“知识改变命运”，加大农村文化教育的力度能够为我国农村经济发展培养出更多高水平的金融性人才，全面提高农村人民的知识素养以及经济能力，提高他们对经济发展的认知，从而让他们能够为农村的经济发展贡献自己的一份力量，全面建立我国新农村。

1. 建立健全农村文化考核体系以及加大扶持力度

加强新农村文化建设首先要建立健全农村文化考核体系，将文化建设的内容做一个详细的报告。同时将文化建设中的多个工程作为各级政府考核的目标。除了健全文化考核体系外，还应该加大农村文化建设的扶持力度，加大对农村文化建设资金的投入，并做好相关的财政预算工作，保证每一份资金都用到实际部分，政府也要对其加以指导，确保建设的合理性。

2. 加强农村文化队伍建设

要加强新农村文化建设应该加强农村文化队伍的建设，当务之急就是健全相关文化建设方面的队伍，以及培养专业队伍。文化队伍的建设是有方向、有目标、有计划地展开的，这样才能够确保队伍建设的有效性。同时还应该提高文化工作人员的综合素质和专业素质，以适应当下农村文化建设的需要。

3. 加强公共文化设施建设

加强新农村文化的建设还应该加强公共文化设施的建设，推动广播电视、文化服务中心、文化资源共享中心以及文化活动中心等基础文化设施的建设，对其中涉及的陈旧设施还应该进行维修或者是更换，与此同时还应该完善农村文化服务体系。对于农村小学来说，应该对教师的教育方式进行不断地改革，学校的布局也需要重新规划，提高学校教育资源的利用率。另外，还应该保证农村文化设施不会出现被占用或者是挪用的情况，如果出现挪用情况应该尽快地收回，鼓励农村投资建设也是其中重要的一个部分，尽可能地实现农村文化资源共享。

4. 大力开展文化下乡活动

开展文化下乡活动也是加强新农村文化建设的重要步骤。各级文化单位应该加强对农村文化的重视，经常性地开展一些送书、输送文化到农村的活动，让农村先了解到城市的先进文化生活，吸引农村的人们，使之对文化产生一种向往之情。同时，还应该在农村举办各种文化演出、歌舞晚会或者是各种民俗表演等活动，并邀请广大农村人民群众参与进来。另外，应该大力保护和弘扬优秀的民间文化，开展相关的农村艺术活动，深入调查了解农村特色文化。

（四）经济发展科技化方向

“科技是第一生产力”，也就是说科技是经济发展的主要动力，掌握了高端的生产水平才能够提高产品产量，才能够有效地提升经济效益。所以，为了能够有效地推动我国农村经济的发展，我们要能够推动农村经济的科技化发展，通过技术对我国农业的武装，提升农村生产的技术水平，从而提高我国农产品的生产能力和产量。

1. 我国农业科技工作的重点

在当前和今后一段时间内，农业科技工作重点是调整农村经济结构、提高农业效益、改善生态环境和提高国际竞争力，重点实施农业科技行动，解决农业关键问题，实施农作物优良品种的科技行动，促进种植业结构调整。利用我国丰富的种植资源，大力发展农业育种技术，加强高新技术育种的研究与开发，实施优质高效畜牧水产科技行动，加速养殖业规模化、产业化、标准化进程；实施农产品加工科技行动，培育新的农村经济增长点，增加农民收入；实施节水农业科技行动，提高水资源利用率；研究开发水肥配施适用技术与设备；大幅度提高水肥利用率，降低化肥、灌溉水使用量，有效减少水源污染，降低生产成本，改善农业生态环境。实施农业生态环境建设科技行动，提高农业可持续发展能力；实施防沙治沙科技行动，遏制重点地区生态环境恶化的趋势；实施农业高技术研究与产业化科技行动，推进传统农业技术的改造，提高农业科技整体水平。实施农业区域开展科技行动，开发区域优势产业和发展特色农业，增强我国农业科技的实力和后劲；实施人才培养科技行动，造就一支高素质的农业科技队伍。

2. 发展农业科技的重点

当前，农业科技工作着重强调在保护生态环境，以产业化、工业化、城镇化为方向，加大科技创新力度，加大无公害食品、绿色食品开发力度，培养农业市场主体，培育农产品名牌，提高农产品的核心竞争力，使中国农业科技和世界接轨。大力发展农业增长技术，并根据国内市场的要求，调整品种结构，降低成本，提高质量，并开辟新产业，开发新技术，优化农业生产结构，提高劳动生产率。中国农业科技发展是科学的、良性的，而今在动植物新品种方面有了很大的突破，保持和提高了土壤肥沃力，并有效利用水力资源，提高科学种植与养殖水平，改进农产品加工、储运、保鲜、包装等技术，加大农产品的出口，农民的生活水平又上了一个新的台阶。

第三章　农村经济发展的现实制约

第一节　农民文化程度低

我国经济快速发展，大量年轻劳动力进入城市务工，加剧了城市化发展进程。留在农村从事农业生产活动的人员大多年龄比较大，文化水平较低，不能及时接受新思想和新技术，对农业生产相关的机械设备没有深入了解，没有掌握先进的种植技术，严重影响农村经济发展。

一、农村经济发展对农村人口素质的要求

按照农业产业化发展的特点，结合中国国情以及农业为主地区农村人口素质，中国农业发展趋势对农业为主地区农村人口素质提出了很高的要求，这主要体现在以下几个方面：

首先，农村人口应当具有较高的思想意识素质。只有努力提高农村人口的思想意识素质，才能进一步促使农村人口摆脱旧的传统陈腐思想的束缚，解放思想，更新观念，开阔眼界，开拓市场，自发继而自觉地推动中国农业走产业化发展道路，实现农村经济全面、协调、可持续发展。

其次，农村人口应当具有一定的能促使其面临问题作出科学决策的文化素质。提高农村人口的文化素质是提高农村人口素质的基础和前提，没有这一条，“木桶原理”就会发生作用，想提高农村人口其他方面的素质也会变得异常困难。

最后，农村人口应当具有一定的解决农业生产实际问题的科技素质。这是提高农村人口综合素质的重点。科技素质包括两个方面，一方面是科技意识，另一方面是农业实用科技。这样，农业产业化所倡导的专业化生产、种养加产供销一条龙、农科教一体化经营体系等目标就会在农村人口整体科技素质提高的基础上得以快步实现。

二、农村经济发展中农民发展的现状分析

新时期我国农村文化基础设施建设、农村公共文化供给和特色文化传承等方面均取

得了巨大成就，也带来了农民群众的思想解放、收入增长以及职业能力的提升，使得农民的管理能力、职业能力得到了发展，交往范围不断扩大。但在看到成就的同时，也要清楚地认识到，在农村经济发展中还存在农民的乡村文化认同问题、农民的公共文化需求及服务质量不高问题、农民的职业化转型意识不强等问题。

（一）农村经济发展中农民发展取得的成效

1. 农民管理能力获得提升

马克思主义认为，人的本质是社会性的实践，人具体的实践能力体现了人的本质力量。在不同的生产方式下，人的实践不同，人本质力量的发展也会大有不同。随着农村经济发展的不断深入，我国农村文化产业也得到了迅速的发展，产业潜力得到了巨大的释放。多种类型的农村文化产业并行开拓，有着极好的发展前景，这不仅为农民文化的提升注入了一针强心剂，更使农民的经营管理能力得到了锻炼与提升。

例如以农家乐为主要表现形式的乡村文化旅游产业、以传统古建筑群为特色的古村镇文化产业、以种植采摘体验为特色的农事文化产业、以乡土风味美食为特色的农村饮食文化产业，以及以传统乡村手工艺为特色的农村手工艺文化产业等。农家乐的经营，客人的接待、农村旅游产品的设计与销售使得农民接触到了市场，了解到市场的运作模式；对农村特色文化产业的挖掘，使得农民的创新创业意识逐渐萌芽。农民在先进的生产方式下拓宽了自身实践的范围，提高了自身实践的水平。这一系列文化产业的发展不但丰富了城乡之间的沟通，增强了农村的内在吸引力，更激发了农民对更深层次经营管理知识的探索，使农民的本质力量得到了较大提升。

2. 农民交往范围得到拓展

作为马克思主义唯物史观的一个重要范畴，交往与人的发展有着密切的关系。对个体来说，交往的发展是人实现全面发展的必要条件。对农民群体来说，农民的发展也无法脱离与他人的交往。

传统农民生产生活的范围较局限，“社会属性”也相对单一。农村公共文化设施是农村经济发展的有效载体，不仅为农村经济发展成果的展示提供了一定的平台，也为农民交往范围的扩大奠定了一定的基础。近年来，我国的农村文化基础设施正在不断完善。剧场、电影院、健身场馆等城市主流文化设施向农村范围的辐射在很大程度上扩大了农民的日常交往半径，突破了农村邻里之间的交往界限。

与此同时，农民业余文化组织也正在快速地发展，农民之间的交往由于一系列的社会文化活动而打破了原本简单的血缘地缘界限。农民公共文化资源的丰富直接增强了农村社会村与村之间、人与人之间联系的普遍性与全面性，使得村庄成为更加高级的社会群体。农村经济发展所带来的这些变化拓展了农民发展的社会空间，为农民增添了新的交往方式，也给农民创造了新的发展条件。

3. 农民职业能力逐渐提高

马克思主义将人的能力的发展看作是人的发展的重要因素之一，每个人在谋求自己发展的过程中都应该把发展自己的一切能力当作自己的职责、使命、任务。农民发展是人的发展在农民身上的体现，推进农民发展也必须把农民能力提高作为发展的重要内容来对待。

4. 农民主体发展意识增强

农民主体发展意识是指农民的认知心理、价值观念以及思维方式等，从传统的个体意识、守旧意识、依赖意识以及封闭盲从观念等，向现代的市场意识、民主意识、法治意识、科学意识、参与意识、开放意识以及维护自身权利意识等的转变。在农村经济建设与发展过程中，农民追求自我发展的意识不断增强。这主要体现在农民主体发展的市场经济意识、民主法治意识、科学文化意识以及生态文明意识等方面。

具体而言，随着农村文化的建设与发展，农民要求平等地参与市场经济竞争，实现合作发展的意识愈加强烈。农民逐渐改变了以往自给自足的生产、生活状态，开始积极主动参与到具有自主性、竞争性、开放性的市场中去。

同时，随着农村文化的建设与发展，农民的民主法治意识也日益提高，表达自己的愿望和参与基层民主治理的意愿也不断增强。农民逐渐认识到参与村务管理不仅仅是村干部的事情，还是与自己利益密切相关的事情，能够积极主动地参与进去，表达自己的意愿和要求。而且，随着农村文化的建设与发展，农民不断接受新的科学文化知识，追求科学健康的生活方式，改变自己过去落后的观念，其科学文化意识不断增强，并向着“有文化、懂技术、善经营、会管理”的新型农民发展。还有，就是随着农村文化的建设与发展，农民的生态环境环保意识也已经觉醒。农民逐渐意识到环境污染所带来的危机，开始主动学习有关的环境保护知识，增强生态环境保护意识，自觉遵守生态环境保护规则。

（二）农村经济发展中农民发展面临的问题

1. 农民乡村文化认同问题

乡村文化植根于农业社会，是农民伴随着农业文明的长期发展，在农村这片土地上以农业生产为基础，生活、劳作、交往所形成的积极亲民的文化。乡村文化历史悠久，其中多数内容和思想皆是中华文明的瑰宝，其稳定对于农村社会教化与结构稳固有着重要意义。可如今在现代化的浪潮中，我国优秀乡村文化的存续却遇到了瓶颈。

（1）乡土文化一定程度上的衰落

在工业化的快速推进过程中，农村人口大量流动，原本乡土社会中的血缘联系出现松动，以人为载体的传统风俗与乡土记忆也在弱化，部分传统农村文化地标也在缺乏保护的情况下被破坏。而这种血缘性和地缘性联系的松动使得农民心目中优秀乡村文化的重要性被淡化。

（2）农村传统秩序被削弱

在农村建设过程中，城镇化目的有时被过分强调，以至于农民潜意识中对城市文明象征着进步而农村文化代表了落后的思想观念表示认同，而对这种观念的潜意识认同将进一步影响农民对于农村文化的认同感，原本在农村中发挥主要治理功能的传统社会秩序渐趋式微。农民的思想观念、道德伦理，价值标准也在商品经济的冲击下开始失衡，对优秀乡村文化的保护也逐渐被农民遗忘。

2. 农民公共文化需求问题

目前我国部分农村公共文化设施存在利用率不高、设施落后等状况，这些问题的存在使得农民对于农村公共文化服务的需求未能得到有效满足。利用率不高主要由文化设施供给不足以及供给低效造成。首先，我国农村公共文化服务设施总量仍不足。其次，有些文化馆、文化书屋空间狭小，馆藏不足，藏书质量不高，与农民实际需求不符，导致鲜有人问津；部分文化馆、电影院设备落后，机器缺乏保养与维护，影片也多是年代久远，与农村生活相关性不足，对农民吸引力不高，导致农民参与公共文化生活的积极性不强。

此外有些地区公共文化服务场所建设位置较偏僻，开放时间不科学，不利于农民日常参与，导致此类文化场馆常年空置，后被挪为他用。

近年来，虽然国家对农村公共文化服务的供给在不断加强，但农民实际享受到的有效公共文化服务仍存在不足，农民对公共文化服务的需求与国家的实际供给之间还存在一定的不平衡。

3. 农民教育资源获得问题

农民发展的一个很重要的外在环境条件，就是能够享受到良好的教育资源、环境与机会，进而使得农民发展所需要的基本知识能力得到培育，使得农民对自然、对社会发展的认识和观念得到改变。因为，就一般而言，一个人接受教育的程度越高，其认识自然、认识社会、认识自我的能力也就越高，其改造自然、改造社会以及改造自我的能力也就越强，进一步而言，其就拥有了更多的更好地融入社会的机会和能力，就可以对人生的意义有更全面、更深刻、更好的认识和理解，并能更有目的性地参与到社会活动中来。

如此看来，农民的发展也一定是基于在后天的享受教育中培育起来的知识水平、认知水平、劳动技能、自我管理、自我约束、自我发展以及自我完善的各种能力，而这种能力在农民发展的一生中的社会活动，包括改造自然、适应社会、创造财富、丰富自我等多方面，都是具有决定性作用的。可是，农民享受到的教育资源、机会还是很有限的。在学校教育、职业教育、成人教育及各种培训等方面，依然存在对农民教育的投入不足、供给不够充分及供需矛盾等问题。这些问题使得农民的文化技术素质比较低的状况依然存在，它不仅影响了农民对先进农业生产技术的接受和使用能力，而且也影响了先进的农业科技成果在农业生产和农村社会生活中的普及和推广，使得科学技术成果转化为现实生产力的效率大打折扣，这不仅影响了农民的增产增收，也影响了农民的生活质量。

4. 农民职业能力提升问题

农民是农村经济发展的主体，农民职业化发展是农村经济建设的内在要求，也是大力推进农村经济发展的内在驱动力量。可是，目前由于农民自身素质以及社会结构等因素，农民在职业能力发展方面还存在一定程度的欠缺，这主要体现在：

（1）农民身上的传统小农思想依然存在

当前我国部分农民还存在不同程度的生产生活方式守旧、科技知识薄弱、缺乏市场竞争意识等问题，农民在农业亟待发展的情况下难以具备市场化的竞争意识与竞争危机等职业化农民所必需的能力。

（2）农民对新型职业农民的认识还不够清晰

由于我国二元社会结构以及历史、文化等多方面因素的影响，农民如今仍然不被看作是社会化分工的产物，某种程度上还被当作较低社会地位的象征，农民这项职业相对于非农职业对人们的吸引力不高，高学历人才不愿留在农村从事农业生产，具备职业农民基本素质的新兴劳动力逐渐向城市非农产业转移。

（3）农民主动转型意识仍然不强

由于农业劳作前期付出时间成本较高，后期收益见效慢，愿意从事农业生产的人不多。而目前从事实际生产的部分农民接受与学习职业化技能的意愿不强，接受了职业教育的农民群体在将知识向实际生产力转化的过程中也容易出现困难，导致农民缺乏进一步提升自我职业能力的积极性，缺乏职业化转型的内在动力与能力。

三、农村经济发展中农民发展问题的原因分析

新时期以来，在我国农村经济发展中农民发展面临的问题是多方面的。分析产生这些问题的原因，既有客观条件方面的因素，也有农民自身主观方面的因素。城乡二元文化体制、农村文化管理制度、农村文化人才机制等制度性阻碍因素，农民教育文化资源、农民科技信息资源等资源性制约因素，以及农民主体地位不高和主体意识不强等农民自身条件制约因素，都影响了农村经济建设中农民发展的进程。深入挖掘农村经济建设中农民发展问题的原因，有利于促进农民的全面自由发展。

（一）农民发展的制度性因素

1. 城乡二元文化体制制约

城乡二元文化体制局限更多地体现在国家对城乡公共文化服务的投入上。公共文化服务是公民生存权以及发展权的内在要求，也是政府的主要职能之一。公共文化服务的均等可有效缓解由于先天的社会地位、家庭条件、地域等因素所造成的社会资源分配不均问题，也能使每个个体在未来能得到相对平等的发展机会。可由于我国长期受城乡二元发展结构的影响，国家在政策层面往往存在“偏爱”城市的惯性。建国以后我国长期

采用城乡二元的公共文化服务供给体制，公共财政资源的配置明显向城市倾斜，城镇的基本公共文化服务长期实行由政府财政保障的制度内国家供给。相比之下，农村的公共文化服务则存在阶段性发展的特征：农业税改之前，实行制度外的村镇自给，供给资金来源主要是集体经济组织的自筹资金。改革开放后的一段时间，由于经济组织的解散，农村的公共文化服务还出现了短暂的供给缺位现象。农业税改之后，农村公共文化服务供给转为制度内供给，国家承担其供给义务，由国家财政资金保障农村基本公共文化服务的建设。即使在供给模式上有所调整，农村可享受到的公共文化资源依旧远远落后于城市。

虽然目前我国在公共文化服务方面的投入正在向农村倾斜，可长期的资源分配不均使得农民可享受到的公共文化资源总量与城市居民相比仍有不小差距。城乡要素的不平等交换使得农民在国家的文化生活中处于较为弱势的地位。这不仅会加大农民在价值观念、思维方式、行为方式等方面与其他群体的差距，更会成为农民实现全面发展的巨大阻碍。

2. 农村文化管理制度欠缺

随着农村公共文化设施建设的不断完善，广大农民在闲暇时间有了多样化的文化活动场所，农民的业余文化生活得到了丰富。但是，在农民现实的文化活动中却存在着部分农村公共文化设施管理制度不完善的问题，使得农村公共文化设施有效利用率不高，例如一些已经建成的农村文化礼堂、农村文化大院、农家书屋及农村文化站存在部分被挤占挪用的情况；个别农村文化礼堂、农村文化大院、农家书屋及农村文化站在完成了一系列的检查评估后就被闲置起来。一些农村公共文化设施甚至逐渐演变成了各种农村办事机构驻扎的场所。可以说，农村的许多公共文化设施在建成之时是比较齐全的，一般都包括农民教育培训教室、图书报刊阅览室、文化体育活动室，还有各种宣传窗、阅报窗、室外活动公园等等。

总的来说，在这些设施中室外活动场所、休闲公园等利用效率比较高，农民群众饭后休闲散步、参与各种健身舞蹈和娱乐活动比较集中；可是农村公共文化的其他场所和其他设施，往往由于管理和服务的不及时、不到位，常处于闲置状态。比如，个别的图书报刊阅读室由于藏书量比较少、更新速度跟不上、开放的时间有限，农民借阅的人数比较少。这些情况意味着农村文化制度建设还需要进一步加强，农村文化设施管理制度还需要进一步完善，农村文化设施的有效利用率还需要进一步提高，以此让农民享受更好的农村公共文化服务。

3. 农村文化人才机制限制

农村文化人才队伍建设是推进农村经济发展与促进农民发展的核心环节和基本要求。在农村经济建设中，农村公共文化服务的质量和水平受到农村文化机构从业人员的素质和能力的影响，而这也将直接决定和影响着广大农民享受农村公共文化服务的质量和水平。在现有的农村经济发展人才队伍选用机制下，各级政府部门给予农村基层文化建设核定的人员编制数量十分有限，有的在基层农村经济建设整体规划中缺乏对人员编制的制度化安排，有些农村基层文化设施的主要负责人大都由乡镇政府的工作人员来兼任，缺乏专门的从业人员参与和管理。从现实的农村经济发展的情况来看，一些农村基层公共文化设施的管理维护以及各种对外文化活动的开展，仅仅依靠现有的人员配备数量来完成是远远不够的，还需要一定的专业化人员参与才可以正常运行。但是，由于农村基层的文化管理服务人员待遇比较低、从事农村基层文化建设管理工作的地位不高等一些原因，农村经济发展工作很难吸纳到优秀的专业人员，这就严重影响了农村文化人才队伍的稳定和文化设施维护工作的正常开展，也影响了农村经济发展的质量和水平，影响了农民享受农村公共文化服务的质量和水平，进而影响了农民的自由全面发展。

（二）农民发展的资源性因素

1. 农民教育文化资源缺乏

在人的全面发展过程中，教育具有关键性的意义，它可以增加人的选择机会，增加人的发展能力，培养人的现代化意识。教育的重要性已经成为全社会的共识。而且，随着社会现代化和民主化进程的不断发展，教育公平日益成为社会关注的焦点。而教育公平的起点往往是以占有教育资源的平等为前提的。由于历史的、现实的原因，我国经济、政治发展不平衡所导致的教育资源配置不合理，仍在很大程度上存在着，这就造成了人们接受教育的机会、条件不均等，从而导致人们接受教育的程度和发展程度呈现两极分化。在我国现阶段，教育公平就是在不损害强势地区和强势群体利益的同时，对弱势地区和弱势群体给予更多的关注。农村，尤其是起步地区农村的农民，需要更多关注的目光和行动，以享受更多更好的教育资源。

在文化方面，我国的农村公共文化服务采用的是一种“自上而下”式的，由政府主导的文化服务供给模式。不可否认的是，农民是农村公共文化服务的唯一主体，农民群体的切实需求应该是农村文化服务内容最直接的参考。可在目前单一型的供给模式下，农村文化的供给内容相对淡薄，农民可享受到的有效公共文化资源明显不足。

2. 农民科技信息资源短缺

在知识经济信息化时代，科技和信息资源在农村发展和农民发展中也发挥着越来越重要的作用。农民在生产和生活中需要包括农业商务、市场信息、农业技术、致富经验、三农法规、医疗教育服务等多方面的信息支持。有效的信息不仅可以加快农村信息化进程，弥补农村地区网络不发达的缺陷，消除农村市场的信息不对称，而且能够加强政府与农民之间的沟通，提高政府行政服务效率和服务能力，进而促进农村的现代化建设和农民的现代化发展。但是，我国的许多农村地区，由于经济基础薄弱、基础设施投入不足、人员素养不高、信息普及方式单一，缺乏必要的科技和信息资源支持，存在信息传递不准确、信息滞后、信息不全面以及互动性不强、实用性差等问题，这些问题在一定程度上成为制约农村发展以及农民发展的重要因素。

（三）农民发展的主体性因素

1. 农民主体地位依然不高

农民承载着农村发展以及社会主义新农村经济发展的重任，是农村经济发展的主体，也从农村经济发展中受益，其主体作用的发挥关乎农村文化的繁荣与发展。农民的主体地位决定了农村经济发展必须要为农民服务，但目前我国的农村经济发展却遭遇了农民主体地位方面的困境。

首先表现在农民主体力量的弱化。农民绝对人数的减少不仅削弱了农村经济发展的有生力量，更导致了农村留守者的素质弱化。这是因为能够离开农村的群体大多为青壮年，且文化素质较高，而留守在农村的群体则是难以为农村经济发展贡献主要力量的妇女、儿童、老人等相对弱势群体。

其次表现在农民主体地位的架空。农村经济发展中坚持农民主体地位要做到对农民群体保留支配和控制自身文化需求与文化活动的权利以及能力。但在农村经济发展实际的推进过程中，一些农村基层干部并没有将农民视为农村经济发展的主体，为了完成自我的文化建设工作，一些基层组织甚至将农民看作需要被改造的客体。

此外，农村经济发展中农村公共文化服务的投放也存在实际供给与农民自身需求错位的情况。我国的农村公共文化服务采用的是一种“自上而下”式的，由政府主导的文化服务供给体系。在目前的单一供给模式下，供给者若无法完全按照农民主体的需求为供给标准，农民则只能被动接受。如此缺乏“地气”的文化供给确实在一定程度上活跃了农民的文化生活，但很难从根本上满足农民的实际需求。这种农村公共文化服务的供需失衡体现的不仅仅是供给体制的不完善，更体现出了农民主体地位未能得到有效凸显。

2. 农民主体意识仍然不强

改革开放以来，人民生活不断富足，当代中国农民作为主体在社会主义农村经济发展中发挥的作用日益明显，但由于历史变革以及现代社会中的一些因素限制，农民在自身发展中主体意识的发挥不够明显。

首先，由于我国政策制定的特点，在农村政策的制定和实施上，国家主导往往会优于农村民主化的结果。在具体实践中，一些地区的政府管理者缺乏以人为本的意识，忽视了农民的真正需求，制定了很多不符合农民实际的规章制度，这严重打击了农民的自主积极性，也打击了农民发挥主体意识的热情。

其次，由于二元结构壁垒还未完全打破，城乡之间的发展差距还很大，农民应该享受的平等的权利和待遇还未完全落实，目前的制度使然，农民的弱势群体地位还未得到有效地提升，农民的主体意识发挥还需要更强大的动力。

再者，话语权是实现自我诉求和主体意识发挥的重要手段，但是农村基层民主中的不规范问题使得农民缺失了部分话语权，导致农民的主体权利发挥得不够充分。此外，由于农民自身素质不高，限制了其对自身主体性的认识，制约了其作为农村文化主体应发挥的作用，影响了其对国家政策的理解以及对农村社会矛盾的分析与把握，更阻碍了其自身全面发展的进程。农民的发展程度在某种意义上关系着农村经济发展的质量与方向，主体意识的缺乏导致了农民的发展与其他社会群体不同步，也导致了农民的发展现状与如今农村经济发展的要求不相适应。

第二节　农业生产难度较大

随着工业时代的来临和城市化进程的加剧，大量耕地被侵占，生态环境被破坏。生态环境问题是影响我国农村经济发展的主要外在因素之一。现阶段，我国生态环境持续恶化，严重影响农作物的健康生长，农民不科学种植增加了农业生产难度，加剧了环境污染。长此以往，就会出现恶性循环，严重影响农业经济发展。除此之外，种植的农作物品种单一，集约程度较低，不接受新技术和新的农作物品种，无法实现机械化生产，缺乏专业的生产技术推广人才及指导人才，都会增加农业生产难度，影响农村经济发展。

一、农业生态环境问题

（一）农业资源短缺问题

资源，是指人类在完成一项生产或生活时所能拥有的物力、财力、人力等各种物质要素的总称，而人类生存延续性的根基就是农业资源的可持续性。作为一种特殊生产方式的农业，对光、热、水、气等自然条件的依赖必不可少，这也就决定了其对自然环境的依赖性要远高于二三产业。然而，在农业领域，随着石油、化石等能源的不断投入，人工辅助能因素所占比例逐渐增长，人类正在使用的技术，使农业摆脱对自然的过度依赖，从而增产增量。

1. 水资源短缺

水资源短缺是指在一定时间内水资源需求量不断增加，加上对水资源不合理的利用和开采强度增大，造成的不同国家、不同地区出现不同程度的缺水问题。随着农业生产的不断发展，农业用水需求不断增高，受到地表水水量的制约，地下水成为农业灌溉的主要来源，中国北方地下水灌溉面积比例已经高达 70%，农田机井也成为农民解决灌溉缺水的主要途径之一，农田机井虽然是农田水利基础设施建设的重要组成部分，可以有效地保障人民群众的切身利益，增加了有相对较高经济价值及对水需求相对更敏感的作物种植面积，但同时导致了地下水灌溉扩张，加速了地下水位下降，并且可能引发河流湖泊断流、水土流失、水质恶化、地面塌陷、荒漠化等一系列生态问题。

2. 土地资源缩减

土地资源缩减是指土地生产能力、土地肥力下降的过程，主要反映于土地质量、数量和生产力与之前某一时期的状态或正常状态相比的变化，它包括与前期相比的现在缩减，以及在目前缩减条件不变的情况下，将要发生的潜在缩减。土地缩减不一定是连续的过程，它可以发生在两个生态平衡状态之间的短时期内。土地缩减对土地的生产力、当地的经济的繁荣与文化的兴衰影响重大。目前我国的土地缩减分为水土流失、土地盐渍化和土地荒漠化三种情况，具体表现如下：

（1）水土流失

由于我国地形种类繁多、复杂多样，水蚀、风蚀和重力侵蚀下引起的破坏和损失范围较广，各地受侵蚀情况不一。农业水土资源的流失，是导致生态失衡的首要因素，是导致土地土壤肥力下降，水、土资源逐渐枯竭，自然环境逐渐恶化的重要原因；若没有科学有效的治理与保持措施，农业水土资源的流失还将会加速发展，尤其是丘陵地区的坡面土壤，对各类侵蚀作用具有相对更强的反应，在水、气、生物等自然和人为因素的影响下是最容易变化甚至破坏的敏感地区。

土壤肥力下降。从土地资源的利用角度来看，水土流失最严重的是坡形耕地。水土资源的流失，对农业生产最为直接的危害表现在大量肥沃的表土被冲蚀后，土壤中的大量养分也随之流失，如主要存在于土壤表层的有机质、氮、磷、钾等养分的大量流失，都将使土地肥力日益下降，引起农业生产力的显著下降。

农业水利设施的破坏。整个水土流失的过程，其主要动力来自水流的带动。水流将土体泥沙挟带下流，容易引起河道淤塞，水库填淤等现象，严重时甚至引起沟岸崩塌，使区域流域内大量水库的调蓄、泄洪、灌溉等水利功能大幅降低，使水利项目设施的效益显著降低，试验寿命明显缩短。

生态环境恶化。农业水土资源的严重流失，一定程度上也带来了频繁的洪涝和干旱等自然灾害，甚至局部区域内会出现生态失调现象。如安徽省江淮分水岭地区，其主要以丘陵岗地为主，丘陵地区面积占该地区总土地面积的 80% 以上。

（2）土地盐渍化

盐渍化的产生大多是因为水资源的不合理利用，只漫灌或只灌不排，地下水位上升或土壤底层及地下水的盐分随水蒸发上升到地表，使盐分累积在土壤表层，造成土壤肥力下降。我国的土地盐渍化在黄淮海平原、东北西部平原、黄河河套平原及东南滨海地区均有分布。土地盐碱化易引起海水倒灌，到底土地荒废，从而严重影响农业生产。

（3）土地沙漠化

气候的变异、人类的不当行为等等，都会造成干旱地区的土地沙漠化。土地沙化已经成为制约我国中西部地区经济发展的重要因素。

（二）农业环境污染严重

1. 水污染

我国是水资源短缺大国，城镇化水平的不断提高，城市人口不断增加，对水的需求量不断增多，生活用水的随意排放，工业生产废水的直接排放，使本来就短缺的水资源又蒙上了水污染的危机。

2. 农田污染

农田污染问题是一个综合性问题，长期以来由于人们认知有限，对农田污染的重视和认识程度不够，目前，我国的农田污染程度已经到了不可挽回的地步。我国农田污染的主要原因有工业废水直接排放、农化产品的使用以及生活垃圾废弃物的随意处理，具体表现如下：

（1）工业废水直接排放

在大力发展工业的同时，由于环保意识低下、技术设备返利等原因，未被处理的废物及污染物不断地被排到水、田地等环境中，给农业环境带来了极坏的影响，目前，被严重污染的耕地、农田面积正在逐年递增。

（2）农化产品大量使用

随着农业技术的发展，农药、化肥等大量农化产品不断被施用投放，农药的喷洒、灌溉在短时间内消灭了病虫害，提高了粮食产量，但农化元素不断渗入土地，使土壤肥力下降，使农田受到了严重的威胁，环境受到了严重的污染。化肥利用率低、使用过度等问题，不仅影响着农作物的产出，而且也带来了严重的环境问题，大量农药化肥在地表残留，破坏了农田原本的土壤肥力，土壤肥力下降，每年的种植只能依靠化肥、农药来提高产量，长期依赖形成恶性循环。另外，地膜在农作物种植中被大量使用，其增温、保水、高产等功效，被越来越多的种植户接受，目前我国地膜材料主要以聚乙烯（PE）为主，它具有分子量大、性能稳定、不易降解等特性，随着地膜覆盖面积逐年扩大，“白色污染”问题愈发凸显，地膜的大量残留，改变了原有的土地结构，这在一定程度上也造成了农田污染。

（3）生活垃圾废弃物污染

在我国，农村环境治理的能力和水平不高、保护环境的意识低下，生活垃圾、生活污水肆意排放，废弃物数量不断增加，也一定程度上造成了水、土地等自然资源的污染和破坏。

（三）大气污染

城镇产业的聚集使得工业生产过程中产生的污染更加集中、危害更大。主要由于：一方面依靠煤、石油、天然气等能源的企业在生产过程中向大气排放大量含有危害物质的污染物，通过大气循环进入到农村地区，大气的污染使得农田周围空气质量下降，当大气污染程度超过农作物可承受的范围时，农作物的细胞与组织器官将会受到损害，造成农业减产，经过长时间的积累，大量的污染物将会残留并积攒在农作物体内，严重影响农作物的生长和产量；另一方面由于城镇排放的工业燃气、汽车尾气中含有大量的硫氧化物、氮氧化物，这些物质遇水在大气中发生复杂的化学反应，生成硫酸等酸性盐类物质并残留在大气中，随着降雨降到地面便成为了素有“空中死神”之称的酸雨，酸雨危及地表水水质使土壤酸化，会对种子萌发、作物生长产生影响，破坏植物生长，最终导致农作物减产，严重影响正常的农业生产。

二、农作物品质的推广问题

（一）农作物品种推广的现状

我国是一个农业大国，长期存在着人口众多，耕地相对较少的农业生产基本问题，面对较大的人口基数和人均耕地面积较少与人们日益增长的农产品质量和品质要求的现状，引进推广高产优质农作物新品种可以满足人们日益丰富的饮食需求，可开拓广阔的农产品市场，有效推动我国农业可持续发展。在各农业推广机构和广大生产者中，从来不缺少积极推广新品种、新措施的领头人。在国家政策引导以及科研人员的带领下，进一步开展基层农作物品种的推广工作，分析适合不同地区适宜种植的农作物品种进行实地推广，推动农民增收，丰富人们的饮食文化。

但在推广决策过程中，往往只抓住品种的片面特性，和进行生产的片面条件，没有全面了解新品种推广所需要的各项基本条件。包括我国已全面步入市场经济轨道，生产出的农产品需要经过市场的检验才能发挥应有的作用。推广农作物品种的工作需要充分了解影响推广效果的各种因素，一些主观的人为因素可以通过组织完善得以解决。但在客观上也存在许多人力不能改变的影响因子，而没有针对性地进行分析判断。以至于农作物品种推广频频失败，造成了大量的人力、财力、物力和时间的不必要的损失。

（二）影响农作物品种推广效果的因素

1. 市场需求因素

我们从事的农业生产，最终产品都需要投放市场，以产生经济效益。市场对产品的认可程度是决定农作物品种推广成败的决定性因素。农业经济的发展必须依赖市场，以市场为导向决策推广项目品种，是项目产生效益的必需条件。广大种植户在进行生产过程中需选择市场认可度成熟的品种进行生产，才能取得应有的效益。但广大种植户在品种选择的过程中往往会忽略这一因素。一味追求高产、高抗品种，对市场的需求不进行调研考证，导致生产的产品卖不出去，或是卖价比同类产品大幅降低，达不到预期应有的效益。

2. 气候条件因素

每一种农作物品种都有其对气候条件的特定要求。我们在引进种植各种农作物品种时，需充分考虑当地气候条件是否与所引进的农作物品种自身对气候条件的要求相适应。这就要求引进推广者对计划引进种植的农作物品种生长特性和本地气候条件都要有充分的认识了解，认真分析，才能保障所引进的农作物品种种植取得成功。特别是一些农作物生长临界性适应地区，更需要严谨。

3. 品种成熟度因素

对新培育出的品种进行推广，必须充分了解该品种的各种性状表现，是否已试种成熟？确定其是否有推广价值？要求什么样的生长环境条件？在什么样的环境条件下，表现的生长性状如何？表现的性状是否适合大面积生产？是否能产生经济效益？这都是必须了解清楚的问题。这些问题都解决了，基本上算是一个成熟品种。而在实际生产过程中，生产者往往会在新品种推出尚处在实验室和小区试验阶段，在对品种的各种性状还没有完全掌握的情况下，即展开大面积种植，给生产者带来大量的资金、人力和时间损失。

4. 生产资源条件因素

每一种农作物品种对生长的环境条件都有自身的特定要求，生产者是否充分考虑种植地的生产资源条件与所引进农作物品种所需的生产条件相适应，这也是影响生产的因素之一。

5. 投入成本因素

投入、产出比是决定项目是否可行的因素之一。农业种植生产的资金投入回报率相对来说是比较高的。在实际生产过程中，以家庭为单位的生产者会根据家庭的劳动投入能力和家庭承包的土地面积来计划进行生产的规模大小。成本只计算生产投入的农资成本和机械成本，忽略日常劳动力投入成本和土地投入成本，这种形式的生产较易产生收益，且回报率较高。但这种形式的小农生产同样需要严格计算投入成本，分析预测应有收益。对于一些农业经营主体开发的规模化产业，必须计算土地、劳动力、管理人员、农资、设施、生产中可能出现的各种风险等因素形成的成本，使资金投入量大幅度增加。当资金投入预计达到或超出项目预计所能产生的产品收益时，该项目就不可行了。

三、农业生产的机械化问题

（一）农业机械化的特征

我国经济保持着较为稳定的增速，有力地支持了农业机械化的发展，并且在实际的农业生产当中，农业机械的不断应用和改进，使得农业机械化的发展越来越符合我国的实际，从而促进我国农业经济的不断发展，一是创新了发展体制，对农民等自主购买农业机械给予大力的支持，在农业机械投入主体上实现多元化发展，在此基础之上兼顾多种所有制竞争发展。二是对发展机制进行了创新发展，在农业和农村作业市场逐步增加了相应的农机作业服务，在此基础之上推动农业的产业化和社会化发展。其中，要严格按照市场需求来推广农机作业服务，各个政府也要充分地行使自己的职能，对农业的发展进行积极的引导。三是对发展方式进行了创新，依靠科技的力量来促进农业的发展，积极地进行与我国农业生产实际相匹配的农业机械和相应配套农机具的研发工作。经过不断地摸索和实践，我国已经基本建立了农机和农艺相结合的全新的农业生产方式。

农业机械化是否能够得到顺利的发展，是由多方面的因素所决定的，其中最为关键的就是动力和条件因素。具体来说，农业机械化可以有效地提高劳动生产率，而只有改变传统的不合时宜的产业结构才能够更好地促进农业机械化的发展，而农业机械化的发展又有助于产业结构进行有效的调整。所以，从某种意义上来说，农业机械化是否能够得以较好地实现是由动力和条件两个因素所决定的。其中，只有在农业经营者迫切需求用机器将畜力取代的情况下才能够产生发展农业机械化的动力。而发展动力主要来自两个不同的层面。就国家层面而言，是按照农业产出是否能够增加国民经济总产值等方面对农机化的促进作用进行计算。而就微观层面而言，是看农业机械的应用是否会为农民创造更多的收益。如果在未应用农机的时候，农业从业者的农业生产依然能够保证正常进行，那么农业机械化的需求自然就显得毫无意义。农民只有在资金有较多剩余的情况下，才有可能应用农业机械。除此之外，经济性也是农民的首要考虑因素，只有当农业机械所创造的价值远远高于其投入的成本时，农民才会有足够的动力购买农机。除此之外，农业机械化的发展还必须要有适合发展的客观条件。站在农民的角度考虑，资金和技术就是主要的客观制约因素，而站在国家的层面考虑，则是看是否有相应的技术服务来支持农业机械化的发展。

由上可知，农业机械化发展的决定性影响因素包括以下几方面：第一，是否有足够的动力来驱使农业从业者购买农业机械；第二，国家是否能够将完善的农机服务提供给农业从业者；第三，农业从业者的技能水平是否能够满足于应用农机的需要。通过对我国农业机械化的发展进行全面的总结和梳理后，我们找到了实现农业机械化的一般规律。即首先要保证获得足够的能够满足购买农业机械需要的资金，其次要具备购买的动力，本着增加效益的目的促进农业机械化的发展，然后在此过程当中大量地转移了农村剩余劳动力，同时也极大地促进了扩大再生产的实现。资金充足以及足够的需求动力中最根本的是需求动力，农业从业者在自身的劳动力难以满足扩大土地面积以及增产的需要时，便会考虑应用农业机械设备。另一种是经济和城镇化的发展会使劳动力逐渐脱离于传统种植业，导致流失了大量的劳动力，所以不得不选择农业机械化。当这种需求动力产生了的时候，即使自身资金不足也不会影响其农业机械化的选择，他们会为此积极地筹集资金。如果缺乏足够的动力，就算国家强制要求或者给予再多的补贴也无法有效地促进农业机械化的发展。要因地制宜地推进农业机械化。也就是说要充分地结合当地的实际来确定与之相匹配的农业机械。此外，农业机械化的发展要循序渐进，由点到面，即将重点项目作为农业机械化推广的试点，在运行较为成熟之后再逐步地进行扩展。对劳动力进行转移以及促进农业从业者收入水平的提升促使农民增收是农业机械化的必然结果。而在获得了更多的收入之后，便为扩大再生产提供了必要的资金支持。第四是扩大再生产。劳动力在农业机械化后得到了解放，不仅有助于更好地建设新农村，拉动内需，同时还能够使经营范围得以扩大。

农业机械化的发展分为几个不同的阶段。其中，第一阶段是机械化的起步阶段，这时候所应用的农业机械往往是产生较高综合经济效益以及最为需要的，也是对主要作业项目帮助最大的机械化。比如耕地及整地机械化等。第二个阶段是基本机械化阶段，机械化已经逐步延伸到了生产的各项作业当中，在生产总用工量中的占比达到了 40%~70%。比如有的地区已经将机械设备应用到了耕种、植保以及收获小麦的各个环节。第三个阶段是机械化得到了广泛的应用，也就是说机械已经被应用到了农业生产的各个作业中。

（二）农业机械化的地位和作用

如果没有动力机械的帮助，根本无法独立有效地实施现代生物技术。比如在生物技术措施当中，良种的应用以及地膜覆盖技术等均能够促进产量的提升。但是，优良种子并不是与生俱来的，是经过认真反复筛选的结果，而在此过程当中就需要借助于拌种机以及清选机等机械设备，此后在播种阶段还要借助于精密的播种机，只有这样才能够使效果达到最佳。并且，只有在铺膜机械的帮助之下进行覆膜盖栽培，才能够最大限度地节约成本支出，进而实现经济效益的最大化。由此不难看出，在农业技术当中最为关键的构成要素就是农业机械化以及生物技术措施。它们之间互相促进、互相作用，属于一对共同体，必须要将两者结合起来运用才能够达到最佳效果。

借助农业机械能够改变现有的农业生产环境。比如借助于旋耕机能够优化土壤的物理状态，进而促进产量的提升。除此之外，在生物技术推广的过程当中辅以农业机械能够确保前者充分发挥自身的增产增收作用。在播种作业过程当中应用机械作业，能够提高作业的效率，进而确保播种的时节正合时宜，使产量得到提升。同时，农业机械还能够有效地应对灾害，使其所产生的影响尽可能地减少。这些作用不仅体现在种植业机械上，同时还体现在了林、牧，以及渔业当中。因此，我们必须积极地推动农业机械化在农业生产中的发展。

原来较为不好的农业生产条件会因为农业机械化的发展而得到有效的改善，使得人们可以轻松自如地应对比较繁重的农业作业。在现实的生产当中，体力占主导的情况会慢慢地被削弱，取而代之的是脑力劳动，此外，发展农业机械化还能够使城乡之间的差距变得越来越小。

现代化的农业最主要的特征就是应用了大量的农业机械设备，也就说评价是否达到了农业现代化的水准，最主要就是看其是否将更多的农业设备应用到了农业生产实践当中，是否已经基本消除了手工劳动为主的作业方式。农业现代化将先进的生产技术应用到了农业生产实践当中，使得劳动生产力得到了充分的解放，使得生产力水平得到了显著的增加，使得农业经济发展的速度越来越快，进而促使了农业技术的研发速度和成果转化速度。因此，农业机械化对于农业现代化的实现至关重要，它将很好地整合农业科技和生化技术，作为一种载体来促进新技术的落地应用，具有不可替代的作用。

农业机械化能够促进劳动生产率的有效提升，就农业机械化在农业发达国家的发展情况不难得知，传统农业正是依赖于农机化才实现了向现代农业的过渡。就现阶段而言，我国所采取的还是一种相对传统的生产方式，并且缺乏充足的资金来支持农业机械装备的应用，极大地影响了劳动效率的提升，并且也不利于农民增收，因此，我们必须要着力促进农业生产力的进一步提升，以使得农业发展因调整劳动结构而出现的后退问题得以抵消。所以，要想更好地发展社会经济，就必须要充分借助于农业机械化来提升劳动生产率水平。

农业机械化还有助于优化调整农村产业结构，目前，我国农村正在如火如荼地调整产业结构，成效十分显著。但是，现阶段的农业产业结构依然难以适应国民经济的发展，具体体现在缺乏较高的收益等。而农业机械化则能够有效地解决该问题，具体而言，就是在农业生产当中应用工程设备以及科学技术，对农业生产进行更加全面的改造，进而加快重构农村产业的进度，对当前资源进行合理的配置，进而积极地推动农业和农村经济的发展。

农业机械化对于农村经济的健康长远发展具有积极的促进作用，就现阶段而言，人类所面临的主要问题就是环境问题日益严重、农业资源严重匮乏。所以，必须要在农业和农村经济可持续发展的基础之上来促进农业现代化的发展。农业机械化在高投入的同时，产出相对也比较高，这种发展和资源节约的理念是相吻合的，能够尽可能地降低对农业环境的影响和破坏，并且能够使农民的直接生产费用有效地降低，使保护社会环境的费用减少。所以，积极稳妥地发展农业机械化，不仅有助于农业经济的绿色、环保、可持续发展，而且对国家的战略价值也极其重要。

（三）农业机械化发展存在的问题

1. 农业机械化发展水平不平衡

我国国土面积较大，各个地区具有不一样的气候条件，地理条件也不尽相同，有些地方劳动力比较充足却没有可耕种的土地，人均收入水平很低，所以我国各地在实施农业机械化的时候区域性特征十分明显。有的地区经济水平较高，农民相对比较富裕，因此在农业机械的购买上有资金保障，因此这些地区往往具有很高的农业机械化程度；那些比较落后的地区只有非常少的农业机械，生产效率极低，农民增收缺乏必要的保障。因此，我们必须要积极地促进农业产业化发展，加大力度研发农业机械，同时还要进一步建立健全基础设施，均衡地、积极稳妥地发展农业机械化。

2. 农业机械化组织服务能力不足

培育较为完善和健全的农业机械市场，促进社会服务能力的有效提升。对于一些农机服务组织要给予大力的支持，进行积极的引导以使农机专业服务队伍能够得以不断地发展壮大。要加强对中介服务组织的政策支持。要通过相应的制度建设来加强信息管理工作，确保能够将更加详实的信息服务提供给农民。除此之外，还要保证能够充足地供应农业机械的零配件，以更好地服务于农业机械化的发展。我国现阶段在农机发展方面所存在的最主要的问题就是有较为严重的结构性矛盾。因为农民的文化水平普遍较低，因此无法很好地使用农业机械，有时不能够按照说明合规地进行操作，以致频频出现意外伤害。此外，相关部门没有及时地进行操作使用的相关培训，尽管将机械装备到了农业生产当中，然而利用率却十分低。这些问题的存在不仅导致了传统农机产品的生产供过于求，中低端产品几乎已经没有发展的空间，出现了十分严重的同质化问题；另外，在高端设备方面却是严重的缺失，难以满足市场的需求，缺乏足够的创新力。对于农业行业而言，在当前的发展形势下，要想获得更好的发展，就必须要不断地调整和优化产业机构，改变传统的经营模式和“新常态”的现实情况相适应。这个重任要引起企业的普遍重视，实现由粗放式的经营向集约化发展，不能够过分地依靠资源消耗来提升发展速度和扩大发展规模，而是要以科技为主导，在成本最低的情况下实现效益最优、效率最优，实现农业的可持续发展。但是，我们从历史上的变革不难看出，行业的大调整必然会使一部分竞争主体被淘汰。

3. 农业机械化门类品种存在缺陷

机械化的发展不均衡体现在某些作物生产方面已经实现了高度的机械化，然而有的仍处于空白的状态。比如，水田就没有形成较高的机械化水平。尤其对于水稻而言，基本上都是通过手工进行插秧，只有很少的地区使用了机械插秧，这对水稻的生产形成了极大的制约，不仅降低了水稻种植面积，而且还降低了产量。除此之外，玉米的收割机的应用也还不够广泛，已经应用的也难以保证足够的数量，同时也缺乏较高的水平，这导致难以很好地推广节本增效技术，对农业机械化的发展十分不利。

4. 农业机械化农艺融合程度不够

将农机更好地融合农艺，就是在研发的时候要充分地考虑到农作物自身的特点以及其所处的环境等要素。只有对物种进行不断的培新，才能够和机械作业的要求相匹配，合理有序地调整农艺，才能对农业作业的顺利进行提供有效的保障，进而更好地促进农机的集约化、规模化发展。然而就目前来看，我国基本上采取的是分散的经营方式，并且各个农户所种植的往往都是不同的品种，种植方法也存在很大的差异，导致无法有效地推广和使用农业机械。因此，要想更好地应用农机产品，就必须要创造必要的条件，充分地整合所有的资源，使机械化能够更好地服务于农艺。

第三节　政府部门的资金投入有效

受到农村土地流转和农业基础设施不健全等因素的影响，政府部门投入的资金有限，不能满足当前农业发展的需求，制约了农村经济的发展。

一、农村土地流转过程中存在的问题分析

（一）农村土地产权主体不明晰

从当前来看，我国《农村土地管理法》中明确规定“农村土地所有权为农村集体所有”，在家庭联产承包责任制中，农民群体只是土地的使用者，而非所有者。但是由于部分地区村民对权益不理解，导致出现了人地矛盾、农民群体之间的矛盾问题。相关问题主要体现在两个方面。

首先，部分地区在土地流转探索的过程中存在土地所有权主体模糊问题，如一些地区在农村土地主体上存在多个并存问题，尤其体现在农民主体使用权、宅基地所有权和农村集体所有权混乱方面，影响到农村土地主体的明确性，导致农村出现土地之争的矛盾，影响到农民群体的积极性和土地流转的探索实施。在农民主体与集体所有的产权问题上，主要体现在自留地、宅基地的产权问题，部分地区将闲置土地、城乡接合部土地划为集体所有，而一些闲置土地又与农民群体的自留地或者宅基地重合，对农民群体的权益造成影响；在多个农民主体所有权并存的问题上，主要体现在农耕用地和宅基地问题上，尤其是农村闲置宅基地流转以后，宅基地未能够及时过户，导致相应的矛盾出现。

其次，部分农村地区在土地所有权的问题上还存在着土地管理部门监管不足、指导不到位等问题，进一步导致了农村土地产权问题的严峻性。例如在农耕土地流转的问题上，由于基层土地管理部门缺乏必要的监管，存在集体流转个人土地问题。部分村集体在未经在外务工的农民主体同意的情况下，将其土地流转，影响到农民群体资源要素的收入。

（二）农村土地流转不规范

土地流转规范性不足的问题，集中体现在农民群体在土地流转中的权益保障性不足、政府监管与指导缺位、土地流转价格机制缺乏三个方面。

首先，农民作为土地权益的拥有者，在土地流转的过程中要能够通过转让土地使用权益，获得自身的收益。但是农业经济本身受到气候、市场价格的影响较大，导致部分土地承包者不能及时向农民群体结清承包费用，甚至存在恶意拖欠等问题，进一步导致农民群体在土地流转中的权益受到损害，影响到农民群体土地流转的积极性。

其次，在规模型和现代化农业转型发展的过程中，政府需要以监管者和服务者的身份做好土地流转的相关服务工作，实施必要的惩治措施。但是由于当前农村土地流转的主体较多、数量较大，仍具有分散性的问题。基层土地监管部门和纪检部门主要是土地管理所，其人员较少，在面对较大流转问题时难以做到全面的监管与服务，甚至部分政府官员与土地承包商出现违法行为，进一步影响到农村土地流转。

再次，农村土地流转的价格是否稳定，直接关系到农民群体在流转过程中的权益。当前，尚未结合农村土地流转统一划定价格，部分承包商依据种植与经营的具体产品、产品的市场价格进行承包定价，甚至存在承包商恶意压价的行为，影响到农民土地流转的积极性。

（三）征地拆迁矛盾突出

城镇化是当前我国城镇发展过程中的主要趋势，考虑到城市功能设置、产业集聚等发展因素，多数城镇近年来积极扩展自身的面积，进一步提高城镇的综合能力。城镇扩展的主要选择是城乡接合地带和周边农村地区，由此导致出现了农村耕地面积被占、农村住房拆迁等问题。

从农村与农业的发展来看，城镇化发展的过程中出现了征地拆迁矛盾突出问题，影响到农村地区的和谐稳定，对我国的社会治理工作造成影响。这主要是由于我国当前征地拆迁制度还不完善，尤其体现在拆迁赔偿上。很多农村居民对征地拆迁的工作抱有疑虑，部分农民群体认为，在原有农村生活的过程中，自身可以依托耕地生活和发展，征地拆迁工作的开展导致耕地被占，农村居民转向城镇居民，不仅缺少了生活的依托，同时还要缴纳相应的费用，影响到农民的生活质量。

（四）农民群体法律意识淡薄

农村土地流转深化实施的推进，不仅需要系统的法律和政策制度作为保障，同时也需要农民群体的法律意识和素养作为支撑。如在农村土地流转、土地利用等问题上，国家有着明确的法律条文，部分农民群体在相关问题的实践过程中，缺乏对法律知识的了解，影响到自身的实际利益。在农村建厂的问题上，国家规定厂区应建在耕地红线以内，占据耕地面积的厂区要强制拆除，部分农民群体在农业转型的过程中由于缺乏对该类知识的理解，导致厂区被依法拆除。

（五）耕地面积连年缩减

耕地是农民群体赖以生存的保障，同时也是农业现代化实施的关键要素，更是深化农村土地改革的核心主体。但就当前来看，受到农村劳动力流失、城镇化发展等因素的影响，部分农村地区耕地面积出现连年减少的现象。近年来，我国围绕农村产业的发展进行了积极的探索，包括创建农村电商平台、推动农产品加工企业的落地发展，进一步调动了农民群体种植的积极性，同时在部分地区形成了农副产品集聚生产的趋势，提高了农民群体种植、生产的盈利能力。但是，由于我国多数地区处于山区地带，土地资源较少，且呈现出土地资源分散的问题，导致部分承包商承包的积极性较低。农村基础设施发展与建设进一步导致了农村土地闲置化、被占据等问题的出现。

二、农业基础设施投资存在问题

（一）农业基础设施问题

1. 农业基础设施投入大、收益低

要么基本没有经营性收入，要么虽有一定农业经营收入，但收入较低，都很难产生稳定的现金流，金融和社会资金投入的积极性相对不足。同时，农业基础设施投资普遍规模较大，期限相对较长，直接效益低，风险系数较高，与城市或者工商业项目相比，缺乏比较收益，难以吸引金融和社会资本进入。在相当长的时间内，农业基础设施都主要依赖政府财政投入，金融机构缺乏投入的积极性。

2. 农业基础设施产权不清晰，抵押贷款机制不完善

农田基础设施的运营机制、产权归属、经营模式不清晰，在管理上涉及的部门多、牵涉面广，管理主体及其职责不明确，导致农田基础设施建设贷款缺乏合格的承贷主体。同时，农村抵押担保市场、产权交易流转市场还没有完全建立，许多农业基础设施建设项目缺乏有效的贷款抵押资质，农业设施产权抵押贷款改革仍处于小范围试点阶段，农业设施颁证赋权和产权价值评估建设相对滞后，无法激发金融机构提供贷款的积极性。

（二）新型经营主体不强

项目建设缺乏合格承贷主体。政府一直在创新投融资模式，通过各种方式支持地方和社会资本开展高标准农田建设。但总体看，合格的新型经营主体总体数量少、规模小，普遍缺乏承接高标准农田建设的软硬件条件。同时，由于农户高度分散，集体行动能力较弱，交易成本过高，也很难成为政府投资的载体。高标准农田建设等农业基础设施建设投资仍面临缺乏合格承贷主体的问题，当前吸引社会资本进入，更多是以试点形式推进，难以大面积推进。

（三）政府支持引导力度不足

一是高标准农田建设成本近些年显著增加，投入标准偏低。随着物价水平上涨和农村劳动力工资的不断提高，高标准农田建设成本也随之上升。当前财政投资标准难以满足高标准农田建设的实际需要，投入和建设标准普遍较低，与高质量发展的高标准农田建设要求相距较远。

二是国家通过财政贴息、先建后补和以奖代补等方式支持农业基础设施建设，但相对于农业基础设施巨大的投资规模和较低的比较收益，财政支持力度有限，投入不足，难以充分调动社会和金融资本的积极性。而先建后补等方式，对社会资本要求较高，真

正能符合条件的新型经营主体相对较少，难以充分动员新型经营主体参与农业基础设施建设。

三是相应的增信机制建设不足，信贷担保和风险补偿机制建设滞后。在产权抵押制度建设滞后的情况下，信贷担保风险补偿和农村产权抵押融资风险补偿机制仍不完善，资金来源单一，风险保障力度有限，风险补偿缺少法律“硬约束”，部分地区补偿资金落实不到位，过于依赖财政资金。这也是导致金融机构缺乏积极性的重要因素。

（四）资金投入机制有待于优化

一是高标准农田建设等农业基础设施建设存在显著地区差异，但政策并未充分考虑。浙江等省份已经面临无基本农田可建的情况，但中西部地区仍有大量基本农田需要改造。同时，不同地貌或耕地地力等级提升难易程度不同的农业基础设施在建设内容和成本等方面存在差异。当前投入政策并未充分考虑这些地区差异性，投资补助标准等有待于进一步进行差异化设计。

二是财政资金仍需进一步整合。中央预算内投资补助资金和中央转移支付补助资金分批分头下达，不方便统筹管理。中央预算内投资农田建设项目下达投资计划时，仅明确中央补助资金部分，地方各级缺乏资金配套依据，最终造成两类项目资金配套不同，进而影响地方申报的积极性。而农田建设项目落实到基层要统筹管理，都要按照高标准农田建设统一要求做好相关工作，给基层项目管理和资金配套落实带来诸多不便。这两个渠道资金的管理方式、管理程序、绩效考核等不尽一致，给地方统筹开展高标准农田建设带来了困难。

三是资金配套压力较大，财力与事权不匹配。2019 年财政部文件要求高标准农田建设遵从“地方各级财政分担比例不低于 20%”的规定，一些地方简单地认为达到 20% 即可，个别地方出现财政亩均投入不升反降的情况。同时，高标准农田建设任务重，需要配套资金较多的地方往往是粮食主产区，普遍财力薄弱，因而农业基础设施建设支出责任与相对薄弱的财力形成“倒挂”，不利于加强农业基础设施建设。

四是无论是从财政投入还是 PPP 项目看，对存量资产项目运用不足。当前农业基础设施投融资创新，更多属于新建项目或增量项目，没有充分激发存量资产作用。在 PPP 项目中以 BOT 等模式为主，没有充分利用 O&M、MC、TOT、ROT 等存量模式。需要通过创新投融资模式，充分利用盘活存量资产，吸引金融社会资本进入。

（五）农业基础设施全过程管理机制亟待健全

一些地方农业基础设施建设完成后，仍然存在设施产权不明、管护权责不清、缺乏配套的专项管护资金、管护责任难落实等问题。农业基础设施后期维护管理机制的不完善，影响设施的使用寿命和农业基础设施效益的持续发挥。同时，自然灾害等导致的农业基础设施损毁等投入难以保障。上级明确中央资金可用于农田损毁等方面支出，但目前中央下达的转移支付补助资金按照新建高标准农田任务进行测算，并集中用于新建高标准农田建设，无法满足农田损毁修复方面的需求，给基层农田建设工作带来诸多不利。另外，在开展农田建设的过程中，道路、沟渠等设施建设涉及占用部分耕地，由于没有明确的政策处理费用开支，导致一些项目因此无法开展。

第四章　农村经济管理对新农村发展的影响

第一节　推进了新农村建设

在当前农村，由于农村经济管理不到位，村集体山林、土地等集体资源所属产权没能进行有效界定，给群众造成不必要的矛盾和纠纷。加强农村经济管理，依法管理农村的“三资”问题，做到资产使用规范透明，资源使用合理，相信实现农村的和谐将会指日可待。

一、提高农村经济管理水平可以促进新农村建设的顺利进行

农村经济管理的提高可以帮助农民更好地规划自己的经济活动，从而更有效地利用农村资源和劳动力，提高农业生产效率和经济效益，推动农村经济的发展，为新农村建设打下坚实的基础。

以下是提高农村经济管理水平可以促进新农村建设的顺利进行的几个方面：

（一）提高农村经济管理者的素质

提高农村经济管理者的素质是重要的一步。对于那些没有经济知识和技能的管理者，可以通过专业培训和学习提高他们的素质。

提高农村经济管理者的素质是农村经济发展的重要保障，具有以下重要性：

1. 促进农村经济转型升级

农村经济管理者具有决策权和执行力，他们的素质直接影响到农村经济的转型升级。提高管理者的素质，可以使他们更加理解现代经济理念和管理方法，更加敏锐地发现市场机会，更加高效地组织生产和销售。

2. 推进新农村建设

新农村建设需要具备先进管理经验和技能的农村经济管理者，他们可以通过规划和实施项目、建设基础设施、发展产业等方式，为新农村建设提供必要的支持和保障。

3. 提高农民收入水平

农村经济管理者的素质与农民的收入水平密切相关。高素质的管理者可以更好地协调生产和销售，优化农业产业结构，提高农民收入水平。

4. 带动经济发展：农村经济管理者的能力和素质对于整个农村经济的发展具有带动作用。他们可以通过吸引外部投资、引导农民创业等方式，为整个经济注入新的活力和动力。

总之，提高农村经济管理者的素质对于农村经济的发展具有非常重要的作用。只有加强培训和提高素质，才能提高农村经济管理者的管理能力和水平，为农村经济的发展提供必要的保障和支持。

（二）制定健全的规章制度

制定健全的规章制度是提高农村经济管理水平的另一个重要方面。这些规章制度应该涵盖所有方面，从土地使用和种植到销售和市场营销。

1. 健全农村社会保障制度是建设社会主义新农村的重大战略举措

健全农村社会保障制度是建设社会主义新农村应有之举，党和政府将更加关注经济社会的协调发展。劳动和社会保障工作作为构建社会主义和谐社会的重要保障，在保障劳动者基本生活、维护社会稳定和促进经济发展方面将发挥越来越重要的作用，是建设社会主义新农村的重大战略举措。

2. 健全农村社会保障制度是建设社会主义新农村的内在要求

“三农”问题是目前制约社会和谐发展的“瓶颈”，加大力度服务“三农”仍然是今年“两会”的热点。建立和完善农村社会保障制度是解决我国“三农”问题和社会主义市场经济持续发展的迫切需要，是关系到广大人民群众切身利益和社会稳定的大事，是破解“三农”问题的一条现实途径。我国“三农”问题突出表现为农业基础设施薄弱，资源环境约束日益加剧，城乡居民收入差距加大，农民增收难度加大，农村社会公共事业发展严重滞后，农产品市场、农村劳动力市场极不完善，严重影响了农村社会经济的发展，阻碍了社会主义新农村建设的进程。

随着新农村建设步伐的加快，城镇化速度加剧，现代农业迅猛发展，农民生产经营活动日趋频繁，面临的生、老、病、残、死等风险增加，单靠目前的家庭保障为主的社会保障难以抵御，需要建立全社会范围的农村社会保障制度。因此，建设社会主义新农村就必须健全农村社会保障制度。建立和完善农村社会保障制度，有利于推动农村城镇化发展，有利于加快现代农业发展，有利于缓解城乡社会保障水平的差距，有利于促进农村经济发展，推进社会主义新农村建设和全面建成小康社会与和谐社会。

3. 健全农村社会保障制度可促进农村社会经济发展

市场经济是以市场配置资源或调节经济运行的经济，具有自主、竞争、法治和开放的特征，需要有良好的社会保障条件。社会主义市场经济同样具有市场经济的特征。社会主义农村市场经济的发展和改革的深化，同样必须以建立农村社会保障制度为重要条件。市场经济的一个显著特点是风险性，因此，农村经济也是一种典型的风险经济。

其一是以家庭联产承包为主的双层经营体制的实行，使广大农户成为独立的微观经济主体，农民成了真正的投资主体、劳动力供给主体、要素受益主体和市场需求主体，同时决定了他们要承担相应的生产经营风险，因而对社会保障产生了相应的要求。

其二是随着计划经济体制向市场经济体制的转变，农村涌现的大批乡镇企业、民营企业，其基本特征是自主经营、自负盈亏、自我发展、自我约束。随着改革开放的进一步深入，国际、国内市场竞争激烈，市场风险难以预测，而健全农村社会保障制度，农村生活服务设施进一步改善，农民的医疗保健水平进一步提高，可提高农民的生活质量，从而一方面延长寿命和增加劳动力供给的年限，使整个社会的劳动投入总量增加，另一方面农民的身体健康，能大大提高劳动效率，从而加快农村社会经济发展。

4. 健全农村社会保障制度，可拓宽农民增收渠道，改善农民生活水平

根据个人教育成本——收益分析可以得出：一般情况下，一个人受到的教育越多，收益就越大，能达到的年龄——收入曲线就越高，反之则越低。一个人通过教育提高了生产技能，从而增加了产出和收入，这种增加的收入就是教育收益。解决“三农”问题的核心是增加农民收入。目前我国农村居民和城市居民的文化程度差异是城乡收入差别的主要因素，因此，增加农民受教育的机会是农民快速脱贫的最佳途径。

（三）推进信息化建设

信息化建设可以使农村经济管理更加高效和透明。采用现代技术，可以实现信息的共享和互联互通，使经济管理更加精准和有效。

1. 农村信息化内容

农业信息化的内容主要分为三个方面：

其一，在农业基础设备信息化方面，农业基础设备的信息化建设包括对农田基本信息化建设和自控化建设、对农产品储存的内部变化监测的建设、对计算机信息系统运行的调节和控制、建设畜禽饲养环境的完全自控和遥控的建设等。

其二，在农业技术操作方面。全面自动化中包括农作物栽培管理操作技术的自动化、农作物病虫害管理防治的技术操作信息化和自控化等方面。

其三，在农业经营管理信息网络化方面。农业经营管理信息网络化方面是对技术网络化的一种实现手段，包括建立针对性的区域农业情况的计算机系统、通过网络对农业产品信息进行世界范围内的搜索、对先进技术的获取和学习等。

2. 农村信息化在社会主义新农村建设中的作用

（1）农村信息化是实现农村经济快速发展的重要手段

农业信息化发展是对农业现代化发展的一种衡量手段，是现代农业发展的最高级的

阶段，其集合了多种信息技术，对农业的发展具有促进性作用。农业信息化的运用标志着我国的传统农业已经向着农业现代化转变，并且其使用可以有效地促进我国农业资源的优化、使得农民与市场进行直接联系，避免了农民由于信息闭塞导致的农业资源的盲目投入，从而减少农民在农业投资中的浪费，促进农业资源在更广阔的区域流转，是实现农村经济快速发展的重要手段。

（2）农村信息化是增加农民收入的主要途径

农业信息化可以对传统意义中使用老旧劳作手法的农民进行转化，使其成为现代化农业发展下的新式农民，使得农民通过农业信息化对农业的投资进行详细的了解，增加其投资回报和经济利润，减少或是规避农业投资的风险，使得农业投资的成本也相应地减少。农业信息化顾名思义就是对农业进行信息化的管理，通过对信息的投放和对信息技术在农业生产劳作方面的渗透，实现对农业发展过程中的各个环节进行数字化、智能化、精准化的控制和运作，实现对农业进行科学化的管理，减少农业资源和投入成本的不必要的消耗，从而促进农业科技水平和农业生产效益的提升。与此同时，对国家的农业政策的更改和颁布进行及时的了解，并对市场信息的变化有了解，使得农业生产围绕着国家政策和市场信息的变动而发展，实现对农业结构的调整做到及时有效。此外，农业信息化的应用有效地促进了农民的素质与专业化水平的提升，增加了农民的经济收入。

（3）农村信息化是促进城乡协调发展的根本保障

由于我国的经济不断地发展，因此制定了增加城镇化发展的战略发展的目标，而农村的发展与经济结构的调整就成为我国目前实现此战略目标的重点与难点。在现阶段，我国的城乡仍然存在着发展不平衡、农村发展相对滞后的状况，因此，我国农村的发展重点就是加快农村经济发展的脚步，促进城乡发展的距离不断地缩小。而农村信息化的运用能够有效地突破城乡发展之间由于民族文化、经济差距、地理特征等方面的界限，通过城乡之间的信息传递和交换，缩小彼此之间的距离，凸显了现代化建设的成果，让亿万农民享受到新农村建设与发展的成果与喜悦，使得农民掌握第一手的农业信息资源和农业操作性技术，促进农业与工业的和平相处与相互推动，实现城乡经济共同发展的伟大目标。

（4）农村信息化是实现农村现代化文明的有效措施

农业现代文明是社会主义新农村建设与发展的重要内容，在对我国进行物质文明建设的同时也应该相应地提升精神文明建设和政治文明建设，促进我国各个文明建设的协同发展。而农业信息化的运用可以有效地促进农民对新传媒的运用，使得农民可以通过对新媒体媒介的传播，了解国家对民生发展的政策和相关的法律法规，使得其对国外农业的发展有所了解，促进其对农业信息的掌握和运用，为农业的发展和农业资源的运用提供及时的信息，从而保障农业生产的实效性，增加农民的农业生产的经济效益。此外，农业信息化中更包含了对应基层政务的电子管理系统，使得基层政务和社区管理得到信息化的建设和发展，促进农村政务管理的科学化，进一步增加农业现代文明的建设。

二、推进农村产业结构调整可以促进新农村建设的实现

农村经济管理可以促进农村产业结构的调整，加快传统农业向现代农业转型升级，推动农业产业化、农村电商等新型经营模式的发展，提高农村产业的附加值和竞争力，为新农村建设提供更多的发展动力。

（一）农村产业结构调整基本原则

1. 市场导向原则

要遵循市场经济规律，把符合市场要求作为农业结构调整的出发点和落脚点，既要适应农产品市场的现实需求，又要注意研究预测潜在的和未来的市场需求；既满足社会对农产品的基本数量需求，又满足多层次、优质多样化的需求；既要适应国内农产品市场的需求，又要研究分析国际市场的需求，发展适销对路的农产品。

2. 效益最大化原则

由区域内自求平衡逐步向发挥区位优势、形成区域间专业分工协作转变；由单纯的种植业向种植、养殖、加工、销售一体化转变，提高农产品的附加值，积极发展农村第二、第三产业，实现农业增效和农民增收。

3. 依靠科技原则

科技对农村结构调整具有关键作用。实现农业提质增效，最根本的是加快农业科技成果推广转化步伐，在优化品种、品质结构上求得突破，实现农业粗放经营向集约经营转变，传统农业向现代农业转变，资源利用从粗放向精深加工转变，使科技进步成为优化产业结构的主要推动力。

4. 发挥优势原则

要使农产品在日益激烈的市场竞争中占有一席之地，必须发挥好资源优势、产业优势。发展以烟叶、茶叶、畜牧等为主导的产业和支柱产业，推进专业化分工和区域经济发展。

5. 可持续发展原则

实现农业农村经济健康稳定发展，不仅要解决好当前经济发展和农民增收问题，而且要着眼于农业长远利益，有效地利用、配置、保护农业资源，改善农业生产条件，实现农业发展与资源开发、环境保护的协调统一，提高农民生活质量，促进农业可持续发展。

（二）调整产业结构对新农村建设的影响

1. 有助于着力培育新农村建设的产业支撑

建设社会主义新农村，“生产发展”是首先的要求，在生产发展的基础上，才能实现“生活宽裕、乡风文明、村容整洁、管理民主”。发展生产必须要有雄厚的产业基础、强大的产业支撑。一是大力提高农业科技创新和转化能力，使其充分发挥效益，降低农业

产业的市场风险；二是加强农村现代流通体系建设，通过新建、兼并、联合、加盟等方式，发展农村现代流通业，提高产业参与市场的竞争能力；三是要加强农业服务体系建设，健全农业技术推广、农产品质量安全和标准、动植物防检和保护、认证认可等服务体系，为产品进入市场提供保障；四是要发展农业产业化经营，培育一批竞争力、带动力强的龙头企业和示范基地，发展推广订单农业和电脑农业，为公司＋基地＋农户创造条件；五是进一步推进农业结构内部调整，按照高产、优质、高效、生态、环保、安全的要求，加快建设优势农产品产业带，为发展特色、绿色、循环产业打基础。

2. 有助于夯实新农村建设的经济基础

全面建成小康社会，重点在农村，难点也在农村。建设好农民的家园，让农民过上宽裕的生活，必须发展好农村经济，增加农民收入。调整和优化产业结构，使现代农业、工业、第三产业等产业协调健康发展，能够拓宽农民增收渠道，促进农民持续增收；能够积累资金加强农村基础设施建设，改善新农村建设的物质条件；能够改变农村收入结构、就业结构，推动农村现代化和城乡一体化，改变农村生活方式；能够就近转移农村剩余劳动力，推动农业用地、农村人口居住的适度集中。

3. 有助于统筹城乡经济发展，加快新农村建设

建设社会主义新农村，必须统筹城乡经济发展。怎样统筹城乡经济发展，一个重要、实质性的措施是：在城乡发展具有差异、互补和衔接的产业分工体系。优化和调整农村经济的产业结构，农村地区整体上能得到又好又快的发展，在市场这个“看不见的手”的作用下，城市的资金、技术、人才等资源自然会向农村流动，从而加速新农村建设进程。

三、加强农村金融服务可以促进新农村建设的融资支持

农村经济管理可以引导和促进农村金融服务的发展，提高农民的融资和贷款便利性，加大对农村中小企业和农业生产者的支持力度，提高农民的经济收入和生活水平，为新农村建设提供必要的融资支持。

（一）农村金融服务新农村建设方面面临的问题

近年来，农村经济发展速度不断提高，对金融服务的形式提出了更高的要求。在农业发展过程中，发展银行在农业生产中的作用性不大，只是对油粮的收购有着政策性的扶持作用。此外，银行推出的信贷产品种类少，资金的结算渠道狭窄，专业化的服务功能并不完善，并不能满足农村的经济发展需求。大部分农村信用合作社都会有这个特点，不但贷款的手续烦琐，而且对农民提供的资金帮助极其有限，使得农民对资金的需求得不到满足，从而抑制了生产的发展。

1. 农村金融服务严重不足

由于国有商业银行的转型升级，很多县级以下的基层金融结构都进行了撤并，农村金融服务业最近几年并不景气，而农村信用社和邮政储蓄银行成为农村金融业务办理的

主要机构。由于农村信用社和邮政储蓄银行的网点设立时间晚、规模小，在制度建设、服务水平、功能管理这些层面上还未完善，其与国有商业银行相比依然存在一定差距，这些因素造成了农村金融服务能力十分欠缺，金融供给和实体经济需求不匹配等较为严重的问题。

在农村金融业务方面，因为没有配套的营销推广工作，农村金融业务的种类过于单一。虽然农村金融机构在某一些领域上着力满足人民需求，例如人民银行开通了大额和小额支付系统，银行内部结算实现了全省的网络连接等，但是这些业务在开展时都会受到县级管理机构的限制。乡镇金融机构能够提供比较多的业务分别是存款和小额贷款，但是针对支付结算实行票据化的功能并没有完全实现，汇票和本票、支票方面的业务更是少之又少。相关人员通过调查走访了解到，鉴于一年存款和小额贷款这类银行业务的办理次数是屈指可数的，于是基层行（社）认为农民对这类业务的需求量较低，减少了对该类业务的宣传，久而久之，工作人员自身对该类业务的实操也越发变得不熟练，面对顾客，他们推荐的仍然是比较传统的结算方式。由于使用现金类和非现金类的支付工具，每个人都有不同层面的理解，所以在支付的选择方式上开始多元化。部分大型企业比较注重转账汇款及支票的支付方式，就个人而言，更多的选择仍是使用银行卡。由于村民受传统观念影响，对金融产品的观念性不强，农村经济整体活跃度偏低，造成了农村金融产品推广主体单一，部分农村金融产品设计不合理的结果。

我国大多数农村至今还未形成完善的合作金融组织体系。

第一，大额支付系统和小额支付系统的覆盖不普遍，扩展不深入，借记业务没有开展、实施。一些金融机构里大额支付和小额支付系统仅仅涉及县级的支行营业部门，但是对于村镇级别的银行，并没有开通这些业务。这些机构中能够办理电子汇兑业务的也是少之又少，所以村民仅能通过县级的支行办理相关业务。

第二，当今社会银行卡盛行，但是农村信用社在服务农村经济时，相关银行卡业务还不够完善，甚至信用卡的业务依然一片空白，自身的核算系统也受到诸多限制，不能实现全国通用办理。

第三，为农村经济服务的信用社还没有和税务、企业进行联网，部分信用社只能在当地开立账户、办理缴纳税款等业务。

第四，有些客户在农村信用社办理业务且用支票支付的时候，并不能直接完成支付，还需要通过复杂的手续，大约两到三天的时间才能将业务办理成功。因为农村金融服务机构能够提供的服务十分有限，支付和结算的部分环节很复杂，以至于使得汇划的速度和结算的效率都受到了影响。

金融机构区域结构不平衡，经济发达地区和落后地区的存差大小和增长速度存在明显差异。金融机构从自身利益出发，结合安全保卫等方面因素综合考虑，在一些比较偏远的地区并没有设置营业网点。最近几年，部分的县（市）政府对于乡镇机构进行了撤并后，有些金融机构为了减少成本也对这些地方的网点进行了撤并。现在，虽然农村信用社和邮政储蓄的服务功能并不完善，但是它们基本能覆盖到农村地区。相反，农业银行服务能力虽强，但覆盖面窄，极少在村里设立服务网点。机构设置的不平衡性导致了农村企业在资金结算和存取款时的手续十分繁杂，一些假币由此乘虚而入。其实，农户在外出购买物品时会选择携带大量的现金；有些农户为了不经常给离家较远的孩子分期寄学费，会选择一次性把学费凑足；很多外出打工的农民在回家的时候也是直接将现金带回。由此可见，农村地区银行业金融机构网点的覆盖率低，亟待改革创新。

农业贷款门路少，门槛高，实体经济发展得不到所需资金的有效供给，资金供求严重失衡。现在，大多数地方的农业银行将吸纳的存款支付结算以后，大部分情况下这些存款都会被上存，以至于一些规模较好信用优良的企业有贷款的需求时，银行会出现贷款资金无法落实到位的情况。同时，每年的净增长额度都较小，县级的邮政储蓄银行也会选择将结算完毕的存款进行上存，所以农村信用社就成了一些农户在进行贷款的时候选择的主要渠道。因为农村不良社会风气的存在，部分地区的信用社出现资金严重短缺的情况，有些情况已经恶化到需要依赖民间融资来满足部分农村贷款的需求。经调查发现，养殖农户的贷款往往会产生担保难且手续十分复杂的情况，最后他们不得不转向便捷、年息差不多 1.5 分的民间贷款来满足生产所需的资金。现在民间融资的行为比较活跃，这一现象说明金融机构体外还有大量资金处于游离状态。在这种环境下，还存在一部分经济群体，他们对信贷的需求较高，也具有偿还能力，这些经济群体需要得到相关金融部门的关注。

目前，农村金融服务业的结算效率不高。农村金融机构在很多方面和城市相比有一定差距，例如硬件的配备和环境设施上，仍然是以传统的现金和汇兑结算作为主要方式。除此之外，农村金融机构电子化程度低，甚至还停留在单机核算层面，使得农村金融业务需要集中在柜台办理。随着农村对金融方面的服务需求日益增长，落后的服务和陈旧的设施已经无法满足他们的真正需求。

农村金融机构的从业人员没有经过专业培训，致使部分从业人员在所在岗位的服务上差强人意。这些从业人员大部分是一些生产队会计，或是农业银行的员工子女，他们并没有对支付结算系统和金融业务知识进行全面的掌握、学习，因而会存在较低的服务意识和管理水平。从业人员触犯相关规定条例的事件时有发生，给经济造成了不小的损失，使得农户不再那么信任金融机构，增加了客户对金融产品的使用顾虑。目前，农村区域内的银行和保险机构，只有少数一两家银行在县级以下有分支行，农村信用社还是主要的补给机构。但是农村信用社有着沉重的历史包袱，它们没有足够的资金来对县级经济的发展给予支持，这就使得农村资金的需求量和资金的供给量之间产生了较大悬殊。

2. 农村金融主动服务“三农”意识不强

在农村金融市场中，短期货币资金和短期资本占比多，长期资本占比少。在我国，长期抵押贷款和长期房屋抵押贷款的现象偏少，而这种情况就国外而言较为普遍。一般情况下，金融机构只对中短期资金提供帮助，而对于超过10年的贷款业务则很少提供服务。相比较直接融资服务，农村间接融资服务能力更强。目前，农村能够进行直接投资的方式很少，县级地区银行的相关业务和交易市场缺失，基本不能满足农户的投资愿望。现在农村借贷分几类，按照从主到次的顺序排列依次是合作社信贷、商业性信贷、民间借贷和政策性信贷。所谓的合作社信贷指的是在农村信用社进行贷款，对比商业银行，合作社信贷的贷款可能性过低。所谓的商业性信贷，是指在商业银行进行农村贷款，从它的发展趋势来看，商业银行对县级以下农村地区大部分网点都进行了撤销。民间信贷作用正逐渐增强，特别是在经济发达地区，这种现象尤为显著。

在我国农村，政策性金融作用农村经济的主要方式就是低息贷款。在低息贷款中，对农产品进行购销的相关企业是最主要的受益者。除了低息贷款，还有少数针对农户脱贫的扶贫贷款。和发达国家相比，我国农村政策性金融体系在规模方面还有一定差距。农村政策性金融不是为了个体商户存在，国有企业才是它主要的服务对象。从政策性金融机构的结构来看，相关政策扶持体系还是较为匮乏的；从机构类型来看，针对农业的投资性政策尚未完善。

现在，很多银行开始把自己的主要服务目标逐步向大中城市和一些非农业性质的产业进行转移，而农村贷款业务的比重逐渐开始下滑。首先，非直接融资中，政策性银行的主要服务对象开始转向国有企业而不是农户。其次，农户小额贷款并没有落实到最需要贷款支持的贫困农户手里，这一部分贷款反而被贷给了那些乡村干部或者富裕农户。最后，农业政策性贷款普遍存在不良风气，使得它的名声和信用受到一定程度的损失。

3. 农村金融风险控制体系薄弱

农村金融的风险累积深，造成的损失相对严重。金融理论和实践都证明，风险损失形成以后，一定要给予有效填补，否则会造成损失的不断累积。当损失累积到某个范畴后，金融单位就会陷入经营困境，严重时还会破产或被兼并。所以，有效预防风险损失累积也是金融单位经营的本质要求。目前很多金融单位因为受制于自身经营业绩的影响，无法承受相应的损失或实现损失填补，因此实行市场经济的国家都给出了一个解决风险的约束体制——破产体制，就是对那些无力承担债务清偿的金融单位进行破产清算，让其风险获得强制性解决，预防风险进一步累积，保障债权方利益。

就目前农村金融服务存在的垄断供应情况而言，农村经济对金融的需求不断增加，金融单位缺少破产的有效条件，就算出现兼并，也不过是行政性活动，并未对被兼并主体的不良资产给予相应处置，只是将风险进行了转移，更换了风险主体而已。这容易使得金融风险无法获得及时释放而产生风险累积，造成风险不断扩大的严重局面。若农村金融机构无法承担相应的风险损失，其只能宣告破产。依据法律法规，在进行破产清算的过程中，一定要先赔付小额储蓄用户。对于城市金融机构而言，这类存单通常是要小于总存款的三成，因此，不论何时清算，用户都不会出现损失。而对于农村金融机构而言，面对的情况会大不相同。由于国内农民收入普遍较低，农村金融机构获得的储蓄主要是源自小额存款，如果要进行清算，就无法确保所有用户都能获得相应赔偿。在农民收入渠道狭小、收益较低的形势下，农民承担风险的实力要比城市居民小很多，一旦储蓄无法获得相应的风险保障，就会造成动乱，甚至还会引发政治问题。综合上述因素考虑，我国农村金融机构亟待建立有效的风险补偿体制。

（二）金融对于新农村建设的作用

1. 新农村建设的首要任务是发展农村经济

纵观其他国家的经济发展历程，所有存在小农经济的国家，如日本，韩国，法国，意大利等，在工业文明的中期时段，都存在着农村建设的客观过程，当然我国也不例外。这就要求我们在建设社会主义新农村中，首先要大力发展生产力，以农民增收为核心，拓展农民增收渠道，实现农民收益增长，加速产业发展与经济结构的调整优化；要开发新的农产品品种，调整农业区域布局，充分发挥各区域比较优势，提高农业质量效益和综合竞争力；要积极创新农产品的流通模式，实现农产品的加工转化，提升商品的附加值；要将农业商品的生产、加工、销售等环节连为一体，形成有机结合、相互促进的组织形式，加快推进农业产业化发展；要对进口农产品形成一定的约束机制，以此为我国优势农产品的出口业务开辟通道；要努力创造有利于农民专业化合作经济组织发展的外部环境，提高农民进入市场的组织化程度，着力推进农业现代化，加快现代农业发展的步伐。

2. 金融服务对农村建设发挥着助推的作用

当前新农村建设过程中，所需的资源需求均是建立在货币有效供给的基础上。农村金融机构的主要业务为货币交易，通过运作货币资本从而实现产品交易，促进劳动力、土地等要素的有效流通，从而形成新的生产力，不断促进农村经济发展。

农村金融在农村经济发展中起到了桥梁与纽带作用，在表现自身特色作用的同时，还需要对经济起到促进、融合的作用，不断促进农村产业模式的转变。农村金融要在产业化发展过程中，展现其催化、助力的作用，不断促进农业产业化。归根到底，农业产业化经营面对的主要问题就是资金来源问题。当前，缓解农业龙头企业的筹资难题就变成金融体制改革的主要方向。农村金融机构要不断推出面向龙头企业的中长期借贷业务，不断地给龙头企业实现产业结构的调整带来增值服务。同时，金融机构还需要加强和政府的有效沟通，通过政府的力量实现发展，进而促进农业经济的良好发展。

3. 金融服务是调节新农村建设的重要杠杆

国家宏观调控体系中最为主要的一个政策就是借助金融对货币的供给量进行调节，进而控制社会总需求。货币供给量和社会产品、劳务供应达到平衡时，就可以实现物价稳定。金融可以通过对农村经济的“多予少取”政策来促进农村经济发展，减少城镇之间差距。金融的“多予”，即指通过增加对农村经济发展的资金投入和降低“三农”借贷利率的方式，从而促进经济发展。金融的“少取”即指尽可能地减少农民的筹资成本，利用行政和市场相结合的方式给农村建设带来更多的低成本资金。通过实行金融的“多予少取”政策，农村可以获得更多的发展资金，实现资本供需平衡，减少城乡之间金融服务的差距。

第二节　强化了农村资产管理

资产的保值增值是农村经济建设成果的重要体现。政府部门需要对农村集体资产进行合理的规划，使资源得到合理配置，保证集体财产安全，并促进资产的增值，这样才能推动农村经济建设持续稳步发展。在农村经济的管理中，政府部门为强化资产管理，就必须建立经济管理监督机制，引入先进的财务管理方法，组建专业化管理队伍，通过实施审计监督，使集体财产资源实现科学的流动，获得有效的开发。经济管理在农村资产管理中起着至关重要的作用。

一、农村集体资产保值增值

目前，农村集体经济呈多样化、多维度发展，各乡镇、村、社区集体资产配置不均，资产规模和质量良莠不齐，经营项目单一，多以土地租赁、资产产股方式盈利，其他自主经营性资产基础差，资产运营效率不高，农村集体经济发展遭遇较大困难，项目推进乏力，亟待解决的问题繁多。

（一）农村集体资产现状

1. 农村集体资产占有形式和经营方式丰富多样

（1）集体资产经营方式

集体资产经营方式主要分为“股份合作”“集体主导”两种类型。“股份合作”型主要以集体土地和其他集体资产（主要以资金和土地为主）进行参股量化，寻找实力强劲的企业、品牌作为投资合作伙伴，实行股份制经营，按股份比例分红受益；“集体主导”型主要以村社区集体作为主要经营体，整合全村、社区的资源进行集中控制，合理地开发、利用、配置，以发展的方式获得利益，再由村民委员会或社区居民委员会统一制定分配方案，对已获得利益集中再分配。目前，“集体主导”型是较为理想的集体经济运营模式。

（2）农村集体资产结构动态变化且发展成效差异性显著

农村集体经济已由传统的农业生产主导型向第二、三产业为主的模式转化，目前第三产业发展模式较多。按照发展情况分析，有的集体经济发展迅速，收益高、效果显著，有的仅仅停留在少量资金赚取利息的模式；有的甚至负债累累，入不敷出。

（3）农村集体经济经营企业发展困难

农村集体资产经营主体：企业、专业合作社，普遍存在规模小，发展目标散乱，技术落后，缺乏品牌优势和资金运作困难等情况，因此在市场中往往缺乏核心竞争力，无法开拓新的发展项目，发展缺乏持续力和前瞻性，在残酷的市场竞争中逐渐被淘汰。

（4）农村集体资产的管理缺位

村级集体经济组织隶属于村民委员会管理，而村委会既要对全村进行行政管理，负担各项管理任务，同时又要管理集体经济组织，对集体资产进行实际运作。缺乏科学合理的管理模式，无法适应现代市场体系。而村级集体经济资产权属划分不明确，收益分配方式容易不规范、不合理，极易滋生矛盾。参股村民只关心分配收益，不关心集体经济组织发展，很多村民参与度低，集体资产权属也经常因为历史原因划分不清。

（二）农村集体资产管理运营中存在的问题原因分析

1. 资产运营结构不合理，盈利能力低

（1）资产构成不科学，容易造成资产流失

村集体资产容易发展为长期资产，总资产周转率低，影响资产变现力。

（2）资产运营质量低，获益能力差

运营项目要么设置不科学，要么随大众，跟主流，人云亦云，只做跟随不做创新，跟随却难以做到优质，无法创造经济增长点。

2. 重视程度不够，认识不到位

集体经济管理主体——村民委员会安于现状、不思进取，不主动破题，集体经济发展迟滞。

村集体经济管理主体对政策理解不透、对经营环境认识不到位、环保意识欠缺等思维模式落后，集体资产处于低水平开发状态，没有得到该有的重视。

3. 缺乏高素质的管理及运营人才

农村集体资产管理者一般由村民委员会和少量村民构成，由于总体素质不高，家族观念、宗族观念根深蒂固，不愿与外界人才分享资源，农村空巢化严重，强行引进人才也不会好好地利用，而且也不懂得培养人才，加之多数农村本身对于优秀人才的吸引力较低，造成高素质人才匮乏。

4. 项目引进容易合作难，缺乏持续发展潜力

第一，村民小农思想严重，对于已有资源，安排“自己人”管理、占有，对于自己无法开发利用的资源也以宁愿空着也不给外人开发的态度，排斥将集体资源中的个人、家族部分交由他人开发管理。第二，资产与项目难以契合，部分村、社区受客观原因影响，难以吸引开发商入驻。第三，决策错误，资源开发可持续性堪忧。盲目投资项目，不进

行市场分析，未调研市场，导致部分村集体经济发展项目问题重重。

二、农村集体资产监督管理

农村集体资产是指农村集体所有的公共财产，集体资产监督管理对于农村发展来说，具有十分重要的意义，是解决“三农”问题的关键。

（一）对农村集体资产产权归属加以明确

1. 明确农村集体组织成员的资格

村组织成员是集体资产的合法拥有者，为使农村集体资产监督管理效果得到强化，各地区应该在依据地方性法规的基础上，保证经济组织的自主权，并对标准原则进行确定，主要包括遵循法律法规、结合历史、兼顾现实、立足于实际。

2. 合理划分村集体组织成员

对村组织成员进行合理划分，有助于资产管理水平的提升。比如：农村可以将集体组织成员按照性质，分为以下几类：第一，自然成员；第二，保留成员；第三，表决成员。这种划分方式，不仅立足于实际，还能保证特殊群体的合法权益。这里所说的特殊群体，不仅包括未成年人、老人和残疾人等拥有本地户口且居住在本村，但并未对村组织经济发展作出贡献的人，还包括一些不具备本村户口，但在村集体经济发展过程中贡献力量的群体，比如：上门女婿、服刑人员等。应加大对资产的清查力度，完成产权登记工作，界定农村集体经济组织成员的资格，并以此为基础，方能保证产权明确。同时，还要履行“谁投资、谁所有、谁受益”的原则，遵循法律法规，推行分级管理，使农村集体资产清理效果得到强化。

（二）农村集体资产管理遵循的原则

农村资产管理对于农村经济发展而言十分关键，村组织成员是农村集体资产的所有者，因此，村组织成员享有对农村集体资产的监督管理权。为了保证农民合法权益不受侵害，彻底解决“三农”问题，推动社会主义新农村建设，对农村资产进行管理十分关键，农村集体资产管理需要遵循以下几点原则：

1. 精神文明与物质文明相结合

新时期我国经济高速发展，只有重视物质文明的作用，并对其加以把握，方能促进经济的发展。但精神文明也非常关键，精神文明建设不到位，会影响物质文明的发展。中国特色社会主义就是物质文明和精神文明相结合的产物，其中蕴藏了为人民服务、对人民负责的宗旨，集体主义是其主要原则。鉴于此，在农村资产管理阶段，需要确保精神文明和物质文明的统一，在以物质文明建设作为切入点的同时，还要强调精神文明建设的重要性，树立集体资产管理意识，对集体资产予以有效的保护。

2. 公正公开原则

贯彻落实公正公开的原则，是提升农村集体资产管理质量的有效途径，主要表现在以下几个方面：第一，创新农村集体资产管理体制，通过优化载体的方式，出台新型农村集体资产监督管理方法。第二。加大管理力度，增强监督和管理的规范及制度化程度。第三，使村组织成员具备监督和管理农村集体资产的权力，农村集体资金支出和收益需要公开。此外，村级工程建设、土地资源承包出让都要保持公开性。

3. 以人为本

贯彻落实以人为本的原则是保证农村集体资产监督管理效果的关键。以人为本是指始终将村组织成员的利益作为核心点，有效管理方式的应用，使农村集体资产管理效果得到强化，并在此基础上，保障村组织成员的合法权益，实现农村集体资产保值和增值的目的。比如：对收益分配制度进行优化，在立足于实际情况的前提条件下，采取现代化的投资方式，增加资产的总体收益等。不仅可以维护村组织成员的基本权益，还能为其带来额外的经济效益。此外，还要在农村集体资产监督管理工作中，落实民主化管理原则，让村组织成员成为农村集体资产真正的管理者。

4. 坚持党的领导

坚持党的领导是提升农村集体资产管理效果的前提。新中国成立后，在党的英明领导下，农村逐渐改变了过去的落后面貌，其经济发展水平和基础设施建设均显著提升，尤其是 21 世纪之后，为实现建设全面建成小康社会的目标，党和国家先后免除了各种税费，同时，每年都会给予农村大量的补贴，以促进农村经济的发展。因此，在农村集体资产管理过程中，应始终坚持党的领导，将党和国家领导人的讲话和理论作为指导，立足于实际，不断促进农村经济的发展，以提升农村集体资产经营管理水平，使资产总值不断提升，为新农村建设奠定坚实的基础。

（三）加大宣传和教育力度

村组织成员是否具备集体资产管理意识，关系到农村集体资产管理的效果。因此，有关部门应该加大宣传和教育力度，通过召开会议和培训等，让村组织成员意识到农村集体资产管理的重要性，让农村干部认识到农村基层民主政治的建设和发展，离不开农村集体资产管理工作的扶持。此外，在开展宣传和教育工作时，不要局限于传统形式，应通过电视、手机、网站等新媒体的使用，加大宣传力度，使宣传深入到基层。

（四）重视对闲置资产的利用

利用闲置资产，促进农村集体资产增值，是强化农村集体资产管理水平的重要途径。比如：可以利用限制资产进行投资，所投资的项目必须是低风险项目。有关部门也要放宽管理力度，适当提升农村资产管理的自主权，促使农村资产管理人员利用闲置资产进行短期和低风险项目的投资，实现集体资产增值的目的。

（五）加强监督

在农村内部落实民主决策机制，发挥出内部监督的作用。

第一，完善监督流程，以四个讨论和两个开放为形式，使村集体资产管理决策制度予以落实。立足于农村发展现状，将村级工程和其他费用作为重要管理内容，同时以书面的方式进行保存和记录，以村级工程建设为例，村级工程建设会涉及诸多方面的费用和微型项目，包括施工费用、材料费用、组织机构、公共服务等，应该对上述内容进行详细记录，并以此为基础，制定权力清单。权力清单可以限制村干部的权力，是规避权力滥用问题的有效途径。

第二，成立村集体资产监督管理委员会。农村应通过全体村民会议的方式，推选工作经验丰富、掌握财务管理知识、刚正不阿的村民作为委员会成员，同时落实有关制度，委员会成员的权力与村民代表相同，可以监督和管理村集体资产，对村集体资产不合理使用的提议拥有直接否决权。增强全体村民的村集体资产监督管理意识。村民是村集体资产的拥有者，理应担负起监督和管理村集体资产的责任。针对当前村民缺少监督管理意识的现状，建议上级政府部门加强宣传和教育，引导其树立监督管理意识，并保证村财务每季度公开一次，不仅需要在布告栏上公示，还要在网络上公示，从而使权力在阳光下运行，以维护村民的合法利益。

（六）建设监督管理队伍

建设监督管理队伍是提升村集体资产监督管理质量，强化监督管理效果的重要举措。上级部门应加大投资力度，通过教育和培训活动的开展，村干部和会计人员能够得到培训，了解最先进的财务管理制度，培训过后参加考核，通过后授予认证资格。同时，上级部门还要负责农村会计的任命和免职，简言之，农村会计的地位独立于村支书和村主任之外，不受其指挥和管辖，以解决村干部同流合污侵吞村集体资产的问题。加强对村干部的教育和培训，使其综合素质得到提升。村干部作为全体村民的代表和领头人，需要认识到自身担负的责任，应该在日常工作中遵纪守法，并树立责任心，全心全意为村民办事，为社会主义新农村建设贡献力量。

第三节　促进农业发展进程

随着科技的不断进步。传统农业必然要向着现代化农业方向发展，我国相关文件明确了土地资源管理，农村经济管理和土地经营方式等内容，其中农村经济管理的内容完全符合现代农村发展的基本要求，对现代农业的发展必然会起到促进作用。

一、传统农业向现代农业转变的背景

农业在我国的国民经济中处于基础性作用。我国是一个农业古国，发展农业近八九千年，农业历史文明源远流长。随着技术的进步和社会的不断发展，传统农业逐渐不适应现代社会生产力的发展，慢慢地向现代农业转变。传统农业大致是在自然经济的条件下，通过人工，借助畜力，采用手工劳动工具形式，凭借祖辈的传统经验发展，是一种自给自足的小农经济。这种传统农业存在规模小，较分散，技术水平低下，生产水平低，不确定因素多且所剩劳动产品少的问题。正是因为这些存在的不足，伴随着工业革命的发展，农业也向现代化发展。现代农业最大的特点就是在农业发展中运用科学技术手段利用自然和改造自然。其具体转变的背景如下：

（一）科技进步与机械化加快农业现代化

农业机械化是实现乡村振兴战略的极大动力，它可以转变农业生产方式，提高生产效率，增加农产品生产数量。我国的农业机械化自“十三五规划”以来，就有很大的普及与运用，从传统农业的人力、畜力，到如今的机器使用。从农业农村部发展规划司公布的数据来看，2020 年，全国农作物耕种收播综合机械化率达到 71%，实现了极大的跨越。农机的数量逐年增长，农机的服务也逐渐成为农业生产服务的主力军，各地相应推出“全程机械化 + 综合农事”的服务模式。

（二）互联网技术与电子商务兴起助推农业现代化

近年来，随着互联网技术的发展以及在农村的普及，电子商务逐渐地在农村适用，并给农业的发展带来了极大的帮助。电子商务的融入改变了传统农产品的营销模式，也更好地打通了对外的销售渠道。电子商务可以推动农业产业化，通过互联网运用大数据分析当地农业生产状况，从一粒种子种下到它结果售出。电子商务的兴起也可以节约农产品售出的中间成本，减少农产品中间的流转环节。借助互联网平台可以拓宽农产品需求市场，增加本身的销售渠道，也可以得到外界更多的需求信息。

（三）三产逐步协同发展促进农业现代化

这里所说的三产协同发展意识是：第一产业为农业，进行种植农作物；第二产业为工业，对农产品进行加工；第三产业为服务业，对农产品进行销售服务。近年来伴随着各产业相互发展，三产融合现象日益显著，这是农业发展走向现代化的一个原因，可能也是未来农业现代化的一个发展方向。三产协同发展贯穿整个产业链，从而形成一个自始至终的全方位格局。

（四）新发展理念促进农业现代化

由于社会可持续发展的需要，农业也积极向现代化转型。发展农业的同时也要兼顾好生态环境，防止因为不当的农业生产造成水土流失、土地荒漠化等问题。推进农业现代化也是促进生态建设保护和环境资源保护。现代化理念的贯彻可以提高农业现代化水平，更多渠道地增加农民收入，助力乡村振兴。缩小城乡差距，推动城乡一体化，也是农业迈向现代化的原因，近年来基础设施也不断完善，为农业现代化提供便利。

二、现代农业发展现状

（一）现代化农业转型后现有成就

当前，我国现代化农业体系的构建相对完善，随着技术的不断进步，机械逐渐代替了人力，我国已经基本实现了农业机械的自动化。在过去，农业需要大量的人力畜力，而如今，随着现代化农业的不断发展，自动化技术得到了广泛应用，农业的生产力、农产品的物流速度都在技术与现代化农业的高度融合下得到了大大的提升，在一定程度下减轻了人们的工作负担，还对农作物起到了保质保量的作用，实现了现代农业可持续发展的目标。我国作为农业大国，社会经济的快速发展也为农业注入了新的动力，使得现代化农业成果日益凸显。

以柞水县为例，为了推进农业科技自立自强、加快农业农村现代化，柞水县将当地特色农作物——木耳作为脱贫攻坚的主导产业，在技术团队的大力帮助下，建立了李玉院士工作站、木耳菌种繁育基地、木耳技术研发中心等，通过较为健全的物流体系实现资源的收集和运输，为木耳产业提供了全链条科技支撑。在现代化农业技术的帮助下，柞水县带动了三十个示范基地和三百个专业的合作社，木耳的产量大大提升，年产值接近三亿元，将全县 60% 的贫困人民吸纳在产业链上。

（二）互联网技术推进现代化农业发展

“互联网 + 农业”的新形式，拓宽了农民获取信息的渠道，为农村居民打开了眼界，可以更容易地进行信息收集和传递，能够更加准确地判断市场的需求情况，以此作为依据来调整自己种植何种农作物，最终达到提高收益的目的。电子商务是依靠手机、电脑等设备和网络信息技术在互联网平台上进行交易的模式。

随着电商扶贫等政策的实施，我国农业农村电子商务得到了快速发展。在农业电子商务的高速发展下，农产品流通渠道变得多元化，使市场的供给方和需求方得到了精准匹配，同时还使偏远地区优质绿色农产品突破了空间和时间的限制，实现了走出深山、走向市场的目标。目前，有 14 个省市创建了农业相关电子商务试点，并在 428 个国家级贫困县开展了电商精准扶贫试点，增强了扶贫攻坚支撑保障能力，有效解决部分贫困地区物流建设的短板问题，据统计，电子商务进农村综合示范已累计支持了 756 个县，农村的网络零售额达到 1.2 万亿元，农产品网络销售额达 2400 亿元，同比增长 53.3%。

（三）走好现代化农业发展之路

“十四五”时期，为了推进农业现代化的进一步发展，为了让广大农民一同富裕，加快数字技术的推广和应用，继续完善农村信息技术基础设施建设是当下最重要的任务。

1. 建强基础设施

一手抓新建、一手抓改造，推进互联网技术与农村的同步规划建设，制定不同的产业规划，并开展相关的经济活动，不断提高互联网在农村的普及率，推动农村基础设施的升级。

2. 发展智慧农业

建立农村大数据体系，将互联网信息技术与农业生产经营深度融合，建设数字田园、数字灌区和智慧农牧渔场的智慧农业，使农业其他相关产业链也被带动一起发展，实现生产链和销售链的拓展和完善。

3. 建设数字乡村

线上线下相结合的数字化乡村项目，可以更有效地建设惠民便民的农业服务体系，通过"互联网 +"政务服务向农村基层延伸，进一步深化乡村数字化建设，促进农村教育、医疗、文化与数字化结合，形成专业化的现代农业生产体系和完善的农业经济模式。

三、农业经济管理和农业现代化相关性

（一）建立农业现代化的农业经济管理形式

农业现代化的发展迫切要求农业经济管理能够有效地延伸农业产业的链条，发展集生产、养殖、加工、销售、产业、商品为一体的农业现代化产业链条。

首先，要积极优化农业结构，根据各个地区的农业生产优势确定和调整农业结构，以此来提高农产品的产量和质量，并逐渐建立安全、生态的农产品生产销售链条。

其次，要充分发挥农业企业的积极作用，政府应当加大对相关企业的扶持力度，充分发挥和增加企业的辐射面，增强农业经济发展管理模式。另外，在农业现代化背景下做好农村剩余劳动力的转移和解放工作，降低社会就业压力，构建稳定的基础，这也是农业现代化发展背景下农业经济管理的重要内容。

（二）利用现代科学技术

农业现代化的本质就是农业生产技术的科技化，充分地利用现代科学技术能够有效地提高农产品的生产质量和产量，提高农业生产的生产效率。

首先，要对农民进行相关技术的培训。农民是整个农业生产的重要组成部分，提高农民的科学技能就直接提高了农业生产的科学技术。

其次，要加强农业基础设施建设工作，农业基础设施建设是农业现代化和机械化的重要保证，从农业水利工程、灌溉工程、生产路修建和平整等方面采取积极措施。另外，要在农业技术发展方面加大相关的科学技术投入，强化农业生产与相关科技机构的合作，不断引进新的品种和新的技术，提高科技的转化速度，增加农业生产的科技含量。

（三）积极发展生态循环农业

随着社会对资源生态环境问题的关注的不断提高，农业现代化发展也不仅仅是提高产量和质量，而是要尽量地降低农业生产的耗能，注重农业生产的生态效应和可持续发展，因此要积极发展生态循环农业。将生态环保、绿色节能和循环农业的理念深入到农业现代化的建设和发展过程中，并且将减量化和循环再利用作为现代农业生产和农业经济管理的重要原则，在沃土工程、新型农药研发等多个方面采取积极措施，发展生态循环农业。

（四）加强农民的综合素质

农民在农业生产过程中占据着主体地位，是农业现代化和农业经济管理的主体和主要对象，要从资金、技术和政策等多个方面强化农业的综合素质。政府应当对农民展开积极的培训，注重农民的转移就业和技术培训，鼓励农学院学生、相关人才和工商企业等参与到农业生产、农业经济活动中，积极改善农民的生活环境，建设农业经济管理信息化工程，不断引导农民提升自身的综合素质，为农业现代化发展和农业经济管理提供可靠的支持。

第四节　保证了当地劳动力供给

农村经济发展落后。不能满足年轻人的发展需要。农村劳动力大量涌入大城市。如果加大对农村经济的管理，促进农村经济的发展。提供更多的就业岗位。相信会有很多年轻人愿意留在家乡工作。劳动力市场充足会带动农村的消费需求，促进生产力的发展，从而更快地促进农村经济的发展。

一、农村劳动力稳定就业的重要意义

农村劳动力的稳定就业，不仅有助于农村的经济发展和社会的和谐稳定，而且对提升农民群众幸福感、实施乡村振兴战略、巩固脱贫攻坚成果等都具有十分重要的意义。

（一）促进农村经济发展和社会稳定离不开农村劳动力的稳定

就业是民生之本、民生之基、民生之根。习近平总书记多次强调："就业是最大民生工程、民心工程、根基工程"。农村经济发展与社会和谐稳定离不开农村劳动力的稳定就业。农村劳动力是农村经济发展的主力军，农村经济发展不能只依靠政策扶持和外部帮助，而需要从内部着手，通过帮助农村劳动力稳定就业，为农村经济发展提供充足的动力。此外，农民群众的幸福感、获得感、安全感从哪里来，除了良好的社会治安环境以外，有稳定的就业，稳定的收入来源，农民的钱包才会鼓，腰杆才会硬，幸福感和安全感才会足。

（二）实施乡村振兴战略离不开农村劳动力的稳定就业

党的十九大提出了实施乡村振兴战略，而乡村振兴战略最主要的参与者和主体便是农村劳动力。民族要复兴，乡村必振兴，而乡村要振兴，农村劳动力的就业问题尤为重要。只有就业稳定、收入有保障，农村劳动力才会有积极性、主动性、创造性，才会有十足的干劲，实施乡村振兴战略才会有源源不断的动力。乡村振兴不仅是农村经济振兴，更是人才振兴。农村劳动力在就业过程中，应提升自身就业素质，锻炼行业技能，学习新知识、新本领，成为助力乡村振兴的人才和乡村振兴的动力源。

（三）巩固脱贫攻坚成果离不开农村劳动力的稳定就业

2021 年，脱贫攻坚任务已经胜利完成，第一个百年奋斗目标已经实现，我国开启了全面建设社会主义现代化国家的新征程，向着第二个百年奋斗目标奋力进军。巩固脱贫攻坚成果，不能只靠政府扶持帮助，要从根上脱真贫、真脱贫，就离不开农村劳动力的稳定就业。一方面，农村劳动力就业稳定了，农民收入也就稳定了，同时也可以逐渐缩小城乡之间的差距，促进农村经济发展。另一方面，农村劳动力的稳定就业也是防止农村返贫现象的重要因素和基本途径。

二、农村劳动力面临的就业困境

（一）农村劳动力文化水平不高

目前来说，最普遍的问题就是农村劳动力文化水平不高，难以进行一些技术性工作。农村劳动力就业结构简单、就业形式单一、流动性弱，主要是从事劳动密集型产业和第三产业。而现在许多企业都进行机械化、电子化生产，需要劳动力具有一定的知识储备和学习能力，对劳动力的要求有所提高。许多服务型企业对年龄又有一定限制。

此外，一些较为体面的、需要脑力劳动的行业对农村劳动力来说存在行业门槛和壁垒，农村劳动力的文化知识水平达不到这些行业的要求。并且，随着城镇化率的提高，城市的就业形势也不容乐观，每年都有大量的中专、大专等应届毕业生就业，他们思维活跃，易于学习和接受新鲜事物，就业竞争力强。这些都对农村劳动力的就业产生冲击，使其就业变得更加困难。

（二）就业保障体制不健全

随着新型城镇化的不断推进，虽然政府部门加大了对农村劳动力的保护，城乡差别正不断缩小。但是，由于就业保障意识、户口、工作种类等诸多问题，许多企业在对待城市劳动力与农村劳动力方面还有所差别，如教育、医疗、工伤保险等方面。

1. 教育方面

虽然教育部门已经提出了入城务工子女随迁入学的政策，但是也有许多地方贯彻落实不到位。还有就是因为家庭经济原因，许多农村劳动力子女只能回农村入学，使父母和孩子两地分居。

2. 医疗方面

农村劳动力在城里的医保待遇与城镇职工有所差别，就医难、看病难等问题依然存在。并且，由于大部分农村劳动力从事的是高强度体力劳动，随着年龄的增长，身体机能下降，许多伤病渐渐出现。许多农村劳动力未缴纳或者未连续缴纳社保，看病成了沉重的经济负担，有些还可能因此致贫。这些都挫伤了农村劳动力的积极性，制约了农村劳动力就业的发展。因此，建立一个统一、有序的农村劳动力社会保障体系，是亟待解决的问题。

（三）思想较为保守

创业是农村劳动力就业的一种渠道。但在农村劳动力当中，有创业头脑和胆识的人少之又少。这主要是因为：一方面受限于文化水平。农村劳动力文化水平普遍不高，对于许多行业的了解少，思想较为保守，接受外界新鲜事物的渠道也少，缺乏创业的意识；另一方面受限于经济水平。农村家庭的收入不高，有些农村家庭仅能维持家庭开支或少有盈余，拿不出或不敢把家里的部分资金拿出来用于创业，担心收不回成本，更不用说向银行贷款来用于创业。因此，农村劳动力的创业积极性低。

（四）农村基层政策宣传不到位

现如今，国家对于农村劳动力创业，尤其是大学生和退伍军人返乡创业的政策扶持力度越来越大。有贷款支持政策、用地支持政策、财税支持政策等，对于年轻的农村劳动力来说，获取这些信息的渠道比较容易，但是对于年龄偏大的农村劳动力来说，他们的消息渠道却十分闭塞，这个时候需要农村基层组织来进行政策宣传。但是，许多村干部学习新知识的能力不够强，受限于文化程度和年龄因素，对许多政策措施不能够及时理解、并向广大村民进行宣传。这就造成了上传下达的不及时，政府政策虽发布了，但是许多农民不能及时了解，给农村劳动力的发展拖了后腿。

三、农村经济发展扩大就业的新视点

发展壮大农村三次产业，能够为剩余劳动力带来更多的就业机会是毋庸质疑的。从三次产业来看，第三产业是扩大就业的主要渠道；从所有制结构看，个体私营经济是吸纳就业人员的主要渠道。一般来说，在劳动力市场上，决定就业数量的基本因素来自两个方面，即劳动力需求与劳动力供给。但纵观各国经济发展历程，就业在更多情况下取决于劳动力需求的一方。同时，由于劳动力需求是一种“派生”需求，因此，在通过发展农村经济来扩大就业时，必须与农村经济结构的调整结合起来，刺激乡镇企业的行动并增加投资和就业机会，发展劳动密集型产业——非正规就业中的灵活就业和微型企业实现剩余人口的广泛就业。

（一）加快小城镇建设，为扩大就业提供物质基础

要扩大就业，必须有选择有重点地推进小城镇建设。相比较而言，小城镇建设费用低，入城门槛低，便于农村人口就地附近转移，而且，小城镇是城市与乡村的结合点，加强了城乡之间的联系，是将城市中的高科技、文化教育、医疗卫生等向农村推广的桥梁，能够协调城乡之间的发展。如此一来，在小城镇同样能够享受到大城市的生活方式和生活质量，并且生活费用更低，管理成本也低，生活环境却可能会更好，从而在一定程度上平衡农村人口的心理问题，有利于社会的稳定，为扩大就业提供良好的环境。统一劳动力市场，统筹就业发展战略。

（二）建立城乡统筹的就业发展战略，实施全国统一的劳动力市场政策

这个举措旨在打破城乡劳动力市场分割的基础上，构建统一开放、竞争有力的城乡一体的劳动力市场。一方面利用现代的网络技术，通过人力资源网站提供良好的信息和服务，减少因信息不畅造成的再就业困难；另一方面利用市场机制合理配置城乡劳动力资源，促进农村经济稳定增长和实现社会就业的可持续发展。

（三）发展农村中小企业，激活农村劳动力市场

城镇中小企业能够激活市场活力，实现就业增长，这是社会分工高度发达和经济全球化的深刻反映。中小型企业是基于市场而存在的，是市场就业主体，采取积极的鼓励政策，扶持个体、私营经济等非公有制经济的发展规律，对拉动就业增长有十分重要的作用。

从宏观上看，大企业主要解决一个国家在全球经济中的竞争力，而中小企业则主要承担解决广大劳动者的就业义务，通过广泛就业来实现社会的公平分配，提高人们的生活水平。因此，要扩大农村劳动就业，城镇中小企业的数量要多，劳动要密集，资产规模要小。

（四）大力发展第三产业，提高就业容量

第三产业如商贸业、餐饮业、旅游业、社会服务业等就业费用少，就业门槛低，就业容量大，易于创造就业机会。从理论上讲，在技术条件变化不大的情况下，一定的劳动力投入与相应的资本结合，会推动经济按一定的速度增长；反过来，一定速度的经济增长需要一定数量的劳动投入，即创造一定的就业机会。一般来说，失业率与经济增长率之间存在一定的负相关关系。农村经济在发展过程中呈现就业量下降的趋势表明经济增长的就业吸纳能力在下降。

因此，在发展农村经济的同时，必须与扩大就业具体问题协调起来。要乡镇优化企业布局，促进城市化发展，把发展规律乡镇企业与扩大就业结合起来，引导乡镇企业充分利用当地的资源优势，连片集中发展，在有实施企业集群条件的乡镇建立具有乡镇特色的企业集群，充分发挥企业集群的优势，在乡镇企业的发展过程中实现农村城市化，

提高企业吸纳就业和连带就业的能力。克服乡镇企业与农业的脱离，扩大市场容量，拓宽农村剩余劳动力的就业领域。

第五节　提高了村民的生活质量

国家目前加大资金建设美好乡村。在一定程度上促进了农村的面貌的改变。但要彻底改变农村的落后和贫穷，必然要加强农村经济管理，以更大的力度推进农村基础设施建设，早日实现城镇一体化，农民也和城里人一样享受舒适、便利的生活，提高自身对生活水平和质量的满意度。

一、特色农业

特色农业是以追求最佳效益即最大的经济效益和最优的生态效益、社会效益和提高产品市场竞争力为目的，依据区域内整体资源优势及特点，突出地域特色，围绕市场需求，坚持以科技为先导，高效配置各种生产要素，以某一特定生产对象或生产目的为目标，形成规模适度、特色突出、效益良好和产品具有较强市场竞争力的非均衡农业生产体系。特色农业的发展是适应当前社会消费需求、世界经济一体化和全球农业市场细分需要的必然结果。

（一）必然性

1. 实现全面现代化的需求

我国是农业大国，农业没有现代化，国家现代化的发展也是不完善、不牢固、不全面的。当前城乡发展存在不平衡的问题，农业现代化仍旧是阻碍社会现代化的关键点。特色农业高质量发展，要遵循协调、绿色、开放等理念，满足人民美好生活的需要，要体现出发展的全面性、协调性、可持续性。只有确保农业高质量发展，实现农业的现代化，才能保证“三农”在全面建成社会主义现代化国家的进程中不掉队。

2. 适应新时代的必然趋势

我国目前已经进入社会主义的新时代，而农业发展也进入了新的历史阶段。农业的主要矛盾已经转变为结构性矛盾，如阶段性供给需求存在矛盾。近年来，我国农产品的产量持续增长，果菜鱼、粮棉油等大宗产品稳居世界首位，人均占有量也超过世界平均水平，我国粮食产量仍旧居于世界之首。相关报道表明，预测未来 10 年我国粮食等农产品的产量仍旧会大幅提升，但对食物消费的结构将不断升级，对动物性产品的消费需求会有所增加。优质高端的农产品会出现短缺的现象，市场需求矛盾加大，在这种背景下，要不断深化农业供给侧改革，走高质量农业的道路。

（二）重要意义

1. 推动产业兴旺与生活富裕

农业是国家经济发展和社会稳定的根本，特色农业发展是推动兴业与富民的关键。特色农业能实现资源的最优整合。特色农业建立在地域独特性的基础上，从根本上讲，特色农业能够发挥出农业生产要素的最大优势，既追求土地单位面积的更高产值，又有利于优化水、地、热、光等内在的自然资源，发挥出旅游资源、历史文化资源等的优势。

（1）实现产业竞争升级

从产业的基本结构来看，特色农业能改变当地的生产结构、经营结构，实现产业结构由低级向高级的转变。从产业的规模来看，特色农业的适度经营能够降低边际生产成本，提升规模收益。从产业竞争的角度来看，特色农业可提升地区竞争优势，提升产业定价的话语权与主动权。

（2）有助于农民增收

特色农业的发展中逐渐融入了金融保险、订单生产等更加现代化的生产方式，能提升农户抵御自然风险和市场风险的能力。而特色农业能增加农户的收益，让更多农户分享产品附加值，提高其工资性收入、经营性收入、财产性收入。

2. 促进生态保护与经济增长

推动农业绿色发展是农业发展的必然方向。从中国的农时观、循环观到现代农业的发展理念，农业的绿色生产始终是秉持的核心理念。

（1）特色农业是生态底线

环境资源制约着生产成本，而特色农业将降低对水、土、地等资源的破坏。优质的农产品使得绿色消费、绿色产品成为新的社会风尚。

（2）特色农业能转化经济优势

我国自然资源为农业发展提供生产基础，也为观光农业、乡村旅游等产业链条提供机会。

（3）有利于生态质量和经济效益相统一

特色农业将资源和环境价值发挥到最大，实现生态与经济的相互融合，秉持可持续发展的基本理念，充分释放生态质量与经济效益的能量。

二、农业效益

农业效益则是指农业能够满足人类利益的效果。它包括三个方面：即社会效益，经济效益，生态效益。要想提高农业效益，要推广应用农业科技和农业机械，重在提高农业综合效益。大力推广农业良种良法和先进适用的农业机械，提高农业综合生产能力，促进农民增收。要着力构建农机社会化服务体系，大力扶持发展农机专业合作社等。

（一）农业效益的内容

农业经济效益概括起来可以从以下五个方面来进行考察：

1. 农业有用效益与社会需要

农业生产的最终目的是为国民经济提供一定种类和数量的农产品，以满足生产建设和人民生活的需要。因此反映农业企业生产成果的，首先是农产品的种类、产量及其质量，即使用价值的表现。其次为了统一地反映农业生产成果并便以比较分析，还必须计算农业产值，即以价值形式表现农产品产量。此外，为了了解生产成果中可以提供国民经济其他部门的需要，还要计算农产品中商品产量及其商品率。有些生产措施没有直接或间接产品，如森林对净化环境、调节气候、保持水土、绿化大地、维护生态平衡等具有明显的社会经济效益，可以通过间接推算得出近似值，在生产建设中具有重要的参考价值。

2. 农业有用效益与劳动消耗

农业企业通过生产过程的实现，生产出一定数量和质量的农产品，必须消耗与此相适应的活劳动和物化劳动。农业生产经济效益的大小，不仅取决于农业生产成果的大小，还取决于生产过程中劳动消耗的节约程度。农业生产为了增加有用效益必须不断地采取新的科学技术措施和技术装备。这些措施消耗的劳动量必须小于增产的有用效益，才能为社会增加财富。在农业生产实践中应当比较各种不同技术措施、方案和政策之间的劳动节约程度，以便采取最优方案。

3. 农业有用效益与劳动占用

为了顺利地进行农业生产，必须占有一定量的活劳动和物化劳动。生产每单位农产品的劳动占用量少，或每单位劳动占用量产出的农产品数量多、经济效益就好，否则经济效益就不好。农业生产的季节性和生产周期长，同时各种不同形式的生产资料使用价值不同，决定了农业生产劳动占用的特殊形式。农业机械是农业生产资料的重要组成部分，通用机械较专用机械更适应农业生产特点，每单位农产品占用量小，所摊折旧费也少。生产过程中备用的原材料如种子、饲料、化肥等属于流动资金，也是一种占用，应尽量减少不必要的占用。劳动力占用要用合理的经济限度，对剩余劳动通过发展乡镇企业，实现农工商综合经营，以减少不必要的占用，提高劳动效率和劳动生产率。

4. 农业有用效益与自然资源的利用

农业生产是一个有机的整体，农业生产又是物质和能量转化的过程。在土地上投入的劳动、机械、肥料等都是为了充分地利用光合作用，获得最高的生产量。人们采取的措施符合农业生态平衡的规律，只要能够保持土地、气候、生物以及水资源的最佳状态并不断增殖其生产力，就会取得较好的经济效益，反之，如果实行掠夺性经营，破坏农业资源和农业生态平衡，就会受到大自然的惩罚。保护和改善生态系统，充分合理地利用农业资源，从经济效益的角度看，是全局和长远的效益。因此，在评价农业经济效益时，必须把保护和改善农业生态系统和充分合理地利用农业资源作为一个重要的内容。

5. 农业投资经济效益

进行某项农业生产或进行某项农业基本建设，必须进行一定的投资，在生产实践中会出现不同的生产和建设方案，因而也就有相应的投资方案。不同的投资方案也就有不同的经济效益。所谓投资经济效益，就是投入某项生产或基本建设的资金所取得的有用效益，它反映生产或基本建设中劳动消耗、劳动占用和由此获得的使用价值和价值之间的比例关系，它要求达到投资少，收益大，收效快的目的。

农业生产及其基本建设投资效益一般需要分析投资结构，以促进农业生产结构的合理调整，分析投资方向，以确定投资重点，加速商品农产品基地的建设，分析智力投资的比重和增长速度，以加速农业现代化的进程等。

某些基本建设项目，一次投资较大，而单位农产品劳动消耗较少；某些基本建设一次投资较少，而单位农产品劳动消耗较多。必须考察投入资金的数量和开始生产后获得的直接和间接收益，并计算投资回收期和投资效益系数，从而确定其投资的经济效益。

（二）农业效益的分析

农业生产不同于工业和其他物质生产部门的生产，这是由于农业生产的自身特点所决定的。农业生产依赖于自然环境，是自然再生产和经济再生产相互交织在一起的，评价农业经济效益必须与农业生产的特点相结合。

1. 具有自然约束性

农业经济效益的高低，在很大程度上受自然条件（含土地、气候、生态环境等）制约。在农业生产中，人的劳动同自然力是协同起作用的，人的劳动的发挥是否适应自然力，所获经济效益的差异很大。等量劳动的投入在不同气候，土地、生态环境下其经济效益不同。同量劳动的投入由于农村条件的不同，季节是否适宜，其经济效益会有很大差别。在农业生产中自然条件同经济条件一样影响农业经济效益。同时，农业经济效益同农业自然资源的利用，改造和保护农业生态平衡成正比。农业经济效益不仅受政治、经济，社会多方因素的影响，又受自然因素的影响。如果农业生产充分利用、改造自然环境，促进农业生态平衡，农业经济效益就会稳定持续提高，反之，破坏了生态环境，农业经济效益就明显下降，所以，评价农业经济效益必须同合理利用农业资源结合起来，坚持因地制宜，远近兼顾、保护与利用结合，培育和改进结合。

2. 具有外延性

评价农业经济效益不能单从某个部门或企业去考核，应从整个国民经济的角度综合考核。要从部门的经济效益，社会的经济效益。生态环境保护和建设方面的生态效益等综合经济效益全面进行考核。农副产品的效用具有多样性、公益性和延伸性的特点，各个部门互为条件，才能生存和协调发展，因此各经济部门的经济效益有互相促进，互相转让、互相制约的关系，部门之间的经济效益差别是部门之间相互转让的结果。农业综合经济效益受农业区划、生产布局、内部结构、服务体系建设、基建方案、技术措施等多方面的影响。所以，评价农业经济效益不仅仅是考虑其对农业生态和农业生产结构的影响及对其他产业部门的作用，而是要努力做到综合平衡，一举多得，互相促进。

3. 具有连续性

评价农业经济效益必须根据农业生产周期长短不等的特点来全面考察。农业生产周期长短不等，低等生物生长周期短，高等生物生产周期长，菌藻等生物生长周期短，农作物、动物饲养、林业生产周期长，农作物从种到收需要数月之久，饲养业和林业的生产周期更长，一个轮作制度的实施往往需要一年甚至几年。前一个生产环节为下一个生产环节创造生产条件，后一个生产环节是前一个生产环节的延续，如土壤改良的成果，良种繁育的成果，植物保护的成果，以及农产品本身都在下一个生产周期中发挥作用，是下一个生产周期的起点，表现为农业生产的连续性，马克思指出："在农业中，为改良土壤而投下的物质就有一部分作为产品的形成要素加入植物产品，另一方面，这些物质会在较长的时期4—5年内发挥作用。"因此，某个环节考虑不当，安排不妥，出现的失误，将不易挽回损失，不仅影响当季、当年的经济效益，甚至还会贻误数年或更长的时间。所以。评价农业经济效益，必须依据农业生产周期特点，把当季、多年的经济效益和长远的经济效益统一起来，促进农业生产持续协调、快速地发展。

4. 具有综合性

评价农业经济效益既要考虑生产力发展水平和技术装备水平、劳动者的素质高低（文化、技术水平、管理能力等）条件的影响，又要考虑自然条件，生态环境的影响。农业经济效益的提高，必须综合发挥技术装备，劳动者，技术措施，自然条件等诸方面条件的优势，形成综合效益。否则，则可能互相干扰，形不成合力，经济效益不能提高。例如，农业生产具有明显的地域性，在光照、温度和水分等自然资源和自然条件相适宜，生态环境条件好的地区，以等量的劳动消耗能够生产出较多的优质、无污染、数量高的农副产品或较高的使用价值，等量土地可以获得较多的农业经济效果和较大的农业经济效益。同时，还体现出农业经济效益的提高是一个缓慢的过程，每一项新技术、新设备的应用，必须有其他条件的配套和与自然条件的适应，诸条件之间互相适应，调整的过程要花费时间，而且需要经过试验、示范、推广的过程，一项科研成果由基础研究到生产和应用，需要数年或十几年、几十年不等。实践上要创造条件，搞多点试验，扩充数据，以缩短新技术用于实践的时间，加速提高经济效益。

三、农民收入

农民收入问题一直是国家和人民关心的问题，增加农民收入是全面建成小康社会的重要任务。必须高度重视农民收入问题，把千方百计增加农民收入作为推进农业和农村经济结构调整的基本目标。农民收入是农村经济发展的基础，实践证明，坚持全心全意为人民服务的宗旨，真心实意地为农民增收而努力，才能为农村小康打下基础，才能实现农村稳定，才能发展农村各项社会事业，才能赢得农民群众的拥护与支持。

（一）农民增收的现实需求

促进农民增收，不仅直接关系巩固脱贫攻坚成果，提升农民生活水平，保障农村社会稳定。更重要的是，促进农民增收还与建设农业强国、实施乡村振兴、实现共同富裕和全面推进中国式现代化建设密切相关。

1. 实现农民持续增收是建设农业强国的基本要求

农业强国是社会主义现代化强国的根基，推进农业强国建设，必然意味着需要更大的力度改善农业基本条件，提升农业装备水平、变革农业经营方式、优化农业支持政策，以此推进具有中国特色的农业现代化进程。在此过程中，农民是最重要的发展主体和利益主体，需要构建广大农民的主动参与机制。我国农业强必须首先农民强，农业现代化必须依托农民现代化予以支撑。因此，农业强国建设应当坚定不移地坚持以农民为中心的战略取向，始终把增加农民收入作为核心目标，通过全力推动农民增收显著提升其生产投资能力，确保广大农民在优势特色产业发展、农业多功能拓展、农业全产业链延伸和一二三产业融合中能够充分参与并合理分享，从而逐步成长为中国式农业现代化建设的重要基础力量。

2. 实现农民持续增收是乡村全面振兴的重要内容

全面振兴乡村是我国处于新的历史方位所决定的重大战略选择，改革开放以来我国农业农村虽然实现了突破性发展，但由于历史矛盾和现实约束相互交织，使得我国农业在持续增长中越来越难以满足不断增长的优质安全的农产品需求，乡村在不断改造中面临越来越大的保有良好生态环境的巨大压力，农民在收入日趋多样化的同时实现稳定增长的难度不断加大。乡村振兴战略正是在这样的背景下提出并加以实施的。因此，乡村振兴的战略指向就是以农业农村优先发展和城乡融合为关键支撑，重点解决乡村发展的突出问题，补齐现实短板，破解重大难题。就现实而言，全面振兴乡村的重点任务既包括有效巩固脱贫攻坚成果，坚守防止规模性返贫风险底线，又包括实现农业提质增效，切实促进农民持续增收，还包括改善农村人居环境，提高乡村治理水平。因此，广大农民是乡村振兴的关键主体，确保农民愿意参与和有能力参与是夯实乡村振兴基础的重中之重。聚焦农民增收本质上就是乡村全面振兴的根本要求，只有促进农民收入持续增长，有效提高农民生活质量，才能充分调动广大农民的积极性、主动性和创造性，从而构建起全面实现乡村振兴战略任务的强大内生动力。

3. 实现农民持续增收是共同富裕的核心目标

共同富裕是社会主义的本质要求，也是中国式现代化的重要特征。在脱贫攻坚和全面小康取得决定性胜利后，我国新时代新的奋斗目标转变到解决发展不平衡、不充分问题和实现全体人民共同富裕上来。在当前多种发展不平衡、不充分因素中，最典型最具代表性的仍然是城乡差距，最艰巨最繁重的任务仍然在农村，重点是要让农民富裕起来，难点在如何实现农民持续增收。虽然近年来我国城乡收入差距已呈现逐步缩小态势，但从绝对值看，城乡居民收入差距依然较大并且趋于增加，实现共同富裕仍然面临缩小收入差距的巨大压力。更需要引起重视的是，不仅农村居民中低收入群体的数量仍然较多，而且城乡之间在就业、教育、社保、医疗、养老等各方面也存在较大差距。因此，高度重视促进农民收入持续增长，有效缩小城乡居民收入差距，是推动共同富裕的重要任务和核心目标。

4. 实现农民持续增收是国家稳定发展的根本保障

当前，新冠疫情的影响短期内难以消除，经济下行的压力依然较大，保城乡就业和保农产品供给安全的任务十分艰巨。在此背景下，我国适时启动了以国内大循环为主体，国内、国际双循环相互促进的新的发展战略，其核心要义是面对不稳定、不确定的外部形势，坚持以我国为主，以稳步扩大内需为战略基点，推动我国经济增长能够稳定有序，攻坚克难。需要特别指出的是，基础设施与公共服务发展相对滞后的农村区域，以及收入水平相对较低的农民群体，一方面是扩大内需实现国家稳定发展的巨大潜力所在，另一方面又是亟待突破的最大难点。正是因为农民收入总体偏低，消费能力相对低弱，构成了当前扩大内需的关键制约。因此，只有多渠道拓展农民增收途径，提升农民消费需求，才能促进农民实现消费层次、消费结构的迭代升级，有效释放农村市场消费潜能。农民富才能国家富，农民稳定方能实现国家安全，持续有效增加农民收入，既是当前实施扩大内需主导战略的关键路径，也是实现国家长治久安的内在要求和根本保障。

（二）促进农民持续增收的思路

促进农民增收面临一系列复杂的制度约束和利益关系调整，因而必然是一项长期的艰巨任务，必须聚焦重点问题和关键环节，强化改革突破和政策优化，不断发掘农民增收潜力，重点从五个方面拓展农民增收路径，探索构建促进农民收入稳定增长的长效机制。

1. 以乡村产业转型升级夯实农民增收基础

乡村产业持续发展是农民收入的基础性来源，必须高度重视以乡村产业转型升级夯实农民增收基础，使更多农民能够充分享受到乡村产业现代化发展的红利。除了进一步补齐农业基础设施、农业机械装备、农业社会化服务、农产品质量安全等突出短板之外，尤其需要重视三个方面的重要突破：

（1）促进农业产业链条纵向深度延伸

不断拓展农产品物流仓储、精深加工环节，实现农业全产业链发展，将更多农民纳入现代农业产业链条，带动农民经营性收入稳定增加。

（2）推进乡村产业横向融合发展

深度挖掘和拓展农业多功能性，促进休闲农业和乡村旅游加快向优质化方向发展，创新乡村产业融合新业态、新模式，不断拓宽农民增收渠道。

（3）搭建农业创业就业平台

从土地保障、融资保险、技术服务、政策支持等重要方面支持城里人下乡和农民工返乡参与乡村产业发展，为农民创造更多就地、就近、就业和增收机会。

2. 以资源价值多元化拓展农民增收空间

土地、农房、生态环境等既是乡村拥有的重要资源，又是农民财产性收入的重要来源。必须以体制机制改革为突破重点，从根本上改变现有乡村资源长期闲置浪费现状，通过乡村资源价值多元显化卓有成效地拓展农民增收空间。

（1）更大力度深化农村产权制度改革

在确权颁证基础上建立耕地、宅基地、农房的抵押融资和流转机制，实现农村闲置资源的市场性价值显化，拓宽农民财产性收入增长空间。

（2）探索生态资源价值实现和转化有效方式

探索将农村生态资源折股量化为集体资产，并以作价入股等方式与社会资本合作，将生态资源转变为农民集体收益的重要来源，实现生态资源价值向农民收入有效转化。

3. 以城乡要素深度融合构建农民增收机制

人、地、钱等发展要素严重短缺是促进农民增收的关键瓶颈，必须重点通过城乡融合的全面深化加以破解。新的历史条件下的现代农业发展和乡村振兴既要有农村内部资源的激活集聚，又需要城市外部资源的整合进入，进而实现城乡资金、土地、人才、科技等要素的双向自由流动和优化配置。因此，一是深入推进农村“三块地”改革。从制度上破除土地要素供给障碍，全面激活农村土地要素活力，让农民能够更充分有效地实现以地发展，以地生财。二是加速深化城乡户籍制度改革。全方位消除城乡人口流动的各种限制，既要在确保农民各种权益的基础上鼓励农民规范有序进城，又要建立完善的城市人才返乡下乡的政策激励和制度安排。应进一步完善乡村人才引进机制，培育更多乡村领军人才带动农民增收致富。三是全力突破资金要素短缺困境。加速扭转农村资金单一向城市流动的格局，通过深化农村金融体制改革和建立完善资本下乡激励机制，有效吸引金融资本和社会资本支持乡村全面振兴和乡村产业发展，进而促进农民持续增收。

4. 以合作能力有效提升构筑农民增收载体

实现农民持续稳定增收需要突破小规模分散化经营局限，促进小农户与家庭农场、合作社、龙头企业等经营主体构建多元利益联结机制，提高组织化程度，增强合作共富能力。不仅要加大力度强化高素质农民培育，以带动小农户为重要导向进一步支持家庭农场、合作社、龙头企业等新型经营主体发展，还必须十分重视在以下三个方面重点加以突破：一是强化集体经济赋能。要积极探索资源盘活、生态转化、产业开发、生产服务、物业经营等集体经济发展的不同模式，鼓励引导不同集体经济组织跨区合作，抱团发展，提高农民参与度，增强集体经济带动农民增收的能力。二是优化联农带农利益机制。鼓励农民以土地、林地、资金、技术等要素入股合作社或龙头企业，探索就业带动、保底收益、股份分红等多种方式，进一步深化农民与合作社、龙头企业之间的利益联结，建立联农带农利益共同体，让农民能够合理分享生产、加工、仓储、物流、销售等环节的收益，实现收入稳定增长。三是探索多元主体合作机制。支持组建家庭农场和合作社联盟，推广“龙头企业＋合作社＋家庭农场＋农户”的产业化联合体模式，促进不同主体在资源利用、资产租赁、经营业务等领域建立多样化、深层次合作机制，实现多元主体的资源整合、分工协作和共生发展，更加充分有效地发挥促进农民增收的支撑和引领作用。

5. 以支持政策优化调整强化农民增收保障

促进农民增收离不开政策的大力扶持，只有不断加大强农惠农富农政策的支持力度，让广大农民切实享受政策实惠，才能使促农增收政策目标真正落地落实，发挥支农政策的保障作用。当前特别重要的政策优化调整主要包括三个方面：

（1）完善政策实施机制

在加大稳岗拓岗、产业奖补、种粮补贴等方面的资金投入力度基础上，探索建立以奖代补、以效定补、先建后补等创新方式，增强农民内生动力和自我发展能力。

（2）强化政策系统集成

建立支农政策整合机制，实现培训教育、生产扶持、技术服务、品牌建设、金融担保等配套政策的集成实施，有效提高支农政策绩效，促进农民稳定增收。

（3）加强风险防范机制建设

开发符合小规模农户生产经营特点的特色农险、价格指数保险、农产品期货等保险产品，发挥金融工具降低农民生产经营风险的功能作用，强化对农民增收的政策保障。

第五章　农业经济管理对农村经济发展的指导作用

第一节　从宏观经济上指导农村经济发展

我国从计划经济体制转变为市场经济体制，经过发展，市场经济成为经济主体，因此，农村经济应该从市场经济体制的角度出发，适应当前经济发展的大环境。农村经济发展需要改变传统的发展理念，激发个体经济的活力，这种发展积极性来源于自利行为，也就是广大农民根据自己的努力，一方面满足自己的发展需要，一方面满足社会发展的需要。从这个角度出发，要想促进我国农村经济的发展，就要从农民的自利性出发，挖掘农民的发展潜能，以此来加强农业经济管理，促进农村经济可持续发展。

一、制定农业发展战略和政策

农业经济管理需要针对当前农村经济的发展情况，制定符合国家战略和政策的农业发展战略和政策，加强农业基础设施建设和技术创新，提高农业生产效率，加强农业对外开放和国际合作。

（一）农业农村现代化的战略重点

“十四五”时期，我国面临的国际形势与国内环境都将发生重要变化，农业农村现代化的战略重点也应进行相应的动态调整。

1. 促进农民持续增收

促进农民持续增收、持续缩小城乡收入差距，是“三农”工作的重中之重，也是“十四五”时期农业农村现代化的核心目标。2020 年后，我国农村低收入人口将依然存在且规模庞大。着眼于农民收入增长继续快于经济增长和城镇居民收入增长、经济欠发达地区农民收入增速继续快于全国平均水平，需要多措并举，持续激发农民增收内生动力。促进农民持续增收，首先要瞄准农村低收入人口这个关键群体，在一定时期内继续针对具有区域共性的突出问题和薄弱环节集中作战，健全低收入人口分类帮扶机制，有效防止脱贫不稳定户和边缘易致贫户掉入贫困。

特别是对于贫困残疾人、因病因灾导致的低收入人口，进一步落实低保、医疗、养老和特困人员救助供养等综合性社会保障措施。其次，对于有劳动能力和外出就业机会的农村人口，要促进其在就业地稳岗就业，积极融入城市生活。最后，我国农业加快由传统向现代升级，农村由传统向现代转型，迫切要求农民同步实现现代化。“十四五”时期，必须通过培育新型职业农民、提升农民组织化程度等手段，提升农民自我发展能力。要站在促进农民全面发展的角度，将培育新型职业农民、提升新型职业农民的专业技能和农业生产经营能力作为促进农民持续增收的重要切入点。

总之，要以提高农村低收入人口收入为重点，以促进农民持续增收为关键，将农民现代化作为推进农业农村现代化的重要支撑。

2. 建设现代农业产业体系

当前，我国农业产业体系建设已经取得巨大成效，但仍然面临产业结构协调性不强、市场化运作机制不畅、利益联结机制不完善、创新和竞争能力不足等问题。“十四五”时期，要立足我国农情，顺应第二个百年奋斗目标和乡村振兴的发展要求，加快建设现代农业产业体系。

建设现代农业产业体系，要继续推进农村供给侧结构性改革，优化农业生产结构，继续调减市场剩余的低端供给，调增市场紧缺的中高端供给，逐步构建起农业优势区域布局和专业生产格局。大力推进农业绿色发展，推广节水、节地、节肥、节药的农技农艺，促进农业尽快从拼资源、拼消耗的掠夺式经营转向资源节约、环境友好的集约经营，强化农业资源保护，推动农业废弃物资源化利用，促进农业可持续发展。引导农业产业化经营由“生产导向”向“消费导向”转型，实施农业产业基础再造工程，实现产业兴村、产业强县，围绕农业产业链做专、精、特产品，形成产业分工合理、产业链条完整、核心竞争力强、综合效益高、产业结构优的现代农业产业体系。推动平面农业向立体农业转变，加快发展精致农业、创意农业，大力发展现代农业生产性服务业，丰富乡村经济业态，推动农村一二三产业融合发展。

3. 强化科技创新支撑引领

农业科技创新能力是衡量一个国家农业综合竞争力的重要指标。“十四五”时期，要加快研发农业新科技、新装备和新材料，推动农业精准化、自动化和智能化，强化农业科技创新对农业农村现代化的支撑引领作用。

强化科技创新支撑引领，要坚持农业科技创新的基础性、公益性属性，加大农业科技创新政策支持力度，调整优化农业科技投入结构，注重保护农业科技知识产权，提升农业科技人员待遇水平，将科研投入转向以推动科技进步、自主创新和技术人才引进为主的研发投入模式。

要充分发挥企业在农业科技创新中的主体作用，促进创新资源要素向企业集聚，大力支持农业科技企业和科技成果转化项目，引导企业独立承担科技创新和成果转化的主体角色，形成企业在农业科技创新中的主体地位。着眼于“十四五”时期我国农业农村现代化发展的战略需求，建立一批农业科技重点实验室和技术研究中心。整合农业高新技术企业、高等院校、科研院所等优势资源，打造农业科技创新联盟，为农业科技自主创新奠定软硬件基础。同时，要积极推动科技创新成果转化，构建市场化的科技服务和技术交易体系，加强重大应用技术开发攻关的区域合作，建立农业科技创新转化应用基地，形成农业科技区域开放、协作和联合攻关机制，探索农业科产融合新路径。

4. 大力实施乡村建设行动

实施乡村建设行动，是“十四五”时期全面推进乡村振兴的重点任务。乡村建设包含基础设施、公共服务、人居环境等诸多内容，是一项长期而复杂的系统性工程。“十四五”时期实施乡村建设行动主要目标是开展大规模建设，促进农村基础设施提档升级，缩小城乡间公共服务水平差距，推动乡村面貌明显改善。

实施乡村建设行动，要坚持规划引领、有序推进，加强乡村建设规划设计，遵循乡村建设规律，适应村庄演化特点，在厘清乡村建设主体、明确乡村建设重点、把握乡村建设路径的基础上，优化乡村建设实施方案。从农业农村两个层面加快乡村基础设施建设：以农村水利设施、高标准农田、智慧农业设备和农业社会化服务体系为建设重点，不断提升农业基础设施水平；以交通、电力、通信、仓储、物流和冷链设施等建设为重点，合理布局农村基础设施网络，不断提升农村基础设施水平。加快推进农村公共服务和社会事业建设，以缩小城乡公共服务发展差距，提升农民获得感和幸福感为目标，优化社会事业管理体制，把农村社会事业领域改革纳入监测范围，推进县乡村公共服务一体化，提高农村公共服务供给能力，加强乡村学校、医院、超市等生活服务设施建设，推动教育、医疗、社保等公共服务资源均衡配置。持续推动农村人居环境建设，加大农村污染防治力度，推进农村垃圾分类和污水治理，继续实施厕所革命和村容村貌整治，加快美丽乡村建设，健全长效管护机制。

5. 加快推动城乡融合发展

推进农业农村现代化，必须走城乡融合发展之路，健全城乡融合发展体制机制。对于我国而言，无论选择哪种现代化路径，走什么样的现代化道路，城市和农村都会长期共生并存。改革开放以来，特别是党的十八大以来，我国着眼于破解城乡发展不平衡、农村发展不充分问题，加快建立健全城乡融合体制机制，推动城乡要素自由流动、公共资源合理配置，取得了明显成效。但与其他发达国家相比，当前我国城乡融合发展程度仍然偏低，要素流动依然不畅，城乡基础设施、公共服务等一系列不平衡问题仍需加快解决。“十四五”时期，必须加快破除体制机制弊端，推进要素市场化改革，推动城乡融合发展。

加快推动城乡融合发展，要通盘谋划乡村和城镇建设，以城乡统一规划为抓手，以县城、小城镇为纽带，分类推进乡村建设，将空间开发、土地利用、基础设施、公共服务、文化建设、环境保护等纳入统一规划安排，释放农村农民的需求，逐渐形成城乡融合发展态势。要持续推进要素市场化改革，畅通土地、劳动力、资本等要素城乡双向流动通道，打通阻点、接通断点，完善要素交易规则和评价体系，健全要素分配制度，实现要素市场化配置。加快推动城乡融合发展，要充分发挥城镇对乡村经济的辐射带动作用，以产城融合为着力点，推动农业转移人口就地城镇化，加大农民工等群体返乡创业支持力度，探索城市人才入乡机制，培育农村电商、乡村旅游、休闲农业等现代乡村产业，推动产业发展与城镇化、乡村建设相互衔接、有效融合。要持续深化农村改革，形成有效的激励机制，处理好农民与土地的关系、集体成员与社区居民的关系、集体组织与外来资本的关系，推动集体产权与社区治权有序分离，加强和创新乡村治理体系，激发农村资源要素活力，促进城乡高质量发展。

6. 统筹国际国内两个市场

统筹好国际国内两个市场，不仅是适应现代化要求的主动选择，也是推动经济高质量发展的关键举措。“十四五”时期，推动农业农村现代化，同样要求统筹利用好国际国内两个市场，不断提升我国农业综合竞争力，构建起高水平开放的农业发展格局。

统筹国际国内两个市场，要健全统一协调的农产品外贸政策体系，鼓励高附加值、品牌化农产品出口，增加急需紧缺农产品进口，提升粮食安全保障水平。要充分利用全球农业资源要素，推动境外农业“两区”（境外农业合作示范区和农业对外开放合作试验区）建设，采取多种方式提升企业跨国投资能力和水平，鼓励有实力的企业通过直接对外投资和海外运营等方式，充分利用国外农业资源要素，提高全球农业生产能力。

要积极推动科技创新在双循环中发挥关键作用，拓展农业科技合作空间，加快种质资源、先进技术和前沿知识的引进转化力度，在开放条件下提升我国农业科技水平，推动形成独立自主的农业科技体系。“十四五”时期，要充分挖潜国内市场，发挥我国超大规模经济体优势，提升农民的消费能力和消费水平，培育构建更加完整的内需体系，倒逼农产品供给体系转型升级。

（二）加快农业农村现代化的政策

“十四五”时期，需要长短结合、内外兼顾、多措并举，投入更多资源和精力优先发展农业农村，健全工作体制、强化规划引领、推进系统集成改革，完善乡村法治保障，加快农业农村现代化进程。

1. 优化农业农村投入支持

加快农业农村现代化，必须优化农业农村投入支持，把更多资源配置到农业农村发展的重点领域和薄弱环节，健全适合农业农村特点的新型支持保护体系。

一是加大支农投入力度，持续提高土地出让收益用于农业农村的比例，坚持农业发展和农村发展协调并重，优化农业农村投入结构，将更多的政策支持投入乡村产业、乡村建设等重点领域，逐步建立以乡村振兴实绩考核为导向的财政资金分配体制。

二是调整优化农业补贴方向和重点，通过“量能分治、功能分离、产补脱钩”等方式，推动补贴从“黄箱”或“偏黄箱”向“绿箱”发展，将资金资源向规模经营、土壤改良、生态保护、农业高新技术等倾斜，设立绿色农业专项补贴。

三是引导信贷资金更多投向农业农村，探索农村资金封闭内循环使用机制，不断创新涉农信贷产品和服务，建立差异化的农村金融监管体制，完善金融创新支农体系，研究设立乡村振兴银行。

四是充分发挥农业保险的积极作用，丰富农业保险产品，健全理赔机制，构建以政策性保险为主、互助性保险和商业性保险为补充的风险保障体系。

2. 健全“三农”工作体制

加快农业农村现代化，必须坚持党的领导，实施中央统筹、省负总责、市县抓落实的“三农”工作领导体制，健全促进农业农村优先发展的工作机制。

一是坚持抓党建促振兴，加强党对农村工作的全面领导，提升党领导“三农”工作的能力和水平，健全党委农村工作领导小组运行保障机制，增强各级党委领导农村工作的自觉性。

二是加强农村工作队伍建设，培育选拔“懂农业、爱农村、爱农民”的农村干部队伍，健全农村干部培养、锻炼与使用制度，调整优化农村第一书记管理体制，探索村干部专职化和提拔使用路径，打造一支乡村振兴指导员队伍。

三是强化责任落实，明确农业农村现代化建设核心指标的责任主体和进度要求，定期发布重点任务清单，建立重点任务台账制度、月报制度和跟踪调度制度，制定差异化的综合考评方案，统筹推进专项任务落实。

3. 强化规划引领作用

加快农业农村现代化，必须强化规划引领作用，做到规划先行、精准施策，形成上下衔接的规划体系。

一是做好规划编制工作。农业农村现代化涉及农业生产、农村发展和农民增收等诸多方面，各细分领域和行业都有相应的发展目标和任务要求。要对标对表国家规划，科学编制“十四五”全国农业农村现代化规划。各地应以县域为基本单元，在产业发展、生态保护、人才振兴、文化建设、乡村治理等方面做出总体性安排，落实落细规划任务。

二是强化农业农村现代化规划与乡村振兴战略规划、国土空间规划有机衔接，做好县域产业发展和村庄布局工作，引导村庄编制“多规合一”实用性规划，推动发展目标在村域层面落地。

三是依据规划任务配置公共资源，完善配套支持政策，增强规划的可操作性和可执行性。

4. 推进系统集成改革

加快农业农村现代化，必须推进系统集成改革，提升改革的系统性、整体性、协同性。“十四五”时期，要把深化农村改革的着力点放到系统集成、协同高效上来。

一是推进改革举措系统集成。聚焦农业农村现代化总目标，抓好财政支农、金融支持、土地配置、产业发展、人才支撑、科技创新、民生保障等改革举措集成，推广成熟定型的改革举措，放大改革协同效应。

二是推进改革领域交叉融合。瞄准农村土地制度、农业经营制度、集体产权制度、乡村治理体系、农村社会事业发展、农业综合执法等主要领域，推进各项改革政策配套衔接，发挥改革综合效应。

三是做好改革成果梳理对接，压茬推进重点领域的改革，深化拓展关键环节的改革，推动制度成熟定型，形成改革整体效应。

5. 完善乡村法治保障

加快农业农村现代化，必须依靠法律制度的强大支持，逐步提高规范化、法治化水平。“十四五”时期，要充分发挥法治的保障和推动作用，更多地采取法治方式推进相关工作。

一是完善乡村振兴法律法规。加快《乡村振兴促进法》《农村集体经济组织法》《农村金融法》《粮食安全保障法》等重要法律的立法进程，及时修改《农产品质量安全法》等重要法律的相应条款，强化农业农村法律供给。

二是创新法律服务模式，整合现有法律服务资源，积极引入市场化法律服务供给主体，推进法制宣传进村入户，创新多元化的法治教育模式。

三是推进基层权力规范化运作，规范权力实施程序，明确权力实施依据，建立村级组织承接公共事务清单制度，夯实乡村法治政治根基。

四是加强基层执法队伍建设，统一实行农业综合执法，完善执法事项目录，提升基层依法行政水平，维护农民群众合法权益。

二、优化农业资源配置

农业经济管理需要对农业生产过程中所需要的资源进行统筹管理和优化配置，包括土地、资金、劳动力等资源，以提高农业生产效率和降低生产成本。

（一）农业资源多维优化配置概念

农业资源多维优化配置是指在农业生产全过程各环节步骤中利用多维地理信息技术动态推演、遴选农业资源要素配置方案，通过市场交易并合理兼顾计划调控具有比较优势的要素，有效调节供给和需求双方的资源时空分布，高效配置农业资源，达到农业资源系统及其要素之间最佳的组合状态，使每种生产形式或经济组织在既定成本下获得最高收益或在既定收益下花费最低成本，进而实现农业资源可持续利用和农业生态、社会、经济效益最大化。

时间、空间、数量、用途是农业资源多维优化配置的4个重要组成要素，构成了农业资源多维优化配置体系，其配置体系包含4个层面的含义。一是自然地域时空分异规律导致配置存在时间差异。某种农业生产的资源需要在特定的时间内进行配置才最有效，农业各部门、各产业、各区域进行资源配置的时间存在差异性，这是由部门、产业、区域间的空间差异造成的，归根结底是自然地域时空分异规律的影响；同时还要探寻以往农业资源配置的历史脉络与变迁规律，结合现存状态，科学预测其发展趋势，科学拟定农业资源高效配置方案。二是生产多样性和社会分工导致农业资源需要在不同部门和不同生产用途领域进行优化配置。三是地区资源禀赋差异与区域发展不平衡导致农业资源需要在不同区域之间进行交叉配置，同时同一区域内不同海拔高度农业生产的差异性也导致农业资源配置的差异性。四是区域需求多样性导致农业资源需要在某特定区域内进行有效的组合与配置。

（二）农业资源多维优化配置目的

利用多维地理信息技术，采取数字沙盘模型虚拟推演农业资源优化配置方案，从而遴选最优方案，进行农业资源优化配置多维动态仿真展示与数字化管理，高效持续配置农业资源，实现经济、社会、生态和综合效益最大化，进而为农业资源可持续利用和人类社会可持续发展提供支撑。

（三）农业资源多维优化配置特征体系

构建根本特征、基本特征两位一体的农业资源多维优化配置特征体系，其中根本特征主要包括时空多维性特征、生态循环型生命周期性特征；基本特征主要包括层次性与系统性、整体性与综合性、效率性与公平性等特征。

1. 时空多维性特征

（1）时间多维性特征

农业生产需要在特定的时间配置资源才最有效，农业资源在各部门、产业、区域的配置存在时间的差异；农业资源优化配置一般是相对于存量资源而言的，每一次的农业资源配置，都需要充分参考历史的农业资源配置方案，从历史中探寻发展脉络与变迁规律，为存量资源的合理与优化调配提供参考借鉴；同时系统研究判断目前存在状态，科学预测发展趋势，拟定未来农业资源优化配置方案。

（2）空间多维性特征

农业资源配置既需要在部门内部进行配置，也需要在不同部门进行交叉和组合配置；既需要在区域内进行配置，也需要在区域间进行交叉和组合配置；既需要在相同海拔高度上进行配置，也需要在不同海拔高度间进行配置，即立体空间配置。

2. 生态循环型生命周期性特征

任何事物都有其生命周期，农产品、农业资源与农业资源配置同样也是如此。农产品生命周期是指农业生产经营者通过一定方式生产并供应初级农产品，相关部门利用初级农产品进行加工生产产品，人类对初级农产品和加工产品进行消费，生产和消费产生的废弃物经过处理后再次利用，再次获取初级农产品，从而形成一个循环反馈的过程。因此利用农业资源生产的任何农产品都要经历“供应—利用—消费—废弃物—再生利用”这 5 个阶段，通过周而复始的生态循环，逐步优化农业资源利用结构和农业生产及产品结构，不断提升生命周期的生态性能和效益，实现农业资源的高效可持续利用，不断满足人类的生产生活需求，因此农产品的生命周期称之为“农产品生态循环型生命周期”。

农产品是在农业资源利用和优化配置的前提下生产的，同时这些被生产的农产品本身也属于农业资源，而农业资源多维优化配置是以农业资源为研究基础与对象的，因此在某种程度上，可以把农产品本身所具有的生态循环型生命周期等同于农业资源多维优化配置的生命周期，称之为“农业资源（农业资源多维优化配置）生态循环型生命周期”。

尽管我国农业资源总量较为丰富，但部分农业资源如水、耕地等的人均资源量远低于世界平均水平，农业资源结构性短缺问题也日趋严重，并且配置效率相对较低，为此只有从农业资源生命周期的角度来配置农业资源，让生命周期的每一个环节都尽量产生最大的效益，才能最大限度挖掘农业资源的使用价值，使有限农业资源的价值最大化；同时每一生命周期的结束，意味着下一轮农业资源配置首个步骤或阶段的开始，正是这种不断的循环配置，使农业资源配置不断趋向于“合理—更合理”“优化—更优化”的理想状态，才能全面提升农业资源配置效率，不断生产满足国民生产生活需求的农产品及其服务，从而支撑国民对美好生活向往的追求。

（四）农业资源多维优化配置方式体系

农业资源多维优化配置方式随着科学技术、生产力的进步和农业经济体系的规模化、复杂化而逐步演变，主要包括劳动力数量增长型配置、市场配置、计划配置、市场与计划双重配置等。农业资源配置的发展史，就是农业资源配置由 1.0 向 4.0 升级的演进史，这种演进不是替代关系，而是叠加、并存关系。以生产力水平、运行机制等为主导，结合存在的先后顺序，合理划分农业资源多维优化配置方式 1.0—4.0，这种叠加并存的配置方式共同组成了农业资源多维优化配置方式体系。

1. 劳动力数量增长型配置方式

即农业资源多维优化配置方式的 1.0，主要时期为传统农业时期。这个历史发展阶段，生产力水平相对低下，农业生产要素的供给表现出绝对性和全面性的短缺，这种短缺不仅表现在物质资源上，也表现在人力资源短缺上，而人力资源短缺是一种质量型短缺。要素供给短缺从根本上制约着农业的跃迁。该配置方式主要是通过劳动力数量增长或基于其经验的“习惯”和“传统”来弥补产品供应缺口，扩大生产总量，尽量满足生产生活需求。劳动力是这个时期农业克服资源瓶颈约束的基本手段，强调劳动力要素的主要作用，并不否认增加其他农业资源要素有效供给的必要性和重要性，只是表示劳动力要素在该时期是所有农业资源要素中最重要的，对扩大生产供应总量能起到关键作用。

2. 市场配置方式

市场配置方式主要依靠市场运行机制进行农业资源配置。由于市场经济具有竞争性、平等性等特征，生产经营者能相对较公平地参与资源配置，有利于调动生产经营者的生产积极性和创新创业热情，有利于调动生产经营者实现其内部农业资源的优化配置，也能够通过市场的调剂自发地实现对生产经营者的优胜劣汰，自动调节农业资源向效益好的经营主体、部门、区域集中，进而实现整个区域或国家农业资源的优化配置。但是，市场配置存在盲目性、滞后性、自发性等不足，导致市场配置方式的作用具有有限性特征。

3. 计划配置方式

即农业资源多维优化配置方式的3.0，主要时期为20世纪20—80年代。主要由政府做出有关生产和分配的决策。通过对农业经济体系甚至国民经济体系中相关信息的搜集与分析整理，系统研究社会福利及其社会供需状况，拟定资源配置计划方案，确定农业资源在时间、空间、部门、区域、区际、产业等多维度的分布与调控，实现农业资源的合理配置。在前苏联和原共产党执政的东欧国家、20世纪90年代之前的中国，都是按照这一配置方式来实践的，把计划作为资源配置的主要方式。计划配置方式能从国家战略的高度整体上协调经济社会发展，有利于缩小区域因资源禀赋差异而导致的发展水平差距，人民群众能平等地参与劳动和分配，能集中力量完成关系国计民生的重大工程建设项目，在一定程度上体现了社会主义制度的先进性与优越性；但是计划手段难以反映复杂多变的市场需求，市场反应相对迟缓，信息传递容易扭曲、失真，导致市场主体缺乏活力与动力，在一定程度上损害了生产经营者的积极性与主动性。

4. 市场与计划双重配置方式

即农业资源多维优化配置方式的4.0，主要时期为20世纪40年代至今。尽管市场是农产品价值规律实现的最主要条件，按照市场规律体现价格体系，能充分调动生产经营者的创新创业激情，自发地促进农业资源的优化配置，但单纯依靠市场配置，无法解决农业资源开发利用的市场失灵问题，因而需要采用市场与计划双重配置的方式，通过宏观调控作用有效解决市场配置的盲目性与市场失灵问题。市场配置与计划配置相辅相成、相互支撑、相互制约。市场调节应以宏观调控为前提，通过行政手段这只“看得见的手”实现资源的合理配置；而宏观调控则要以市场调节为基础，尊重市场规律，通过市场这只“看不见的手”实现资源的优化配置。双重配置方式能弥补各自配置方式的不足，具有功能上的互补性和效应上的协调性，有利于发挥各自的最大优势，从而比单一资源配置方式更好地实现农业资源的优化合理配置，真正获取农业资源利用效率和效益的最大化。双重配置方式中，市场占主体地位还是计划占主体地位，取决于配置区域的社会经济发展水平、环境和具体的农业资源配置要求。

三、支持农村产业发展

农业经济管理需要加强对农村产业的支持，发展适合当地资源和优势的特色产业，提高农民的收入和生活水平，促进农村经济的持续发展。

（一）突出本地产业发展的特色

对当前农业产业的发展，政府工作重心要放在整体指导和规划上。加强规划发展是战略中不可分割的一部分，要优先发展农业，改善农村产业结构。另外，在统一规划下，应完备相关基础设施，整合资源，方便农产品流通，搭建面向大众的服务平台，完善辅助设施和服务。在农村产业结构规划中，政府相关部门需要根据当地情况，选择适宜发展地方农业产业的核心资源，形成突出的特色核心产业链。在农产品发展的方面，其规划必须考虑去同质化原则，即在同一区域农产品可相互补充或者各有特点，形成农业系列产品，在形成完整农业产业链的同时使每个农产品或产业链发挥其价值。

如何发展规划农村产业，可从以下两点出发：

第一，为区域农产品以及产业制定发展方向和目标，根据区域内产品特点划分为不同产业板块，不同产业板块之间相互结合，最终在区域一级形成一个完整产业链。

第二，推出基于区域性的农产品品牌，根据不同区域内产品特色，生产与其他地区同品不同质的产品，这样既保证了产品的核心竞争力，也能在实现农村整体发展的大前提下，创造不同的农业价值链。与此同时，要加强对农村资源可循环利用生产的保护，在深入挖掘资源的同时，同步实现农村产业结构的可持续发展。优化农产品市场核心竞争力，推出知名品牌等都是优化农村产业结构的重中之重，但这不意味着过度开发和滥用环境资源。政府要加强调研农村产业在发展过程中所依赖的文化以及基础资源的特点和情况，及时发现并依法解决农产品过度开发造成的资源浪费和破坏现象，针对问题编制有关规定或文件。

此外，不仅要有政府管控，还要有第三方监督，通过外包服务、公众监督、农村资源得以可持续发展。

（二）推动农村产业结构升级

融合提高农产品核心竞争力，改进和创新农村产业结构。要以产业融合发展为手段，丰富市场多样性为目的，不断扩大农产品市场的兼容性，提高农村产业发展的容错率。在当前严峻的国际形势影响下，仅依靠纯粹的农业产业来推动乡村振兴已经不能满足国内市场发展的要求，所以农业产业与其他产业的融合，不仅是农村产业结构的创新，更是当前农业经济结构的大势所趋。根据农村特色、乡旅产业和农村文化产业，着重不同产业之间有效整合和多样式创新，在发展多样化的农村产业中产生新价值，从而改善和优化农村产业结构。

特色农业与乡旅产业相结合。农业经济不断发展，将多样的现代农业种植生产和加工技术应用在农业中。在大力推进和实施现代化特色农业技术的进程中，怀揣着展示宣传现代化农业技术、科普教育以及休闲体验功能的目的，将特色农业与乡旅相结合，构建农业产业园区、农产业教育基地等。能够让更多人本着现代化农业观光体验、现代特色农业教育想法来到当地旅游，以带动乡村旅游产业的发展。特色农业与农村文化相结合。

对于文化资产丰富多样的中国而言，广袤无垠的土地上孕育着各种风俗文化和人文景观，各异的特色民族文化和艺术在黄土中绽放。农村文化发展振兴作为推动我国文化战略的推手，要做到积极挖掘、整合农村特色文化，在农村产业发展的过程中不断创新开发，并在农业产业项目中体现出来，这不仅让人感受到了地方传统文化独特的吸引力，而且也得到了多元化民俗风情的熏陶。农业资源与多产业融合，仍然要立足本地的优势与资源，根据地方特色和优点，加速产业融合创新，不断推进农村产业结构的优化和改进。

（三）促进农村产业优化升级

优化农村产业结构，相关人才必不可少，如何培养专业人才是重中之重，应按照引进人才、留住人才和发展人才 3 个步骤来实施乡村振兴战略目标。优化农村产业的最终目的是能为农村发展提供高水平、强能力、专业化的人才，但是根据农村发展的现状，可以分步实施、循序渐进。

第一，积极引进人才，推动农村产业优化升级。人才引进离不开政府的指导和规划，多样性的人才为农村发展增添了更多的可能。当然，成本也会相对较高，相关部门可以聘请农业专家和研究员对农业生产者、管理者进行教学培训，并提供相应的咨询指导服务，作为当地农业产业发展的掌舵人。

第二，加强留存专业化人才。针对引入当地的外部人才，要解决好留存问题，要从多个角度考虑工作者的需求，例如在生活方面要考虑到住房保障、医疗健康、子女教育等问题，在工作方面要保证专业化程度、配套齐全的工具设备设施、构建学习交流平台等基本需求，为留存专业化人才提供保障。要科普和培训当地农民基础的现代化种植技术，建立健全生产服务保障体系和奖励制度。在培训和激励措施的双重保障下，切实提高农民专业水平，力争培养出专业化人才。

第三，政府应进一步深化地方高校对农业专业人才的培养，可以开设当地特色农业相关课程，让学生实地参与地方农业科研实践，让高校为当地农村发展提供后备军，为农村产业结构优化升级注入动力。

第二节　确立农村经济的市场地位

通过农村经济管理明确农村经济的市场地位，是促进农村经济发展的重要途径，为了促进农村经济积极发展，根据市场经济的发展环境确定农村经济在整个国民经济中的比例是非常有必要的。农业经济管理不仅可以辅助农村经济选择适当的发展手段，还可以促进国家实施正确的经济政策。

一、加强农产品质量监管

加强对农产品质量的监管，建立健全的质量检测和认证体系，提高农产品的品质和竞争力。同时，加强农产品的标准化、品牌化建设，提升农产品在市场中的认可度。

（一）实现农产品标准化生产

为了促进我国农产品质量安全监管符合新形势的发展要求，必须建立标准化的生产经营方式。

转变小规模的农产品生产方式。相关部门应制定相应的政策，加快土地流转速度，并为其提供有效的服务，同时加强承包经营权及转让承包管理，从而促进土地流转机制更加完善，为农产品实现多样化生产经营模式助力。

相关部门要加强农产品生产技术及生产操作规范等方面的研究推广，并且对地方农产品的实际情况进行全面了解与掌握，根据了解的内容对生产技术进行深入研究，同时学习其他地区先进的生产技术，以此为农产品标准化生产提供保障。

（二）加强监管队伍建设

在新形势下，想要提升质量安全监管能力，必须加强监管队伍建设。因为监管队伍主要负责开展安全监管工作，所以，相关部门应该加快专业监管队伍建设的速度，并针对农产品安全监管问题，建立专门的监管部门，明确部门职责。另外，为保障安全监管工作顺利开展，相关部门及企业应该增设一线管理人员，实现农产品质量安全管理工作的具体化。此外，相关部门还要加大培训力度，不断提升监管人员的专业能力及综合素质，使其在实际工作中能够及时发现并解决各种突发问题。同时，建立激励机制，调动监管人员工作的积极性，促进工作顺利开展，从源头上确保食品安全。

（三）建设农产品安全信息管理平台

随着时代的发展，社会对于各个领域的要求越来越高，尤其是对食品安全方面的要求更加严格。因此，为了能够使农产品的质量满足时代发展的需求，应该不断完善安全监管体系，将信息技术融入安全监管工作中，并建立完善的信息资源平台，及时公布农产品信息和安全检测结果，这样不仅能够满足消费者对农产品质量的要求，还能够有效提高农产品质量安全监管工作的效率。

（四）完善相关法律法规

要想提升质量安全监管水平，首先要做的就是完善相关法律法规。通过这样的方式，有效约束农产品质量安全监管工作的开展，让工作人员在工作中有法可依、有法可循。需要注意的是，法律法规一定要根据农产品本身的特性、生产环境以及市场风向来制定。这样才能在保障农产品质量的基础之上让企业或个人获得更大的经济效益，有效促进地区经济的发展，满足国民日益增长的需求。

（五）明确监管主体

明确监管主体是确保农产品质量安全监管工作有序开展的基础。这是因为，混乱的管理会影响监管水平，弱化监管能力，而明确监管主体能够让各个部门明确自身的职责，并且有序完成自身工作，依照国家相关法律法规开展工作。这样一来，就可以进一步提高农产品质量监管工作的质量，打造健全的监管体系。

（六）加大资源投入

要想提升农产品质量安全监管水平，政府必须要加大资源的投入，也就是财政投入。这是因为，农产品质量安全监管工作的开展离不开政府部门的支持。无论是检测机构的设置、监管体系的构建还是监管模式的探索都离不开政府部门的支持与指导。加大财政投入，能够引进更多高素质人才与先进技术，从而有效提高监管工作质量。除此之外，专业人才的引进还能够让生产者和监管方都意识到农产品质量的重要性，让生产者和监管方都主动参与到质量安全监管工作中。这样一来，才能真正提高监管水平，保障农产品的质量，为国民提供更加健康、美味的食物，为和谐社会的发展作出贡献。

（七）加大宣传培训力度

充分利用各种形式，有针对性地开展宣传培训，不断提高广大干群的法治意识和安全意识，提升农业行政执法人员的业务能力和水平，形成全社会关心、重视、支持农产品质量安全工作的良好氛围。

二、扩大农产品市场渠道

积极开拓国内外农产品市场，拓宽农产品的销售渠道，加强农村电商、物流等服务配套设施建设，提高农产品的市场准入率和市场份额。

（一）推进农产品市场营销渠道信息化建设

1. 发挥政府主导作用

在市场经济环境中，相关政府部门应当发挥主导作用，引导农户开展农产品网络营销。在社会文化环境方面，政府应当加强对网络信息化的推广，转变农户传统的销售观念，拓宽农产品市场营销渠道。在经济环境方面，政府应为农户建立完善的营销渠道，消除农户的顾虑。

2. 推进信息化基础设施建设

如今，信息技术已成为农产品网络营销有序开展的重中之重，但农村信息化基础设施建设依旧落后，政府应给予充足的资金，推进农村信息化设施建设，切实提升农村地区的信息化水平。在技术方面，政府应加快推动信息技术的发展，以满足农户对信息采集、加工和传输等的需求。

3. 普及移动互联网

利用移动互联网对农产品开展宣传，凭借翔实的农产品信息吸引消费者的注意力，进一步加强消费者对农产品的了解，让农户与企业及时掌握市场发展情况及需求，采取科学的营销策略，促进农产品市场网络营销的有序运行。

4. 基于农产品电子商务的成熟，创新农产品营销形式，建立以电子商务为主体的营销体系，拓宽农产品市场营销渠道。

（二）建设农民合作组织

长期以来，我国农产品市场营销中的小农户与大市场始终未能建立和谐的关系，农户生产规模较小、生产效率有限，在议价过程中处在劣势地位，难以保证自身的经济收益。农民合作组织可在一定程度上提升组织化的程度。因此，一方面应当加强农民合作组织建设，提高该组织的实力;另一方面应当完善农民合作组织的规章制度，并强化外部监管。除此之外，政府应给予农民合作组织有效的扶持，切实发挥农民合作组织促进农户增收的作用。

1. 发展新型农民合作经济组织的必要性

发展新型农民合作经济组织是由我国国情决定的。自 1978 年以来，我国一直实施家庭联产承包责任制，这种经营方式有利于农民掌握发展的主动权，提高资源配置效率，但与此同时，家庭联产承包责任制相对分散，农户之间以家庭为单位相互独立，市场经济发展环境下一旦掌握的信息不对称，用户很容易遭受较大的市场风险。

与传统的分散经营相比，新型农民合作经济组织具有以下优势：

（1）提升农户的整体竞争力

建设新型农民合作经济组织，能够将组织内所有农户的土地、资金、信息、技术等资源进行有效整合，以合作经济组织的方式投入市场，农户的整体竞争力得以提升，有利于增强农民在市场交易中的灵活性，掌握发展自主权。

（2）促进农产品的加工增值

传统的经营模式下，农产品独立销售，农户们的信息渠道有限，产品附加值低，农业综合效益低。新型农民合作组织以大型农产品加工企业为龙头，带动其他小型农户加入合作组织，形成生产—加工—销售紧密结合的产业组织，龙头企业的加入，有利于解决农户的农产品滞销问题，农产品加工实现规模化生产，有利于引进先进的农业生产工具，改进农业生产技术，通过农业科技致富，促进农产品的加工增值。

2. 发展机制更加灵活

新型农民合作经济组织不仅能够实现农户间的资本联合、劳动联合、产销联合，而且发展机制更加灵活，根据现有的发展经验，很多新型农民合作经济组织与农户签订了合同，根据产品的交易量进行分红，发展方式灵活多样，农户可以根据自身能力选择性参与，有较大的自主性。

随着新型农民合作经济组织的发展，农户还可以以土地、资金、劳力、技术等参股，以产权为纽带，形成机制更加灵活的新型经济共同体。同时，新型农民合作经济组织还与农户签订保护价收购合同，为参与合作组织的农民提供保护价，解决了农户的后顾之忧，真正实现了风险共担、利益共享。

3. 新型农民合作经济组织的建设与发展

目前，新型农民合作经济组织在我国得到了较好的发展，但我国农业发展底子薄、农民基数大，新型农民合作经济组织在发展过程中还面临很多的问题，目前还处于不断完善的阶段，数量相对较少，规模也不大，服务能力尚有待提升。就新型农民合作经济组织的建设与发展，有以下几点建议：

（1）强化政策扶持，鼓励农户承担农业项目

近年来，随着新型农民合作经济组织的发展，组织间的合作领域不断拓宽，从最初的蔬菜、水果、养殖等农产品为主的单一合作，逐步发展到旅游、生态农业、科技服务等综合性领域，新型农民合作经济组织的试点覆盖面积也不断增大，这就需要政府强化政策扶持，鼓励新型农民合作经济组织探索新的领域，给予其帮扶和优惠。

以生态农业的建设为例，对承担了相关项目的农户，在前期可以给予一定的优惠，包括果袋、肥料、农药等农资，在项目实施过程中，还可以定期提供技术培训和销售支持，对于农产品种植效果好、质量好的合作经济组织成员，还可以给予适当奖励，以此激励农户积极承担农业项目。同时，发展新型农民合作经济组织时可能面临很多问题和困境，单靠政府的作用和帮扶是不够的，需要集合社会各个团体的力量，加强产业帮扶和招商引资，广泛参与到新型农民合作经济组织的建设中去。

（2）完善培训体系，为农户提供持续性培训

在新型农民合作经济组织的建设与发展过程中，加快农业科学技术的推广和应用具有重要作用，要发展现代化农业，必须从根本上提高参与农民合作经济组织的农户素质，通过持续的技术培训来宣传先进的农业种植技术。在实施培训的过程中，应该注意以下几个方面：

首先，持续性培训的方式可以多种多样，由于参与培训的农户多数文化水平并不高，

因此应该选择深入浅出的培训方式，采用通俗易懂的话语进行授课，并尽量以理论结合实践的途径来帮助农户加深印象，以耐心、细致、负责的态度传播先进的农业科技知识。其次，培训的内容应该结合农业生产实际。在进行农业生产的过程中，农户们多对种植技术应用、病虫害防治、优质高产等与产量直接相关的问题感兴趣，应以此为重点开展系统的培训，辅以新型农民合作经济组织建设、市场经济规律和品牌建设等相关知识的培训，在提升农民技术水平的同时，提高他们的合作意识和品牌观念。

（3）加快升级换代，打造高效生态型现代农业

传统的农业生产方式相对粗放，农业生产效率整体不高，产业内部结构不够合理，在进行新型农民合作经济组织的建设时，应注重其对产业升级的带动作用，鼓励发展高效、生态、环保的循环农业经济，推动农业现代化、科技化、精细化进程。

在建设高效生态型现代农业的过程中，循环经济无疑是近年来发展的一个热点，围绕循环经济的发展，生态养殖业、生态种植业、生态牲畜业、生态渔业等合作经济组织遍地开花，成为我国建设高效生态型农业的有益探索。

以现在县域经济发展中普遍存在的农民私自燃烧秸秆污染环境为例，政府屡次出台政策明令禁止，但问题难以根治，如果能够大力发展循环经济，集中将农民生产过程中产生的秸秆粉碎，通过青贮、氨化、沤化等方式产生沼气，就可以成为一种有效的解决方式。沼气是一种对农业生产有益的气体，大量的沼气可以发电，并可以用于农业除臭，少量的沼气则可以用来进行蔬菜的杀虫工作。从沼气中提取出腐熟度好、质地细腻的沼渣，与其他有益复合肥混合后，还能够形成有益于农产品生长的有机肥，整个过程低排放、低污染、低消耗，实现了资源、环境、经济效益的三赢，构建了符合现代农业发展要求的绿色、环保、低碳的农业可持续发展体系。

（三）建立完善的农产品物流运输模式

农产品具有地域性、季节性的特征，部分农产品只能生长在特定的地区，因此这些农产品在当地的产量较大，无法保证其销量，所以需要进行农产品的运输销售，将此类农产品运往其他地区，促进销售，但这需要依赖物流运输。要依照农产品的地域性和季节性建立完善的物流运输模式，成立多个生产配送中心，保证农产品在生产、加工、销售环节的质量，减少不必要的农产品损耗，进一步提高农产品运输效率。

1. 农产品物流供应链管理模式

在供应链管理理论中，产品的供应从采购原材料开始，制成中间产品及最终产品，最后由销售网络把产品送到消费者手中，将供应商、制造商、分销商到最终用户联合成一个整体的网链模式。在这个网链式结构中强调核心企业的主导作用和各节点企业间的互利互惠关系。供应链管理的特点在于，引入高效的信息系统，通过核心企业对供应链系统功能的整合，各个节点企业间进行的技术交流与协作、非核心业务外包等，创造竞

争的整体优势，从而降低库存总量，加快客户反应速度。

如果把农产品的物流过程看成一个整体，就会发现农产品全部物流过程是一个完整的农产品供应链过程：生产者—产地市场—运销批发商—销地市场—零售商—消费者。从供应链这个角度，农产品物流就是指从农产品物资供应者、生产者到农产品批发商再到农产品加工者、零售商和消费者的一个由一系列企业、个人和社会团体所组成的有序链条。在每一个环节都有相应的经营主体，经过我们对现有农产品物流模式的分析可以看出，农产品物流之所以不通畅，是由于农产品的生产集中度偏低；在农产品供应链中没有形成一个真正的核心企业，且核心企业没有真正发挥其核心作用；供应链的各个环节严重脱节，不同环节的企业都只为本企业谋利益，不能形成一个利益共同体。所以我们需要构建一种利益共享、风险共担的新型农产品物流模式即供应链管理模式。

2. 基于信息共享的农产品物流供应链模式

基于信息共享的农产品物流运作模式是通过信息共享的信息平台，将农产品的生产、加工、流通、消费等环节有机地结合起来。信息共享的内容包括农产品物流系统的内部信息以及与农产品物流系统相关的外部信息。农产品的生产监管机构、检疫机构、市场监管机构等，也可以通过信息平台对农产品的生产加工、市场准入、质量安全直接进行监管，同时从信息平台上发布农产品最新的国际、国内标准来指导生产。气象等部门可以通过发布气象信息等，对农产品的生产、流通等进行指导。消费者则可以通过信息平台的门户终端对所购买的农产品的质量安全进行查询，并可追溯产地，切实保证消费者的权益，同时也有利于农产品品牌的创建和保护。农产品供应商根据信息平台上经销商和零售终端提供的需求信息，向其上游的农产品生产者发布生产信息，生产加工企业、中介组织通过订单向农户收购农产品，这样减少了农产品生产的盲目性，为农产品的销路提供了保证，降低了农产品物流的成本，减少了农产品的损耗，有利于促进农业生产的产业化。

3. 第三方农产品物流模式

（1）农产品物流外包模式

农产品物流外包模式是指第三方物流企业独立承包一家或多家农产品生产企业或经销企业的部分或全部物流业务。对农户、农产品生产企业或经销企业而言，物流外包不仅有利于降低库存，节约物流成本，而且物流外包后，农户、农产品生产企业或经销企业能够集中有限的资金、设备与核心业务，进一步提高了企业竞争力。

对第三方物流企业而言，以契约形式承接物流外包业务，既有利于与客户形成长期的合作关系，保证业务量，又避免了物流设备的闲置。目前，我国大多数农产品物流业务就是这种模式，严格地说，这种模式与传统的运输、仓储业并没有太大区别。因为这种模式主要是以生产商或经销商为中心，农产品生产企业、经销企业与第三方物流企业之间缺少沟通的信息平台，容易造成生产的盲目、运力的浪费和不足或者是农产品库存结构的不合理。

（2）第三方农产品物流联盟模式

农产品第三方物流联盟模式是指第三方物流企业包括运输、仓储、信息经营者等以契约形式结成战略联盟，实行联盟成员间的协作与信息共享，形成第三方物流网络系统，实现农产品物流的规模化和网络化。

三、加强农村金融服务

加强农村金融服务，提供贷款、融资、保险等金融支持，降低农民融资难度和成本，促进农村经济的发展和壮大。

（一）完善农村金融组织体系，有效配置服务功能

当前，必须扭转农村地区金融机构单一化的趋势，适应新农村建设过程中广大农户、乡村企业多样化、多层次金融需求的特点，积极构建以合作金融为主体，政策性金融、商业金融和非正规金融有机结合的功能完善、分工合理、产权明晰、监管有力、适应农业和农村经济发展需要的农村金融服务体系，形成有效支持新农村建设的金融合力。农村信用社要不断适应新农村建设的实际，坚持服务“三农”和市场化取向，逐步办成产权明晰、治理边界清楚、以合作制和股份合作制为经营特色的社区性金融机构。国有商业银行尤其是农业银行，要妥善处理好商业化经营与支持新农村建设的关系，加快业务经营战略转型，发挥县域商业金融主渠道作用，在积极拓展大城市、大客户的同时，坚定不移地发展县域中高端业务，积极发展优质成长型中小客户。进一步研究制定邮储资金向农村回流的机制与办法。按照机构企业化方向改革邮政储蓄机构，尽快组建基层邮政储蓄银行网点。积极开展社区小额贷款业务的试点工作，积极为农村社区提供服务。

（二）加强农村金融基础建设，加快完善农村信用环境

新农村建设的首要任务是推进现代农业发展，首要目标是促进农业增产、农民增收。农村信用社要充分发挥支农主力军的作用，进一步完善、创新、拓展农户小额信贷和联户联保业务，扩大信贷服务领域，由主要支持农业畜牧生产，逐步增加对农户从事个体工商业、创办中小企业的信贷支持力度。商业银行也要按照商业化、市场化的原则，紧随社会主义新农村建设进程合理布局，大力增加对具有资源优势和产业优势的农产品产业带、主导产业生产基地、农产品专业市场建设的资金投入，提高对农业重点龙头企业的综合服务水平，支持外贸和新兴领域的农村商业企业，扩大对农村私营业主、民营企业金融服务的覆盖率。政策性银行要充分发挥职能作用，提高履行公共服务的能力，特别是对农村重大基础设施建设等带有政策性的领域加大信贷资金投入。同时，应建立专项考核机制，督促有关金融机构加大对农村的信贷资金回流力度，确保每年农村信贷投入增幅高于全省平均水平，小额贷款的增长幅度高于全部农村贷款增长水平。

（三）创新农村融资方式，培育竞争性的农村信贷市场

在新农村建设过程中，要创新融资方式、拓宽融资渠道、丰富支农信贷产品，建立适度竞争的农村金融市场体系，努力扭转农村金融卖方市场的状况。在充分发挥现有金融机构信贷服务作用的同时，要充分利用民间借贷的信息、成本优势，发挥其有力支持农业生产、农民增收的积极作用。要正确把握农村民间借贷与非法吸收公众存款的政策界限，疏、堵并举，严厉打击超越民间借贷、从事非法吸收公众存款的违法活动。按照积极、有效、风险可控的原则，稳步推进建立农村小额信贷组织的试点工作，充分发挥支农信贷作用。在试点阶段，小额信贷组织要严格实行只贷不存、以自有资金开展业务并承担相应风险的经营原则。小额信贷组织发展，一是要吸取农村合作基金会的深刻教训，严格界定经营范围，防止超范围经营形成新的农村金融的风险源；二是要借鉴国际经验，防止小额信贷组织向负面发展，有关部门要切实负起对小额信贷组织的监管责任，确保小额信贷组织的良性可持续发展，发挥非正规金融对新农村建设的补充作用。

（四）围绕新农村建设重点，加大信贷支农投入

农村贷款难的一个突出症结是抵押难、担保难。为此在金融支持新农村建设过程中，针对农户和农村中小企业的实际情况，研究实行多种形式的抵押、质押办法，积极研究农村土地使用权可流转等相关制度办法。要面向广大农户和农村中小企业设立农业担保机构，发展农村互助担保组织，完善信用担保体系。各级政府财政部门要建立担保基金，鼓励各类信用担保机构进行金融创新，积极拓展农村担保业务。应在省级政府领导下，加快农村征信体系建设，解决征信重城市、轻农村的偏差，着力解决农村金融发展中信息不对称或信息缺失导致的突出问题，努力为金融发展、扩大农村信贷投入提供良好的信用环境，促进和谐金融建设。此外，要加快农村金融基础设施建设，切实解决农村资金汇划、汇兑难的问题。当前要重点推进农村信用社资金清算系统建设，使农村信用社尽快接入大额支付系统、小额支付系统，为广大农村金融机构提供多层次、低成本的现代化支付清算服务；继续推动区域性票据交换中心建设，广泛吸收农村信用社加入，增强其结算功能。尽快完善针对农民工的特色金融产品与服务，确保农民的城市务工收入安全、顺畅地传送到农村。各地政府应加强财政政策与金融服务的衔接配合，发挥财政在资金配置中的引导和杠杆作用，支持带动农村金融服务发展。

第三节　农村经济管理指导农村经济的发展

农村经济管理是农村经济发展的支撑，一方面可以为农村经济发展指明道路，一方面可以为农村经济发展提供发展方法，避免农村经济在市场经济中迷失方向，以此来提

高农村经济的发展效率与质量，满足农村经济发展的需要。

一、培养农村新兴产业作为农业发展的主体

要想真正地以农业经济管理促进农村经济发展，就必须培养农村新兴产业，以此作为农业发展的主题。首先，政府需要投入大量的资金，提高农村建设质量及生产力水平，这样才能够满足现代化农村经济发展所需要的基本条件。国家为了促进农村经济发展项目的实施和发展，也从资金上给予了大力的支持，例如对农村合作社、农业生产企业、农业养殖专业户以及对美丽乡村建设资金上的大力支持。从投资金额的巨大可以看出，政府和国家对农村经济的重视程度正在逐渐加大，这些资金和技术的支持可以大力促进现代农村经济的快速发展。

（一）引导农业经营主体

拓市场、创名牌。政府要制订品牌培育计划，引导农业经营主体树立现代营销观念，加强技术引进、科技攻关、科技创新，提高产品的科技含量，创造名牌产品。大力发展无公害食品、绿色食品和有机食品，积极争取国家地理标志认证、安全卫生认证、环保认证，从而赢得国内外消费者的信任。

（二）提高农业经营主体组织化水平

按照“民办、民管、民受益”的原则，积极培育以农民为主体的农业合作社、家庭农场、专业大户等组织机构，发挥其在市场准入、信息咨询、规范经营行为等方面的作用。完善组织管理机制、利益分配机制、监督追究机制，增强中介组织的凝聚力，提高经营主体组织化程度，促进各项功能更好地发挥。

（三）鼓励发展家庭农场

1. 深化思想认识

不断提高大力发展家庭农场对加快推进农业现代化重要性的认识，立足县情，因地制宜，积极稳妥地引导更多农民建设家庭农场。大力开辟新的空间，积极引导大多数进城入企务工的农户，将大量粗放经营土地流转给专业农民，提升土地经营效益。积极培植典型，让更多的典型在家庭农场建设中发挥示范带动作用，让家庭农场真正成为培育新型农民的“大学堂”、农业科技创新成果转化的“实验室”、农业新型营销模式的“新平台”。

2. 优化政策环境

设立家庭农场专项发展资金，加大对家庭农场的建立、评选、表彰等奖补力度，优先安排国家对良种、农资和农机具等补贴，优先安排农田水利设施建设、中低产田改造、测试配方施肥和新技术品种应用推广等项目。以县商业银行为主体，鼓励涉农金融机构，创新金融产品和担保方式，采取一户多保、土地反担保、联场担保、抵押等形式，保障

家庭农场信贷资金到位。加快开展家庭农场互助合作保险和家庭农场综合性保险试点建设，为家庭农场抵御风险提供支持。

3. 细化培训措施

精细化培训农民专业合作组织、家庭农场、农产品加工户、农家乐、休闲观光农业的经营管理人员以及农产品经纪人、农业服务组织骨干，重点培养一批生产技能型、经营管理型、技术服务型和市场营销型的职业农民，领办家庭农场。强化市、县、镇、村农技人员与家庭农场“一对一”服务，专业引导帮助家庭农场建设实验基地，参与实施农业推广项目，把家庭农场建成科技示范农场。

4. 强化服务保障

着力构建以公共服务机构为依托、合作经济组织为基础、龙头企业为骨干、其他社会力量为补充，公益服务和经营服务相结合、专项服务和综合服务相协调的农业社会化服务体系。积极采取政府订购、定向委托、招投标等方式，大力开展农技推广、农机作业、抗旱排涝、统防统治、产品营销、农资配送、信息提供等生产性服务。大力培育农业产业化龙头企业，为家庭农场提供农产品经营“一条龙”服务。加快推进农村土地确权颁证进程，逐步探索建立土地流转双方的价格协调、利益联结和纠纷调解机制，为创建家庭农场提供保障性服务。

二、加快城乡一体化进程

为了大力加快城乡一体化进程，必须采取多种方式加强对农业产业专业人员的培训，并且通过引进高效农业专业人才及高级学府的专业农业技术人员加入农业产业融合建设中，促进农村经济的快速发展。同时，应以农业经济管理推进农村经济发展，为农村相关的经济建设提供便利条件，让年轻人有在农村发展的兴趣和决心，尽快缩小城市与农村的实际差距，进而加快城乡一体化建设的总体进程，促进我国经济的快速发展。

（一）什么是城乡经济社会发展一体化

所谓城乡经济社会发展一体化，从理论上通俗地说，是指在生产力、城市化水平发展到一定阶段，城市与农村逐步实现结合，以城带乡，以乡促城，城乡互为资源，互为市场，互相服务，最终实现城乡经济、社会、文化、生态的协调发展。必须明确的是，推进城乡经济社会发展一体化是党和国家站在全面建成小康社会和全面实现现代化的高度，从城乡一体的角度作出的战略决策，所要解决的是农业农村农民问题，而不是城市问题。

1. 空间一体化

为了从整体上推进城乡一体化建设，相关管理人员在进行现代城乡一体化建设的过程中，一定要从空间入手来实现各个空间的一体化发展，基本形成现代城市化与农村城市化相互协调的空间形态格局，这样不仅有利于促进各个区域内经济的流通，还有利于加强城市和农村之间的沟通和交流。

2. 人口一体化

在现代城乡一体化建设中，人口一体化主要是指需要基本形成城市人口郊区化与农村人口城市化的局面，从而使得各个区域内的人力资源可以得到充分的利用，从整体上改善人们的生活质量以及生活水平。

3. 经济一体化

在现代城乡一体化建设中，经济一体化是非常重要的，经济一体化是建立在空间一体化和人口一体化基础上的，主要是指可以形成农村的实力和水平与城市产业结构高度协调化的发展局面，在城市经济发展的过程中，相关企业或者是相关产业可以充分地利用农村的资源来进行实地的生产活动，不仅有利于提高城市经济发展水平，还使得农村的经济发展水平得到了显著的提高，有助于缩小城乡经济的差距。

4. 社会一体化

社会一体化是现代城乡一体化建设的最终目标，主要是指在进行完现代城乡一体化建设之后，城乡居民的生活水平和生活质量可以得到有效的提高。另外在社会一体化中还主要是指城乡居民可以享受同等的社会福利和保障，共同地提高城乡居民的生活质量和生活水平。

（二）加快推进城乡经济社会发展一体化的必要性和重要性

众所周知，从我国国情来看，加快形成城乡经济社会发展一体化新格局，不仅事关农村改革和发展，而且事关全局，有着重大的现实意义和深远的历史意义。具体来说，加快形成城乡发展一体化新格局是深入贯彻落实科学发展观的重要任务，是构建社会主义和谐社会的重大举措，是完善社会主义市场经济体制的内在要求，是全面建成小康社会的必然要求。

1. 是市场经济发展的客观要求

随着我国城市经济的不断提高，为了缩小我国城乡经济存在的差异，就需要运用城乡一体化建设策略来从整体上加快农村经济建设。发展城乡一体化有助于深化城乡体制改革，进一步地提高我国城乡市场经济的发展，是城乡发展过程中所要经历的必然阶段。

2. 消除城乡差别

发展城乡一体化最主要的优势是有助于消除城乡差别，需要相关管理部门将发展作为主要的立足点来推进城乡一体化建设，根据城乡发展的指导思想，明确城乡发展的战略思想，并且利用我国相关部门制定的优惠政策，充分地发挥城乡的各种综合优势，从而不断地提高城乡一体化下城乡经济的发展。在农村发展的过程中，可以结合城市发展的经验，并且利用城市资源来推动农村经济的不断发展，相信在经过一段时间的城乡一体化建设之后，农村的经济发展水平可以得到显著的提高，逐渐地消除城乡的差别。

3. 是社会进步生产力高度发展的必然产物

随着我国经济水平的不断提高，我国社会生产力也得到了迅猛的发展，在当前时代下，社会资源是全面开放的，这就需要我国的相关城市加强和农村之间的沟通和交流，无论是传统城市发展观还是传统农村发展观，都会被当前时代的发展所取代。在农村有大量的劳动力可以用来推进城市化进程，并且在农村中大量的劳动力也需要改善自身的生活水平和生活条件，这给城市的发展带来了机遇，我国社会生产力的日益提高，需要大量的劳动力作为依托来进行经济、生产的发展。

（三）如何加快推进城乡经济社会发展一体化进程

1. 统筹城乡资源配置

长期以来，由于城乡二元经济结构体制的束缚，各种生产要素很难向相对落后的农村流动。应抓紧制定优惠政策，鼓励各类经济主体增加投入。加强对农村道路、电力、电信、商业设施等的投入。加强政务、政策、法制、舆论、人文等发展环境的建设，特别是要通过政策激励、补贴等方式，支持和促进农村生态环境建设。

2. 深化城乡配套改革

通过深化改革，转换机制，逐步破除城乡分割的二元经济体制，尽快构建城乡相互促进、共同发展的新型体制。继续深化农村各项改革，包括土地流转、集体林业产权以及教育、科技、供销、金融体制等方面的改革，进而为农业和农村经济发展不断注入新的生机与活力。深化户籍制度改革，彻底取消限制农民进城务工经营的限制性规定，切实放宽农民进城安家落户的相关规定，加快建立城乡统一的劳动力就业市场。

3. 加快推进土地流转规模经营

农村的问题千头万绪，最突出的问题是农民增收问题。只有推进土地流转规模经营，把越来越多的农民从土地上解放出来，引导他们向非农产业转移，发展畜牧业和从事二三产业，才能构筑农民增收的长效机制，使更多农民向城镇集聚，逐步过上高品质的生活，进而破解城乡二元结构，提高城乡一体化水平。实施土地流转规模经营是提高土地的利用率和产出率，推进现代农业发展的重要举措。

三、保障农村稳定

农业经济管理可以保障农村地区的稳定发展，减少农村经济波动的影响，降低农村地区的贫困率和失业率。

（一）增加经济收入，提高农民群众生活质量

为了更好地促进农民增产增收，在经济管理工作开展过程中，势必会制订相应的收入提高计划和实施方案，并在实际工作过程中有效解决发展和农民生产生活过程中遇到的多种问题，为农民群众提供商机，达到增产增效的目的，充分掌握农村经济发展趋势。

另外在农村发展过程中，结合村集体的实际情况，构建完善的发展策略，显著促进经济的发展，不断增加农民群众的经济收入，从而摸索出一条适合农村发展的全新经济管理模式和管理途径，帮助农民群众提升生活质量，改善农村生活环境。构建特色化的经济管理制度，能够进一步拓展农村特色农产品的销售，使农民群众的销售水平显著提升，物质需求得到极大的满足，提高生活质量。农民的钱包鼓起来，生活富裕起来，就会有更多的时间参加各种精神文化活动，促进村集体文化发展，满足农民群众的精神文化需求，从而为构建社会主义新农村，构建社会主义和谐社会，全面建成“中国梦”奠定坚实基础。由此可以看出做好经济管理工作，能够显著改善农村地区的生活环境，改善农民群众的生活状态和生活面貌。

（二）促进社会主义新农村建设

党的十九大以来，明确了我国的全新社会矛盾和基本国情，新时期加快构建社会主义新农村，是全面建成小康社会的首要目标。做好经济管理工作，能够有效促进农村地区的经济平稳发展，这是全面建成小康社会的前提保障。开展有效的经济管理工作，能够更好地解放生产力，发展生产力，构建一套有利于增产增收的发展机制，从而真正实现农民增产，增收，缩小城乡之间的差距。社会主义新农村建设就像盖一座高楼，经济是基础，如果基础不牢固，整个高楼就无法建成，即便是建成也会岌岌可危，一遇到市场变化就会分崩离析。在全新的历史时期，只有不断完善农村经济管理制度，完善经济管理体制，才能逐步扩大农村基层民主，构建完善的农村民主制度，真正让农民群众当家作主，充分调动农民群众的发展积极性。这是建设社会主义新农村的重要环节。

（三）促进农业产业结构调整

在农村经济发展过程中加强经济管理，可以促使广大农村地区的农民专业合作组织和农产品产销组织得以更好更快的发展，它能够为广大农民群众提供更加全面的市场供需信息，帮助广大种植户掌握农产品的市场需求，从而实现对农作物种植的有效调整，稳定农村家庭经营体制。在经济管理工作开展过程中，通过积极促进农业专业合作社的发展，积极扶持产销大户，有效组织民间的产销组织，帮助农民群众更好地解决农产品滞销问题、价格低问题、农产品品质较差问题，从而保证农产品的市场供求更加合理。农民群众在掌握市场需求的情况下，能够自主地对农业种植模式作出适当调整改进传统种植方式，加快新型种植模式、种植品种的推广应用。在发展当地特色农业产业过程中，通过规范农业经济管理制度，有效扶持农村龙头企业的健康发展，从而更好地实现农业生产与市场之间的直接对接，更好地调整结构、优化结构，使农产品生产逐渐向产业化、市场化方向迈进，最终促进农业产业结构的调整，提高农民群众经济收入。

第六章　农业经济管理对农村经济发展的规范作用

第一节　规范农村经济的发展道路

农村经济的发展壮大，应用了农业经济管理制度，这项管理制度不仅可以引导农村经济发展，还可以规范农村经济的发展道路，使农村经济的发展历程获得支撑，不断满足农村经济发展的各项需求，以此来促进农村经济的顺利发展。

农业经济管理的规范可以促进农村经济的发展，下面是一些可能的做法：

一、加强农业科技创新

政府可以投入更多的资金和资源，鼓励企业和科研机构加强合作，研发新的农业技术和种植模式。

（一）加快完善农业物质技术基础设施建设

以新农村建设为平台，进一步改善农村农业生活和生产条件，转变农业生产生活方式，促进城乡基础设施一体化发展。

加快形成“集镇—中心村—基层村”三位一体的新农村建设格局，加快建设集中居住区和中心村，建设一批工业主导型、市场带动型、生态旅游型的重点镇。加强农村配套基础设施建设，完善街（镇）供水管网，电力设施建设，保障农村用水用电安全。

全面提高农村信息化服务水平，形成区、街道、村三级农业信息服务网络。结合农业生产规划布局，加强基本农田整理、农田水利配套设施的改善和设备的更新。加快水利综合治理工程进度，推进农田水利设施提档升级。加快农业产业化升级步伐，开发多功能农业，提升农业装备水平，推进农业科技创新，是全面提高农业综合生产动力的重要环节。

不断拓展农业功能，建设培植乡村休闲游专业村、特色村和农家乐精品项目，逐步形成农业观光、农事体验、农庄休闲旅游体系。

开发农业生物燃料、肥料、饲料。发展农产品储藏运输，乡土食品加工、信息咨询、农业会展等现代农业服务业，不断拓展农业增效、农民增收的渠道。

加大科技创新力度，努力在名优特种苗培育、高效生态种养技术、动植物疫病防控技术、农产品加工及保鲜、"两型"农业技术等方面加以研发创新支持，形成一批创新成果。

积极培养农业技术推广人才、农村营销管理人才、种养能手和能工巧匠等农村实用人才队伍。实行农业标准化生产，保障农产品质量安全，促进农业高水平健康发展。

（二）增强农业科技创新能力和农技推广能力

农业是一个受社会生产力和自然力双重作用和制约的基础产业，要想从根本上发展农业生产、提高农业创新生产能力，就必须要加大农业中的科技含量，增加农业中科学技术的有效供给，减轻农业遭受自然风险的成本，促使农业生产形成一种长效的增长机制。

一是政府要在财政预算中不断增加对农业科研与技术推广经费的投入，与农业大学、科研机构、农业技术的试验站及推广站建立广泛的、密切的联系与协作，通过资金的注入为农业科研能力的释放提供必要的物质先决条件，促进科技成果尽快转化为现实生产力。

二是要加快农技推广体系和机制的建立，加强信息服务体系建设。按照公共服务均等化的发展要求，优先发展农村教育、科技、文化、卫生等各项社会事业，建立公共服务向农村延伸的机制，推进城乡公共服务一体化发展。

提高农村人口素质，为农村农业培育后继人才。着力优化农民务工就业环境、建立劳动求职、用工信息库、强化劳动用工信息发布，依法保障进城就业农民工的各项权利，逐步建立城乡一体的就业网络，进一步加大财政支农资金的投入力度，落实各项支农政策和惠农政策，积极扶持发展股份制、股份合作制企业，鼓励农民通过资金、土地、劳力、技术、设施入股，引导农业龙头企业与参股农民建立利益共享、风险共担的利益共同体。完善社会化公共服务机制，进一步提升统筹城乡发展，提高现代农业创新发展的能力和水平。

（三）推进现代农业体制机制创新工程

1. 创新现代农业经营体制机制

完善城乡生产要素市场化配置机制，拓展农村综合产权交易市场功能，积极开展农村土地经营承包权抵押贷款等工作。积极探索农村集体建设用地流转工作。支持发展家庭农场等新型经营模式，推广"龙头企业＋农民专业合作社＋农户"的经营模式。

2. 大力发展农民专业合作社

国内外农业生产的实践经验表明，要提高现代农业的生产力水平和整体效益，就要走规模化经营、企业化管理的路子。加大政策支持力度，对服务能力强、民主管理好的农民专业合作社给予财政补助。打破行政区域限制，大力发展农业合作社，积极鼓励和扶持发展跨地域、跨行业的各类农民专业合作社，形成多元化、多层次、多形式的经营方式，切实进一步提高农民组织化程度。

3. 建立农业资金项目招投标制度

探索实行“拨改贷”“拨改投”。探索建立绿色蔬菜、优质畜禽、名特水产等优势特色农产品补贴制度，不断扩大农业政策性保险范围。依托农村信用社，加快发展农村小额贷款（担保）公司、村镇联社。发挥县农投公司的融资（担保）作用，引导社会资本参与农业开发。鼓励有条件的农业龙头企业进行股份制改造和上市募集发展资金。

（四）着力构建现代农业产业体系

科技进步和科技支撑能力是现代农业的标志，也是提高现代农业综合生产能力和竞争能力的关键。尽管近年来有些县区的农业科技水平逐步提高，对农业发展贡献日益增强，但与经济发达的县区相比，仍存在不小的差距，无论是在技术创新和高科技成果引进方面，还是在技术成果推广应用方面，都仍显落后。据此，在推进现代农业发展的进程中，要全面推进农业科技进步。

一是在农业科技创新方面，要坚持强化农业基础研究和科技储备，积极抢占农业科技竞争的制高点，在转基因生物新品种培育等关键技术领域取得新突破。

二是充分认识农业科技进步的公益性和公共产品属性，强化和优化农业科技资源配置中的政府行为，为农业科技创新和科技进步提供稳固的公益性平台。

三是全面提升农业技术推广水平，在重新打造适用于政府宏观管理体制和市场体制结合的农业推广体系的同时，增加政府对农业技术推广的投资支持，包括对农民的技术培训都应该纳入政府的财政预算。

四是重视农业生产与资源环境之间的协调，通过技术进步改善农业生产过程中的物质要素投入，把防止面源污染和保证农产品质量安全作为现代农业发展的重要目标，力争走在先进行列，并以此保证农业的可持续发展。

二、建立健全农业市场体系

政府可以加强对农产品市场的监管，鼓励农业企业建立自己的销售渠道和品牌形象，提高农产品的附加值。

（一）农产品市场建设方面

1. 因地制宜建立乡镇集贸市场

在产业规模发展的基础上，可综合考量乡镇经济发展、交通基础条件、营商环境等，发挥特色农业产业发展地区优势，因地制宜建立乡镇集贸市场，提高乡镇农产品的流通效率。

一是应制定相关政策，有效调动乡镇集体或个人参与到集贸市场的建设，培育或引进当地本土企业共同投资建设，汇集各方力量共同打造富有特色的地方性农产品贸易市场。

二是注重市场规划布局，将市场建设与乡镇开发布局结合起来，合理利用乡镇土地资源，实现土地利用效益的最大化。硬件设施建设完全的同时，要兼顾软件设施。一方面，建立健全相关的规章制度，保障集贸市场有序、规范化运行。另一方面，加大力度提高市场参与主体的个体素质，避免欺行霸市、扰乱市场秩序的现象发生，切实为各市场主体营造良好的经商环境。

2. 完善市场基础设施建设

农产品储藏、冷链物流、加工设备及交通条件等列入市场建设的投资规划中，要注重农产品生产与流通链紧密结合，做到生产与流通均衡发展，以此更好地引导农业产业结构的合理调整，从根本上改变“重生产轻市场”局面。尤其针对产地市场，要加强完善配套设施，改善“地摊式”“大棚式”、路边乱摆乱放的市场环境的，健全完善市场卫生监管制度，切实保障农产品流通的“绿色化”。

（二）农产品市场主体培育

1. 提升农户规模化生产水平

首先，政府应科学规划区域内的农业产业发展布局，加大农业生产技术培训，引导农户科学种植，提高经营效益。

其次，大力推广农村“三变”改革成果，将农户及土地集中起来运营，形成“一起生产，共同受益，风险共担”的生产经营形式，切实提高农户生产积极性和抗风险能力。

再次，进一步激活农村土地市场发展，改善农户经营模式，通过土地规模化流转建立家庭农场、种植基地或农产品生产园区，带动农户就近创业就业。

最后，建立地区专项人才引进计划，鼓励在外务工人员与青年大学生返乡就业创业，盘活地区人才优势，增添乡村经济发展新活力，切实改善农业产业发展新形势。

2. 提高市场主体组织化程度

农产品市场主体主要包括农户、农民专业合作社、农村集体经济组织、农村经纪人、收购商、批发商、零售商和消费者等，在农产品市场流通环节中，农户作为农产品初级生产者，在市场中的力量最为薄弱。而组织化程度的提高，有利于增强农户对市场的认知和了解，进一步提升其应对市场风险的能力。因此，要建立健全农户组织化相关政策措施，加大宣传力度，鼓励农户积极加入农民专业合作社和成立互助经济组织。与此同时，应规范农民专业合作社成立标准，回归合作社的本质形式，避免“空壳社”“假合作社”与“大农吃小农”等现象发生，从根本上提高农户及合作社的组织化程度。此外，农村经纪人队伍是农产品产销衔接的中介组织，也是政府与农产品市场沟通交流的重要“桥梁”，应加大对农村经纪人队伍的培育力度，充分发挥其在农产品流通中的枢纽作用。

3. 积极培育农业龙头企业

农业龙头企业是农产品市场的重要参与主体，是农产品生产加工的领头羊。地区农业产业发展，要充分发挥龙头企业的牵头作用，积极培育和引进农业龙头企业是解决问题的关键。尤其在农产品生产地，龙头企业的引入和本地企业的培育，在很大程度上缩短了农产品的流通环节，减少了流通交易成本，为促进农户增产增收起到了重要作用。相关部门要建立健全龙头企业引进标准，不能盲目跟风随大流，应在充分评估企业营运能力的基础上，结合地区产业长远发展目标，合理利用专项资金支持企业发展。同时，应注重企业的“本土化”发展，鼓励返乡务工人员和青年优秀人才回乡创业，加大扶持力度和加强该类公司运营管理培训，使其深深扎根于农村，成为“知农业、懂技术、善管理”的特殊“三农”队伍。

（三）农产品市场流通方面

1. 建立现代农产品流通体系

建立现代农产品流通体系，缩短流通环节是减少流通交易成本的重要措施。目前，我国农产品流通以“农户＋合作社或收购商＋批发商（企业）+ 零售商＋消费者”模式较为常见，流通环节多而烦琐，要改善这种模式，应把分散农户资源集中起来形成基地生产，同时将现代化企业制农产品批发商和加工企业直接引入流通链中，形成“基地（或合作社）＋公司（批发商、加工企业）+ 消费者”的流通模式，如案例分析中批发商也实行“基地＋公司”的农产品产销模式，使小农户生产整合成大资源，实现了“小辣椒”与“大生产”的有效衔接。把批发公司纳入流通链的中心位置，在于批发企业在批发市场中具有较强的谈判议价能力，批发市场除了具备产品流通功能，还有价格形成功能。因此，大型流通企业的存在对价格形成起着决定性作用。另外，应大力推广“订单农业”产销模式，即企业与农户或基地签订合作生产协议，这不仅可以减少农产品的流通成本，更有利于促进农户增产增收。

2. 加强农产品流通信息化建设

加强农产品流通信息化建设是提高流通效率，缓解市场信息不对称的必要手段。

首先，提高农村互联网覆盖率，开发农户接收市场信息的便利渠道，增强农户对产品生产的理性选择。

其次，为合作社、农村经纪人、农户互助组织、收购商等市场主体，提供真实可靠的市场价格与供求信息，引导其正确判断市场形势。

再次，提升批发市场电子商务利用水平，进一步增强批发市场在农产品流通中的“中枢”作用，为批发商提供信息化技术支持，加强本地农业与国内和世界各地农业的贸易沟通往来。

最后，将省、市、县、乡镇农产品流通网络紧密联结，加强地区农产品品牌建设，并积极面向国内外农产品市场，促使农产品流通渠道呈多元化发展形势。

（四）市场监管与服务体系

1. 加大政策扶持力度

目前，我国对农产品生产政策扶持力度较大，针对农业产业发展设有省财政拨付的专项资金，但对于市场体系建设，各方面政策扶持参差不齐。因此，应加大农产品市场体系建设政策支持，有效推动农产品生产与销售协调进行。

一是加大农业龙头企业政策扶持，鼓励农村有能力或青年优秀人才回乡创业就业，尤其针对小微企业，资金扶持要精准到位，进一步推动各地区农业龙头企业均衡发展。

二是加大对市场建设投资者的政策支持，借鉴国外经验，遵循“谁投资、谁经营、谁受益”的原则，形成以投资者为主，政府管理为辅的市场建设模式，让市场在农产品流通中真正发挥决定性作用。

三是加大市场基础设施建设资金支持，增加冷链物流、仓库、加工厂房等基础设施，扩大批发市场建设规模、改善农产品交通运输条件等，从根本上健全完善市场运营硬件设施。

2. 建立健全市场监管体系

建立健全农产品市场监管体系，是保证农产品质量安全和农产品市场有序运行的基础，包括农产品质量安全与标准体系和农产品市场法律法规体系两方面内容。具体措施如下：

第一，建立科学严格的农产品质量检测标准，提高农产品生产质量，减少农药化肥的过度使用，提高农产品优质、特色、高效生产水平，有利于保障农产品流通的安全有效，进一步促进农户增产增收。

第二，健全完善农产品市场准入制度，特别完善农产品加工企业准入制度，加工企业应减少食品添加剂、有毒色剂的使用，针对不法商家，市场监管部门要严打严惩该种行为，以确保农产品质量的安全。

第三，借鉴国内外经验，应健全完善市场法律法规，例如日本颁布《中央批发市场法》，从根本上维护其批发市场的运行秩序，在国内却少有专门针对农产品市场而颁布的法律。因此，建立健全农产品市场相关法律法规，对促进农产品市场监管起着重要作用。

最后，针对市场监管部门落实政策不到位，监管工作不积极等现象，主管部门应加以完善责任部门及工作人员绩效考核制度，让一切市场监管与服务制度真正落实到位。

三、推广农业合作社等组织形式

政府可以鼓励农民成立农业合作社，提高农业生产的组织化程度和经济效益，减少农民个体的经营风险。

（一）党支部领办扶贫类农民合作社

打赢脱贫攻坚战，巩固脱贫摘帽成果，需要培育发展农民合作社、推动乡村产业振兴。通过村党支部领办农民合作社发展乡村产业，带动整村脱贫是我国农民合作社助力脱贫攻坚的特色实践。内蒙古扎鲁特旗玛拉沁艾力养牛专业合作社等采用村党支部领办农民合作社的做法，将支部建在产业链上，充分发挥基层党组织在人心凝聚、资源整合方面的作用，推动农民合作社做大做强，带领整村农户脱贫致富，实现了党建与产业齐飞。

（二）粮食规模经营类农民合作社

打稳粮食安全重任，守住粮食安全底线，需要培育发展农民合作社。目前，粮食类农民合作社占总数的 21.6%。河北南和县金沙河农作物种植专业合作社等以主粮生产为主业，创新和加强与成员之间的利益纽带，发展大规模托管服务，推动农民合作社跨区域发展，实现了粮食产业化、规模化发展。

（三）农产品加工销售类农民合作社

发展农产品加工业，拓宽销售渠道是农民合作社带领农户增收致富的重要途径。目前，提供产加销一体化服务的农民合作社占总数的 53.4%。福建清流县嵩溪爱珍豆腐皮合作社等积极带领农户成员实施标准化生产，参与制定地方行业标准，统一加工成员产品，努力开拓国内外市场，实现了农产品加工业质量和效益的明显提升。

（四）三产融合类农民合作社

农业供给侧结构性改革要求向开发农业多种功能要潜力，农业结构调整要求拓展农业多功能和增值增效空间。目前，有 7300 多家农民合作社通过整合土地、闲置农房、资金、技术和人才等资源要素，进军休闲农业和乡村旅游领域。北京奥金达蜂产品专业合作社等立足当地资源特色，因地制宜发展绿色循环产业和乡村旅游业，推动了当地生态环境的改善，践行“绿水青山就是金山银山”的发展理念，为美丽乡村建设注入了动力。

（五）农机服务类农民合作社

大国小农是我国的基本国情，农民合作社以农民为主体，以服务成员为宗旨，引领小农户和现代农业发展有机衔接。目前，专门从事服务业的农民合作社占总数的 7.7%，其中 60% 以上是农机服务合作社。山东郯城县恒丰农机化服务农民专业合作社等采用智慧管理服务系统、全程托管与菜单式服务、“划片管理”+“三次分红”模式，为农户提供农机等社会化服务，把小农户引入现代农业发展大格局。

（六）品牌果蔬经营类农民合作社

走质量兴农之路，要求农业品牌化发展。目前，种植业农民合作社数量上占据全国农民合作社的半壁江山，果蔬类农民合作社是其中的重要组成部分。山西临猗县王万保果品种植专业合作社等以品牌兴社，引导农户选育良种，推广绿色、有机、标准化种植，实现了产得优、卖得好的目标。

（七）“三位一体”类农民合作社

2017 年中央一号文件要求积极发展生产、供销、信用“三位一体”综合合作。浙江瑞安市梅屿蔬菜专业合作社等从最初的单一农业生产服务，发展到生产、供销、信用综合业务合作，通过市场机制和经济纽带，实现功能拓展，服务能力提升。

（八）“三变”改革类农民合作社

在“资源变资产、资金变股金、农民变股东”的农村“三变”改革中，农民合作社承载“三变”资源资产，成为实施“三变”改革的重要组织载体。贵州盘州市普古银湖种植养殖农民专业合作社等在农户筹资入社的基础上，探索以农户承包地、集体林地、集体水域等资源资产作价出资入社模式，推动整村入社，激发了农村资源活力，推动了产业振兴、农户增收和村集体经济发展壮大。

（九）农民合作社联合社类

农民合作社依法自愿组建联合社，有助于提升小农户的合作层次和规模。浙江台州市台联九生猪专业合作社联合社等通过社际产业联合，建立行业标准，统一开展服务，实现了产业和服务的规模化、现代化。

四、建立健全农业政策

政府可以加强对土地流转和承包经营的监管，规范农村土地使用权的流转和交易，保障农民权益，促进农村经济的健康发展。

（一）实行农业产业发展政策

为促进农业现代化发展，需要兼顾眼前利益和长久利益，既要加强农业新产品的创新和推广又要加大对当前农业贸易交通不便的改善。制定以一个中心带动多个极点的发展方案，进一步优化产业布局，实现农业产业的健康可持续发展。

（二）实行新型经营主体培育政策

促使广大农民参与到现代化进程，加快体制机制创新，使农民能共享现代化成果。以农村基本经营制度为前提，加大政府对农业的扶持力度，为良好的农业创业、就业形势打好基础。坚持以农民为主体，维护农民土地资产。发展多形式的适度规模经营，促使农业以新型农业经营为主体发展。

（三）推进农业结构创新性改革

调整好农业结构，更加重视农产品质量问题，因地制宜，优化区域结构，加快科技创新，增强农业发展功能，调整农业创新重点，调动工作人员工作积极性，促进农业经济发展。完善体制，加快农村深化改革，全面激活市场，加快农村金融创新，健全农业创业机制。

（四）实行农业供给侧结构性改革

构建市场需求的农产品产业结构，积极发展优质的农产品，在保证农业生产能力的基础上更适应市场需求以保持市场农产品的平衡。加快发展农产品加工业，建设一批专业化、规模化的生产基地，推动农产品的初加工、精加工发展。提升农产品的质量安全水平，从多个方面保证农产品的质量安全。

（五）推进微生物农业产业

微生物农业产业相比于动植物产业能量利用率更高，微生物几乎可以利用阳光中可见光的全谱光能。微生物生产无季节性要求，只需要人工提供必要环境便可实现一年四季无间断生产。除此以外，微生物还可以生产各种人类日常需要的生物产品，封闭的生产空间还可减少各种自然灾害影响，提高生产效率。

（六）粮食储存制度改革

目前，中央粮食储备制度存在政治性储备职能和商业性行为交织，储备机制不完善，储存经营成本不断升高的问题。而地方储存制度存在中央与地方储备协调机制不健全、地方储备布局不合理、基础设施建设不足的问题等，这些问题都会导致农产品储存效益降低，所以改革粮食储存制度很重要。

第二节　完善农业经济的发展制度

制度是各行各业发展的基础，是保障各行各业发展的依据，正是农村经济长期处于制约因素限制之下，导致发展水平低下，发展质量不高。因此，农业经济的发展亟待完善管理制度，运用农业经济管理制度之后，这一状况得到改善，农业经济向着制度化、规范化的方向更进一步。

一、农业土地制度

（一）农村土地流转制度改革的功能目标

土地问题关系到国家和社会的稳定，土地制度改革是事关农民、农业和农村发展的根本问题。土地流转制度作为农村土地制度的核心，评判该制度的科学性、合理性与有效性的关键在于其是否符合“三农”发展的需要。随着全面深化改革的不断推进，土地流转主体的独立性和自主性将不断提高，特别是随着土地经营权流转的放开，农村经济发展的自由程度也会进一步提升。因此，逐步破除阻碍农村发展的桎梏，充分发挥土地价值，在土地流转中更好地保障农民合法权利、促进农业生态环境改善以及推动乡村有效治理，以激发乡村发展活力，将是农村土地流转制度未来改革的主要方向。

1. 突出农村土地流转制度保障

农民合法权益的功能：农民是现代农业生产的主力军，维护农民的土地权益不仅是解决“三农”问题的重要突破口，也是推进城乡一体化应该遵循的基本原则。实践证明，在土地流转制度的发展变迁中，只有维护农民的合法权益，制度才能良性运行并产生积极的社会影响，反之，制度运行效率就会降低，出现制度功能的异变。

随着农业合作化运动的开展，农民的土地所有制转化为以服务农民为宗旨的农业生产合作社，在该组织中农民自愿加入、退出自由，享有表决权、知情权、土地的处置权，尤其是农民享有盈余收益的分配权，从而赋予了农民土地产权，调动了农民带地入社的积极性。人民公社时期，政社合一的体制加速了土地公有化的进程，也让农民失去了土地产权，农民的劳动投入和利益分配严重不对等，农村经济发展停滞。家庭联产承包责任制的实施，打破了人民公社制下的“大锅饭”状态，实现了集体土地所有权与经营权的分离，经营权又重新回到农民手中，生产效率也得以迅速提升。

现阶段，国家推进农村土地“三权分置”的改革，促进农村土地的有序流转，最根本的落脚点在于切实维护农民的利益，而维护农民的利益不仅要求不与民争利，更重要的是要通过发展改善农民的生活，实现乡村的全面振兴。新一轮的土地制度改革要借助土地流转，壮大集体经济，通过探索农村土地适度规模化经营，促进农村经济的发展，让土地流转制度的改革成果惠及广大农民。这就要求政府出台多种优惠政策，吸引工商企业投资农村，引导外来投资者将土地流转效益按合理比例与农民分享，这不仅关系到土地流转的价格，更涉及由土地规模经营所带来的就业岗位增多、土地价值提升等红利。当前，全国各地在土地流转过程中探索出多种各具地方特色的流转模式，不同流转模式各有利弊，土地流转到底应采用何种模式，不管在实践中还是理论上都存在争议，但保障农民在土地流转中的合法权益应该作为基本导向，以此为基础推动农业现代化的进程。

2. 重视农村土地流转制度

促进农业生态安全的功能：农业生态安全是指农业赖以生存和发展的生态环境系统始终保持一种不受或少受生态破坏和环境污染的健康状态。在该状态下，农业有稳定和充足的自然资源可利用，能够生产出健康安全的农产品，并实现经济和社会的可持续性。农业生态安全是农业资源合理利用与保护的重要目标，也是农业可持续发展的基础。农地是农业生态系统整体结构中重要的环境资源要素，农地利用的方式和空间格局不同，农业生态系统中所包含的各种资源及其相互之间的物质能量交换方式也不同。因此，农业生态安全要求人类合理开发和利用农地资源，在发挥土地利用的经济功能的同时，维护土地的生态功能，使二者保持一定的平衡。

随着我国农业现代化的发展和农业物质技术水平的提升，发展适度规模化经营已经成为农业生产发展的必然选择。实践证明，加快推动农村土地流转已成为发展现代农业、保障农民权益、维持农村稳定的内在要求。农业生态安全要求实施兼顾农地经济效益和生态效益且能推动农业适度规模经营的农村土地流转模式，然而土地流转实践中却出现盲目追求农业规模经营的经济效益而忽视其生态效益的行为，造成农业生态环境的严重破坏，这就需要加强土地流转制度建设，要求土地流转法制建设中确立农业生态安全的理念，以发挥土地流转制度促进农业生态安全的功能。从制度实施的作用来看，发挥土地流转制度促进农业生态安全功能，不仅能够遏制土地流转中违规改变土地性质和用途的行为，消除土地流转中农地“非农化”“非粮化”所引发的粮食危机和环境污染、生态退化等不利后果，还能提升土地流转制度的整体社会效应。

3. 发挥农村土地流转制度推动乡村有效治理的功能

当前，扶贫攻坚在我国取得决定性胜利之后提高乡村治理能力和水平，推动乡村治理有效地实现已成为新时代解决“三农”问题的必然选择。毋庸置疑，促进乡村治理不仅能有效维护农民的合法权益，而且有利于实现乡村振兴的战略目标。然而，不可否认，现阶段我国乡村治理存在一系列问题，体现在：传统乡村价值体系衰落；部分乡镇基层政权悬浮、村民自治水平较低以及市场乏力；各治理主体之间的利益冲突加剧；制度供给与公共服务供给失衡；以及乡村治理中的精英俘获、强人政治、权力腐败等方面。从根本上说，乡村治理中的种种问题实质上是国家、社会、市场三方互动博弈的治理过程中出现的问题，而土地流转作为国家、社会、市场三方的博弈场，土地经营权流转中出现的问题是乡村治理问题的缩影，土地流转中的乡村治理的效果随土地流转中国家、社会、市场三方力量参与和作用的程度差异有所不同。

也就是说，土地流转中乡村治理的不同方向和效果与土地流转的方式、类型有着紧密的关联性。从土地流转的实践来看，土地流转采用何种方式、类型、模式取决于土地流转制度的功能定位。换言之，要实现土地流转中乡村有效治理的目标，则要求土地流转制度具有推动乡村有效治理的功能。发挥土地流转制度推动乡村治理有效的功能，在宏观层面，有利于实现乡村治理的方式、资源、能力、方向等由管理向服务、由汲取向给予、由被动向主动、由分配向契约等方面转变，从而带动乡村治理机制与治理模式的现代化转型和升级；从微观层面，有利于规范新土地经营的农业生产活动和工商企业的农业投资行为、制止土地流转和土地经营中出现的“马太效应”、平衡土地利益关系，为土地流转营造公平、和谐的乡村环境。

（二）符合未来功能目标的我国农村土地流转制度改革路径

1. 完善以保障农民合法权益为出发点的农村土地流转法律规范体系

由于农村土地流转实践中因流转立法不完善导致农民侵权案件一再发生，直接影响了土地流转制度的实施效果，也使农民对该制度的合理性产生质疑。因此，应完善以保障农民合法权益为出发点的农村土地流转法律规范体系。这需要从实体和程序两方面展开：

（1）从实体的层面

建立规范农村土地流转、保护农民权益的法律规范体系。面对当前土地流转法律规范数量众多、效力多层级性所带来的适用上的冲突与混乱问题，在立法上行之有效的方式就是出台《农村土地流转法》，以专门立法的形式明确农村土地流转的交易规则和规范土地流转市场，进一步优化农村土地三权分置的法律框架，对与农民利益密切相关的土地流转的程序、期限、用途、流转主体的责权利等方面作出明确的规定。尤其是应整合与协调各类土地流转的法律规范，进一步增强法律的可适用性。在此基础上，配套农地流转的价格机制、收益分配机制、监管机制以及纠纷解决机制，以规范交易行为，保障交易公平，减少土地流转纠纷的发生。

（2）从程序的层面

对土地流转活动实行全过程管理，并确立与之相对应的程序性规则。基于此，土地流转的程序性规则可以分为土地流转的准入程序、进行程序和退出程序。在土地流转的准入程序中，为了降低农民的土地流转风险和保证土地流转的交易安全，相关部门应对土地流入方的经营资质、履约能力、经营项目的选择等进行审查，只有符合土地流转要求的，才能申请流转土地；土地流转需向集体经济组织提出书面申请，未经批准私自流转土地的，流转行为无效。在土地流转的进行程序中，强化对土地流转过程中的合同管理以及完善土地流转权属证书的备案、存档、登记和发放管理。在土地流转的退出程序中，即在土地流转期限截止后，由发包方提出申请，经有关部门审核后报县农业农村局确认，由原发证单位注销土地流转权属证。

2. 建立以促进农业生态安全为切入点的农村土地流转监管机制

在促进经济社会全面绿色转型发展的背景下，对农村土地流转中的环境问题进行规制，关键是要建立以促进农业生态安全为切入点的农村土地流转监管机制，这是发展绿色农业经济、平衡土地开发的经济价值与生态价值的必然要求。为此，应在农村土地流转中建立政府主导、各部门协同合作的环境监督机制，以及建立土地流转中环境责任追究机制，以最终实现土地流转中的生态环境保护目标。

（1）建立以政府为主导的各部门协作的土地流转监督机制

为维护土地流转中的生态安全，应成立以地方政府为主导的各环境资源主管部门共同参与的专门机构，即土地流转环境规制委员会。该机构主要承担土地流转中资源与环境保护的监督管理工作，具体职能有：一是制定确立土地流转中的农业生态环境保护方案和目标任务；二是协调土地流转中的环境污染突发事故的应急、预警工作；三是监督对生态环境有影响的土地规模化经营活动，监督土地流转中的水、土壤、空气等的污染防治情况，组织协调土地流转中的生物多样性的保护工作；四是指导、参与和监督土地流转中的生态环境损害赔偿、生态补偿和生态修复工作；五是开展土地流转中环境问题专项执法检查活动，预防和打击土地流转中的各类环境违法行为，有效解决土地流转中的环境侵权纠纷。在明确土地流转环境规制委员会职责的基础上，需要打破各主管部门之间的壁垒，加强各主管部门之间的衔接、协调，做到有领导、有监督、有协作，促进各部门对土地流转中环境问题的协同治理。

（2）建立土地流转中的环境责任追究机制

对政府在土地流转中违法或不当行使环境职权造成环境损害的，撤销或变更违法行为，并对造成的环境损害进行赔偿；对政府未能及时制裁土地流转中的环境违法行为造成严重后果的，一律严格问责，建立环境责任终身追究机制；对环境保护和治理中权力寻租、玩忽职守、徇私舞弊等职务违法行为，由所在单位或上级部门给予行政处分，构成犯罪的，依法追究刑事责任。此外，对于土地流转中经营主体的环境违法行为的追责而言，根据“谁污染、谁治理”的原则，有生态破坏主体限期恢复原状、承担恢复原状的费用或者对环境损害予以赔偿等责任形式，对造成严重环境污染后果的，由环境保护主管部门对责任主体处以较大数额的罚款、责令停产整顿、暂扣或吊销许可证等环境行政处罚，以提高其环境违法的成本。

3. 健全以推动乡村有效治理为落脚点的农村土地流转配套制度

在统筹城乡发展、人地流动的背景下，迫切需要改变传统的封闭和排外的乡村治理体制，建立新型的开放、多元的乡村治理机制。而土地流转制度促进了乡村人地的流动，打破了村庄的地域边界与人口边界，推动了乡村社会治理体系的深刻变革。因此，土地流转制度的实施与乡村治理目标的实现具有一定的契合性，土地流转只有融于乡村治理体系中，以乡村有效治理为落脚点，才能更好地发挥其制度优势。而以推动乡村有效治理为落脚点的农村土地流转，除了完善土地流转法律规范体系和监管机制，更需要健全相关配套制度。

（1）建立土地流转的利益协调制度

土地流转中的利益协调制度要着眼于土地流转中的多元利益冲突，在制度设计上应包含以下内容：

第一，建立农村土地流转的利益表达机制。由于农民在土地流转中的经济地位、流转信息以及谈判能力等方面都处于劣势，要提高利益表达的能力，必须建立组织化的农民利益表达机构，以增强农民在土地流转决策中的影响力；此外，还应充分利用“互联网+”时代的短视频、微博、微信朋友圈和公众号等新媒体的作用，增加农民在土地流转中的利益表达渠道，使农民能通过多元化渠道表达自身的利益诉求。

第二，建立农村土地流转的利益协商机制。土地流转中各主体利益协商的前提是形成稳定的利益共同体，因此，应支持“农民以土地、劳动力分红，企业以资金、技术入股”方式，使农民与土地经营者形成互助共生的利益共同体，在此基础上，对土地流转的方式、规模、期限、用途以及土地增值收益的分配比例等事项建立常态化的协商机制。

第三，建立土地流转的利益调控机制。土地流转中的利益调控机制能保证土地增值收益分配的公平性，特别是能保障土地流转中弱势农户的利益。主要包括完善土地流转中的农民参与机制，保障农民在土地流转中的知情权、表决权、质询权与否决权；建立土地流转利益分享增长机制，将土地流转收益按经济发展水平合理调整的规定纳入流转协议之中，保证农民土地流转的长远收益；建立长效的土地流转纠纷化解机制，综合运用仲裁、调解、诉讼等多种纠纷化解形式，以有效解决土地流转纠纷。

（2）完善农村社会保障制度

农村社会保障制度的完善程度直接影响着土地流转的进程，制约着土地流转制度功能的发挥。为发挥土地流转制度推动乡村有效治理的功能，防止农民在土地流转后陷入生存困境，应从以下几方面完善农村社会保障制度：

一是拓宽农村社保范围。社保范围应将因土地流转而失去土地的农民纳入其中，同时规定参保自愿的原则，为提高失地农民参保的积极性，应降低农民参保的缴费基数、缴费年限。

二是优化农村社保的结构，创新覆盖多重风险的社会保障体系。农民除了享有最基本的医疗和养老保障外，还应享有生育、教育、就业、贫困、伤残、灾害等贯穿全生命周期的社会保障体系，积极探索试点土地承包经营权换城镇社保、宅基地使用权换城镇住房保障的“双置换”工作。

三是促进农村社会保障资金来源多元化。除财政全方位支持农村社会保障资金之外，可运用土地资本收益充实社保资金以及健全集体、个人缴费机制，还可以通过发行福利彩票和募捐、服务收费、征收社会保险税等形式拓展社保资金的来源渠道。

（3）改革户籍制度

在现有农村集体产权体制框架内，户籍制度依然是农村土地流转的制度性障碍。从实践来看，农村土地流转会带来人地分离，人地分离在现行城乡二元户籍制度的作用下会带来农村人口空心化问题，这种情况下必须加快户籍制度改革，其关键是取消户籍制度的社会资源分配功能，使户籍制度作为单一的人口登记制度。此外，在完善农村社会保障制度的前提下，还应出台促进城乡一体化的社会福利政策，实现城乡社会保障体系的对接和统一，以留住农村人口。同时，在土地流转中尝试建立“荣誉村民”制度，赋予城市户籍的投资人以“农民身份”，保障参与土地流转的城市户籍投资者的合法权益。

二、农业经营制度

（一）农业经营体系的演变与制度特征

现代农业经营体系经过几十年的发展，从弱小到庞大、从单一到多元，在实践中有多种不同的所有制形式、不同的经营方式，在不同的产业领域集聚现代农业生产要素，促进规模不断扩张、产业深度融合、新业态新动能发展壮大，表现出鲜明的内生制度特征。

1. 多元发展形成了中国现代农业经营体系的客观基础

不同于过去依靠众多同质的小农户从事农业生产活动的经营方式，主体多元既是中国现代农业经营体系最重要的基础特征，也是农业向现代农业演进中的必然现象。

近年来，随着工业化、城镇化快速发展，大量农村人口和劳动力向城市迁移，家家包地、户户务农的局面发生了重大变化，农村劳动力大量转移外出，土地经营权通过各种方式在不同主体间流转交易，实践中逐步形成了“集体所有、农户承包、多元经营”的土地“三权分置”制度格局。在新的制度格局下，“统”的层面形成了集体经济、合作社、龙头企业、社会化服务组织等多元化、多形式的经营服务体系，“分”的层面表现出普通农户、家庭农场、种养大户等多元经营主体共存的局面，由此构成了多元化的现代农业经营体系。

多元化体现了中国现代农业经营体系的本质特征，它的产生既是历史传承的结果，又是经济社会条件不断变化衍生的必然。一方面，家庭农场大都产生于普通农户、种养大户，合作社则是新时期农户自愿结合选择的组织形式，农业企业或源于乡镇企业，或是外来工商资本组合，各类新型农业经营主体根源于中国特殊的多元所有制形式，包括国有、集体所有、私有等；另一方面，不同的农业经营主体生成、发展，是城镇化、工业化快速发展推动城乡二元体制内在结构关系裂变组合的结果，形成了诸如农业共营制、产业化联合体以及其他形式的农业经营联盟。中国地区间经济社会发展的不平衡、农业资源禀赋的不均衡，决定了农业经营主体的多元化，也决定了中国农业经营模式的多样化选择。

2. 融合发展体现了中国现代农业经营体系的内生机理

普通农户、家庭农场、农民合作社、农业企业、社会化服务组织等各类农业经营主体由于各异的组合方式而具有不同的功能定位。从实践观察，不同主体之间呈现出差异化发展的内生机理和比较优势。随着农业产业形态的拓展和产业链条的延伸，不同主体之间功能互补，融合发展可以倍增优势和效率。这种融合产生于开放的背景，开放程度越高、分工分业越细、产业发展越快，各类农业经营主体的融合就越发重要。不同主体的融合发展表现出鲜明的渐进性，从20世纪80年代由简单市场契约决定的“公司+农户”，衍生为“公司+合作社+农户”，进而发展到现阶段的家庭农场联盟、合作社联合社等，内含多种资源组合方式和运行机理，都是不同主体融合发展的最好实践。

中国现代农业经营体系中的各类主体在发挥各自优势的同时，通过相互融合建立紧密的利益联结和分配机制，延长了产业链、提升了价值链、完善了供应链、拓展了生态链，形成了互融共通、协同发展、共同壮大的高效经营模式。

3. 共享发展实现了中国现代农业经营体系的根本要求

各类新型农业经营主体发育成长表现出的人人参与、人人共享的制度特征，不仅有利于各类新型农业经营主体发展壮大，也有利于形成互助多赢的利益格局，最终实现共同分享工业化、城镇化和农业现代化发展红利的目标。

从共享的本质看，一方面，共享是农业产业链延伸、作业环节增加、分工分业深化产生的要求。构建中国现代农业经营体系要通过体制机制创新，建立共享机制，促进土地、劳动力、资本、信息等各类资源要素的优化配置，兼顾处理好企业与农民、合作社与农民、企业与家庭农场的关系，让参与的农民能够分享现代农业生产进步的成果，这是共享经济内生的基本规定。

另一方面，共享是利益分配的必然要求。过去长时期内，共享简单地表现为买卖关系、契约关系。现阶段要在此基础上实现互助共赢、融合发展，且随着多元所有制、多种经营方式构成的混合经济发展，各类新型经营主体与农民之间将逐步形成资源共用、风险共担、利益共享的紧密联系层，需要帮助农民在生产经营、利润分配环节获得更多发言权、收益权，有更多获得感，进而推进多元主体可持续发展。这也是中国特色以人民为中心的发展观在农业领域的本质体现。主体多元、融合发展、利益共享的组织内涵特征，决定了中国特色的立体式、复合型现代农业经营体系发展新格局，也为实现多元主体不同的功能定位，以及明确政府在支持和引导多元主体健康可持续发展方面的行为导向明确了制度前提。

（二）多元农业经营主体的功能定位

现代农业发展到今天，无论是从纵向抑或是从横向角度观察，其生成出的若干生产环节和多产业衍生形态，在很大程度上颠覆了人们对农业的传统认知。而各类新型农业经营主体则在现代农业不同环节、不同层面创造并扮演着不同角色。正是这些差异化的功能定位和分工，激活了农业发展所需的各种资源要素，推动了传统农业向现代农业的历史性转变。

1. 家庭农场

家庭农场以家庭为基本生产经营单位，以家庭成员为主要劳动力，具有产权关系清晰、治理结构单一、利益关系直接、监督成本较低等显著特点。在农产品直接生产过程中，家庭农场既能保证最大产出还能有效降低生产成本，相对于其他主体具有不可替代的优势。家庭经营是农业生产最有效率的经营方式的论断，无论在理论上还是在实践中，都已经得到了充分的验证。

建设现代农业，对于中国这样一个大国，最重要的任务是确保国家粮食安全和农产品总量供给，“要把中国人的饭碗牢牢端在自己手中”。因此，在农业生产尤其是粮食生产过程中，要充分发挥家庭农场的基础性作用。

2. 农民合作社

农民合作社集生产主体和服务主体为一身，融普通农户和新型主体于一体，具有联系农民、服务自我的独特功能。对于人多地少资源禀赋的国家而言，农民之间的合作是增强谈判能力、实现小农户融入大市场的最重要方式。就中国现实情况看，无论是数量众多的普通农户，还是具有一定经营规模的家庭农场和种养大户，面对日益开放的外部环境，与市场化大生产仍难实现无缝衔接，由此决定了农民间互助合作的重要性。

中外农民合作化的实践反复验证，农民通过合作化的组织形式：

（1）有助于降低交易费用

合作社对单个农户独立面对市场交易行为的大量替代，有效降低了农户与各类市场主体间的博弈要求，从而减少了交易费用。

（2）有助于降低生产成本

合作社为成员提供农资采购、作业服务、技术指导等团购服务，通过规模优势，不仅降低了单个成员成本，还能有效保证生产经营和服务作业的质量。

（3）有助于增加收入

合作社通过规模经营以及提高议价能力实现优质优价、发展加工流通提供盈余返还，多途径提高了农业经营效益，增加了成员收入。

（4）有助于共享收益

合作社通过“一人一票”、按交易量（额）返还盈余的制度设计，确保所有成员，包括贫弱农民成员在内，都能平等享受服务和收益。

3. 农业企业

农业企业作为现代经营组织形式，产权明晰、治理结构完善、管理效率较高、技术装备先进、融资和抗风险能力较强，在物质投入、人力资本、技术开发等方面的优势是其他农业经营形式和组织方式难以复制的。从全球农业发展经验和中国实践看，农业企业已经成为现代农业经营体系不可或缺的重要组成部分，在引领众多经营主体发展现代农业方面具有示范效应和导向性作用。因此，要充分发挥农业企业的优势，凸显其在高端农产品生产、精深加工、品牌打造、营销渠道建设等方面的功能。通过“公司＋农户”“公司＋合作社＋农户”等组织模式，让企业与农户形成利益共同体。

4. 社会化服务组织

现代农业的本质是以最小的投入实现最大化的可持续发展，必须大力培育发展各类经营主体来提升农业质量效益和竞争力，促进农业转型升级，加快传统农业向现代农业的转变。在这个过程中，必须着力把握好几个方面的原则。

（1）要坚持家庭经营的基础地位

当前和今后相当长一段时间内，普通农户仍是中国农业生产经营的重要基础，在数量上占据主导地位，普通农户本身也是家庭农场等经营组织赖以形成的丰厚土壤和载体。普通农户和新型经营主体长期共存，这是人多地少国家农业发展的普遍规律，也是中国推进农业现代化的基本遵循。任何时候农民都处在“三农”的核心地位，发展现代农业，培育新型经营主体，既要着眼解决农业问题，也要着眼解决农民问题。要实现普通农户和现代农业的有机衔接，继续加大对小农户的扶持力度，引导农户加强联合与合作，通过联户经营、共营等多种方式探索不同农业生产要素的不同匹配方式，应用先进的科技和生产手段，着力提高农业集约化、组织化水平。

（2）要坚持多元经营方式共同发展。

从各地实践看，普通农户、家庭农场、农民合作社、农业企业以及各类农业社会化服务组织，各有其运营的比较优势，功能定位不同，都有各自的适应性和发展空间，不应有所谓所有制形式或组织架构的优劣之分。中国农业的多形态特性和农产品的多类型特性决定了新型经营主体的多元化特性。各地资源禀赋、产业基础千差万别，哪些地方适用什么经营形式，哪类组织形式具有生命力，要根据各地实际和不同农产品的生产特点，让农民自主选择。建立健全新型农业经营体系，要始终坚持普通农户是基础，家庭农场是骨干，农民合作社是中坚，龙头企业是引领的模式，同时要扶持发挥农业社会化服务组织的支撑保障作用。既要鼓励支持各类主体竞相发展，发挥各自优势，又要引导各类主体相互融合、良性互动、协同发展，建立紧密的利益联结机制，从而推动新型农业经营体系发展壮大，不搞一个模式、一个标准。

（3）要坚持市场经济的行为导向

国家通过完善政策法规等手段赋予新型经营主体平等市场主体地位，支持其在激烈市场竞争中生存和发展壮大，提升市场竞争力。同时，防止新型农业经营主体形成“政策依赖症”，努力规避一些东亚国家农业经营模式的内生缺陷。

（三）农业经营体系的发展趋势

中国特色现代农业经营体系表现出分层化、规模化、专业化、协同化、企业化和规范化的发展趋向。

1. 分层化

随着中国城镇化、工业化继续推进，普通农户数量和农业从业人员数量还会持续以每年数以千万计的速度减少。与此同时，农业发展呈现越来越开放的态势，将有数以百万计的新型经营主体进入农业，农民分化、主体分层趋势日趋明显。

2. 规模化

通过规模经营产生经济利润，这是中国各类新型主体的发展方向。规模化要立足于两个方面：

（1）主体自身规模化

农业经营主体数量减少、单体经营面积扩大是农业基本发展规律。

（2）经营服务面积规模化

新型主体往往具有较强的资金、技术、市场等资源优势，随着经营期限的延长、经验的积累、能力的提升，其规模经营的面积将不断扩大，直至达到与自身能力、资源条件相匹配的最优规模。值得提醒的是，经营规模的扩张应与经营主体的生产经营管理能力相吻合；社会化服务组织带动的服务型规模经营，应根据服务能力和经营利润确定最优的服务半径和范围。

3. 专业化

现代农业发展是竞争力不断提升的过程，生产专业化既是核心支撑，也是社会分工在农业产业链中深化的必然结果。

（1）经营产业高度集中化

农业生产经营涉及多个环节和领域，不同农业经营主体有不同的经营优势。如何使各类经营主体的优势在不同生产经营环节中得到充分体现，如何将同类的农产品和生产环节向同一类型的经营主体集中，关键是要立足自身比较优势、选择优势产业、专注优势环节，让最适合的主体生产最适合的产品、提供最适合的服务。

（2）农业经营主体职业化

打造中国的强势农业，不仅需要数以亿计的传统小农基础的支撑，更需要推进农业经营主体职业化，培育一批专业经营主体。这是提升和保持中国农业长期竞争力的奠基石，是未来中国农业发展的重大战略目标。

（3）农业生产性服务业高度发达

现代农业分工分业的要求，使农业生产性服务业的功能作用日益凸显。因此，要将培育农业生产性服务战略性产业作为目标，大力发展农业生产性服务业，以促进现代农业发展。

4. 协同化

协同发展与中国现代农业经营体系多元、融合和共享的组织特征一脉相承。在日益激烈的竞争环境下，尤其是面对国际市场剧烈冲击，单独的农业经营主体势单力薄，难以胜出，只有相互协作、配合，形成稳定的利益联结机制，才能够发展壮大。这不仅体现在不同主体之间更紧密的合作上，包括公司与家庭农场和种养大户之间、公司与合作社之间、合作社与普通农户之间，也体现在同一类型主体内部的整合上。合作社在一定范围内联合形成的合作联社，家庭农场规模的扩大和不同农场之间的联盟，农业产业化经营组织按照生产类别、从业范围形成的产业化联合体，都表现出协同共赢的制度绩效。在协同发展的过程中，不同经营主体可以发挥各自优势，弥补不足，共同承担市场风险，分享利益所得，形成一个相互关系更加密切和稳定的框架体系，从而有利于竞争力的提升。

5. 企业化

提升农业竞争力，企业化经营方式是未来趋势，农业经营主体的法人化特征也越来越明显。中国农业企业化经营是一个需要长期追求的选项和实现过程，它丰富了多元新型农业经营主体自身发展壮大的路径选择，但企业化绝不是唯一的发展趋向，万不可超越历史发展阶段，做出错误的行为选择。

6. 规范化

从国际经验看，农业经营主体从数量增长到质量提升是必然选择。中国已经进入促进各类新型主体规范发展的关键阶段，家庭农场、合作社、农业产业化组织如何实现由数量增长向质量提升转变，如何做大做强实现可持续发展，提升经营管理水平至为关键。规范发展的各类新型农业经营主体，也是培育发展家庭农场联盟、合作社联合社、农业产业化联合体等新型联合组织的微观基础。提升经营主体的规范化管理水平，必须把握好各主体的本质特征，逐步实现决策管理与生产经营的分离，筑牢新型经营主体与普通农户的利益联结机制，探索建立职业经理人管理的治理结构，在规范管理中做大做强、在做大做强中不断规范，建立健全支撑中国农业发展的现代农业经营体系。

三、农业财税制度

（一）财税制度改革的意义

建立科学的财税制度一方面有利于反映当代农村经济发展的实际情况，一方面也有利于反映国际上的通行做法，并且通过法律法制的保障明确权利与责任的关系。建立财税制度意味着收税、财政支出、预算管理都有法可依，具有一定的规范性和完整性，使得财政收支不能过分随意，并且全过程都将受到监督。乡村振兴战略的实现需要进行农村改革，农村财税制度是乡村振兴战略的重要组成和核心推动力。农村财税改革制度是全面建成小康社会、实现现代化建设的战略决策，也是形成社会主义现代化国家的必然要求。是实现城市乡村的共同发展、双方利益互赢，推动乡村振兴计划的重要保障。农村财税制度改革着眼于全面建成小康社会、是推动现代化建设的必要战略，是实现乡村振兴的核心战略环节，在现代背景下农村“空心化”逐步拉低农村经济发展，这就要求需要统筹好农村经济建设，实现“产业兴旺，生活富裕”，使得农业有更好的发展前景。着眼农业经济，开辟新思路，使其成为又一经济发展主力，同时带动文件建设、生态文明建设几个方面，实现城市农村的均衡发展，争取互助互赢、互惠互利，而不是进城务工拖垮农村劳动力和农村经济建设。实现符合农村经济的财税制度，以及完善财税制度的改革能为农村的农业创新，农业经济的发展，以及乡村建设带来新动力，新气象。只有全面实施城乡地区的共同发展，实现合理的财税制度改革，才能推动我国经济的总体发展，是全面建设社会主义现代化强国的必然要求。

（二）农村财税制度改革的思考

1. 我国农村财税制度改革发展过程中的局限性

随着市场经济与工业化建设的日益发展，传统的农村财税制度已经很难达到较为理想的应用状态。一方面原先农村财税制度实施的局限性使得有部分乡村陷入土地产权权能缺失的问题，导致农民的平均收入增长较低，经济增长速度无法追上城市经济发展。

农村经济发展出现了僵局，打破了城乡共同发展协同进步的平衡。另一方面由于传统的乡村财税制度缺乏平衡作用，使得很多农民在从事农业生产时存在一定的消极性和被动性，生产力未能全面有效地使用。近代以来，改革开放前，国家重视重工业，实行高度集中的“统收统支体制”，导致经济机制发展缓慢无法因地制宜实施财税政策，桎梏了农村经济发展的诸多可能性，1994 年国家实行分税制财政体制，一定程度上提高了税制改革为经济体制发展带来的效率，但这种体制不完善，国家收回立法权，基层税种不完善，基层政府使用财政收入进行基层建设存在漏洞，国家财政收入显著增加，却不利于各地方政府的财政收入增加，在实行中财产事权相矛盾，据调查显示，各地方财政支出远远大于国家财政支出，形成了财政收入无法合理分配，真正“把钱用在刀刃上”等诸多问题。

2. 农村财税制度改革中政府监督机制不够完善

我国实行的财政转移制度主要包括：一般性转移支付，专项转移支付，以及税收返还，一般性转移制度主要是国家将财政收入转移给政府，但财政收入缺少完善的分配机制并存在漏洞，农村财税制度改革受益主体主要是广大农民，现行财税制度多实行上传下达，个别地方税种繁多。自 2016 年取消农业税以来，农民收入并没有因此大幅提升，而且出现了乱收管理费以及各种税费等现象，农民权利缺失，基层群众主要采取听证会、报告会等获取信息，缺少决策监督机构，无法实行有效的建议决策机制。政府无法真正做到从群众中来到群众中去，阻碍了财税制度实施的效率和效果。其次农村这种现象很大程度阻碍了乡村振兴发展财税制度改革的实施乃至全面建成小康社会的完成，不利于我国实现社会主义现代化强国的中国梦。

3. 农村财税制度改革缺乏基础保障

一方面，农村财税改革实施受到的阻碍一方面是农乡地形地质所形成的差距，一般来说，农乡都是处于山区中，交通运输的局限性导致了进出困难，这种差异性渐渐导致了科技落后、意识落后的现象；农村农民的教育不够完善，外面的教师不愿意进乡教书。导致乡村缺乏教育。其次，城市人员流动率大，需求高，公共产品供给多倾向于城市，农村公共产品不健全。多数政府用财政收入搞“政绩”建设“面子工程”，无法真正做到惠民，补全民需公共产品。以至于医疗、卫生、教育等发展滞缓。城乡公共物品无法统筹，导致城乡发展二元化经济结构日益加剧。

另一方面，人是劳动力的主体，随着乡村振兴战略的提出，人们愈来愈了解并关注农村城市的发展。以工促农，以城带乡，农村城市化，城乡一体化成为乡村振兴下的又一有力特征，然而城乡发展趋同却又存在重大差距，是财税改革存在的阻碍。在如今城市化建设大规模化、经济科技高度发展的背景下，农村生产力低下、经济发展落后与城市形成鲜明的对比和差距，更多劳动力选择到城市发展，出现“农村空心化”现象，使得乡村生产劳动力小，财税改革实施效果受到阻碍。

（三）农村财税制度改革的措施

1. 完善分税制度改革使农民真正得到实惠

亚当·斯密在《国富论》中说到依靠“看不见的手”可以达到供需平衡。提倡政府充当守夜人角色，分税制度下无法做到因地制宜，因此适当下放税收立法权，各级基层政府可以根据实际情况制定符合当地情况的税收政策。2012 年国家实行营业税改增值税是社会生产力进步，经济发展的显著特征。政府应当根据当下实际情况制定合理政策，合理划分税种，完善增值税、农村房产税、耕地占用税，或是免税，多予，少取，放活。增加农民收入，改观实质性问题，做到不乱收费，农民收入有显著提升时可以根据实际情况增加新税种，开辟新税源，增加政府财政收入，以此补足财政不足等问题。

2. 健全政府监督机制促进农村财税制度合理运行

分税制度下，完善各级职能，划分清职权，事权，下达政策时，多听取农民意见，完善村民委员会、村民代表大会等机制，群策群力，听取民意。在财政转移支付制度下，缺少科学准确的分配，政府应建立健全科学的专门预算机构，精准进行专项转移支付拨款，防止在城乡发展日益差距拉大下，城乡无法统筹，使得城市在高经济科技水平下需要发展资金更多，城市越来越富有，乡村越来越贫困的剪刀差差距的拉大。建立“政府财政收支明细表”公开制度，使得政府财政开支更透明，更易于民众理解与支持。防止个别政府投机取巧，贪污腐败不良事件的发生。

3. 加大农村集体建设改革力度，完善公共产品补给，促进农民的积极性

随着乡村振兴战略的实施，城乡一体化建设的不断推进，国家政府领导应加大对于乡村振兴战略的执行力度，把握乡村建设的总体规划和发展战略，对于全国农村现况进行全面的分析、整合，并推行农村财税制度改革。农村财税制度的深化改革需要政府与各级领导共同努力实现，为推进城乡一体化建设工作提供有力支持。实现农村经济建设需要各级政府建立一套完善化、科学化的治理体系，明确农村发展中不同主体的权责，以避免执行过程中出现无章可循的局面，促进协调农乡共同发展过程中所遇到的矛盾。大道通则经济通，一个国家、一个民族、一个地区想要发展、想要富裕就必须修路，目前很多山区道路阻塞，难以通行，也是乡村振兴战略实施中的巨大问题，改变交通问题是提高农村财税改革实施效率的关键。统筹城乡基础产品供给，建立科学的公共产品供给机制，真正实现人民当家作主，政府提供公共产品，供给要真正均等化，不能够因为经济以及城市的发展水平而决定产品供给的多少，实现城乡发展一体化，加大农村便捷建设，完善农村基础设施建设。

现阶段想要落实农村财税制度改革，不仅需要政府领导的实施和完善，更需要提高农民良好的积极性。对于贫瘠地区，财税制度可以相应的调节，放松税收要求，减税，或是免税，有利于引导促进农民的积极性。最大限度地保障广大农民的集体利益，引导其积极向上、努力耕耘，为改革工作的深入推进奠定一定的群众基础。并且从文化软实

力上发展农村优良文化习俗，带动文化影响力。以软实力影响经济，促进经济发展，带动农民积极性，完善财税制度，实现乡村振兴以及中国梦。

四、农业组织制度

（一）完善内部制度安排

1. 应制定科学的集体经济组织设立制度

农村集体经济组织的规模相对较大，并且内部烦琐复杂，整体的设置流程也会历经较多的环节。例如，成立后需要进行分类，然后再进行合并以及终止。每一个流程都会涉及不同的工作内容，为了保证相关工作的顺利推进，保证组织的稳步运营，负责人需要将整体组织的结构与当地行政村组的区域设置相对接，保证两者达到匹配状态。结合我国当前对集体经济组织制度建设所设立的相关原则分析来看，当农村在成立集体经济组织时，需要统一规范整体组织的名称，例如合作社。同时，针对集体经济组织的所有权以及资产产权归属，在设立制度时也应该进行合理的明确。如果农村人口较少，以上权利可被依法认定为农民集体所有，并以完整集体经济合作社的形式实施权利；如果农村人口数量相对较多，那么在村内可成立不同的村民小组，由小组为单位，进行群众性生产生活。而上述所提及的各项资源及权利归属，则可依法认为是农民集体小组所有。除此之外，在以往的社会环境中，我国大部分农村的集体经济组织模式存在较高的政治性及经济性。但随着时代的变迁，这两种特性逐渐弱化，对此在设立制度时，负责人可重新调整，按照现代企业制度对经济组织制度加以优化完善。农村集体经济组织需要设立完整的章程，而针对章程内容标准，则需要遵循国家的相关法律法规。在确定好基本章程内容后，组织成员可通过召开会议的方式决定内容是否合理，以完整且合法合理的章程体系，打造集体经济组织制度。

2. 应制定健全的治理制度

针对整个集体经济组织来说，应该有一个专门的企业法人，由其代表整个组织开展各项治理活动。在当前社会，我国全面推进人本化管理与民主化管理等相关理念，所以农村集体经济组织也可践行这一思想，打造民主经营管理机制。在整个组织内，主要权力机构包括村民会议或村民小组，而执行机构为理事会。在确定好组织章程后，权力机构需要按照章程中相关要求召开村民小组会议。随着时间的推移，无论是组织法人还是各机构中的管理人员，都需要开展同步换届活动。针对整个组织中的经济结构与自治结构，管理人员可身兼数职，但在具体工作中，其应该保证可以分开职能、分开资产、分开财务，确保两项工作同步进行，但不能相互干扰。

3. 应制定明晰的产权制度

结合我国的宪法以及物权法分析来看，针对国有财产，集体财产以及私人财产都进行了明确的概念界定与界限界定。并且针对不同类型的财产，也均有一套完整的法律保护，具有一定的平等性与安全性。但相较于其他两者来说，集体财产还存在一定的缺陷。根据农村集体经济组织性质分析来看，该组织所形成的集体财产主要可以被划分成两种，分别为经营资产与非经营资产。针对两种不同性质的资产，组织方面需要设立不同的约束制度，并且由不同的部门、不同组织实施管理以及产权。

具体来说，针对非经营性的集体所有资产，主要负责人、管理人为村委会以及村民小组委员会，并且这一部分资产不得用于农村担保活动；针对经营性集体所有资产，主要负责人、管理人为整个组织的代表。并且在经营性资产中，又可被细化出资源性资产与非资源性资产。针对两种不同形式也需要分别设立管理制度，以分类经营制度的模式加强管理稳定性与管理效果。例如在原则上，对资源性资产进行承包性经营。而非资源性资产，则可由集体经济组织自行决定经营模式。但无论是资源性资产还是非资源性资产，集体经济组织均无权用于担保与偿债。

（二）完善外部制度关系

1. 要完善村民自治制度

结合我国目前所实施的村民委员会组织法分析来看，村民委员会是一种基层性与自治性较强的管理组织，由村民实施自我管理，自我教育以及自我服务。并且，村民委员会的成立是具有较强民主性的，村民需要通过民主选举民主决策，形成完整委员会。在委员会的日常发展中，村民也有权对其实施民主管理及民主监督。村民委员会需要支持村民所成立的合作经济体系与其他经济体系，但前提要保证该体系合法。但我国农村在实施村民自治制度时，也存在一些问题。具体表现在两点：第一，村民委员会与集体经济组织存在概念混淆与关系混淆的问题；第二，村民组织机构的职权并未进行清晰划分。针对上述问题，在推进农村集体经济组织制度建设工作时，负责人就需要对外部制度的关系加以适当优化，达到完整的村民自治制度。具体来说，表现在以下两方面：如果农村人口相对较少，村内可不成立村民小组，而只成立村民委员会。通过村民民主选举的方式，设立委员会中的主任、副主任与委员。委员会工作者有权管理本村的公益事业及公务事业，也需要解决村民的经济问题、生活问题与纠纷问题，保证农村的和谐发展。同时，其也有权管理村内的非经营性集体资产；如果农村人口相对较多，那么该村不仅要设立村民委员会，同时也需要成立与之有所区分的村民小组委员会。两个组织机构分别存在，相互制约，相互辅助。

2. 要完善农村社会化服务体系

在当前社会，要充分发挥集体经济组织制度在农村发展中所产生的积极影响，就必须要为其打造完整的配套社会服务体系，以此为各类农民提供全方位的合作经济支撑与农业产业支撑。并且，社会化服务体系的构建，也可降低农民进入市场时所面临的各种压力、所需要承担的市场风险，以双层经营体制，提升农村经济效益。

（三）完善相关制度环境

1. 应加快相关法律体系的建设速度

现阶段，集体经济组织在我国农村领域的发展速度相对较快，所涵盖的范围也在不断扩大，逐渐呈现出普遍存在的发展状态。甚至集体经济组织已逐渐进入到市场经济体制，但其所遵循的管理规则与管理体系与其他经济组织之间具有明显的差异，所以国家方面需要为其设立独特性、贴合性较强的法律体系，以此对其形成有效规范。站在国际角度上分析，目前很多国家均已出台了相关法律法规。尤其是发达国家在此领域的发展，积累了较为丰富的经验，能够在法律角度上，贯彻依法行政的职责，规范农村集体经济组织的各种行为。基于这一前提，我国在发展中可以适当地采纳借鉴，成立完整且专门的农村集体经济组织法，明确规定该组织的性质，合理划分职能，清晰设定任务，明晰权利义务，以完整法律条文形式对其进行明文规定。在制定法律时，应保证可以突出集体经济组织的特色性，民主性与自治性，切实解决组织内身份证明的问题、内外监督的问题以及分类管理的问题，既能够增强农村集体经济组织的整体价值以及农村集体资产的保值，同时也可满足社会主义市场经济发展的相关要求。针对原有制度中所存在的一些模糊不清或者定位不明的问题，负责人也需要进一步改善优化。

2. 应进一步完善农村综合管理体制

具体来说，包括以下三点：

（1）对农村税费进行进一步的深化以及改革

自 2000 年我国完成农村税费改革任务之后，我国农民所承担的负担得到了有效的缓解，但其中也存在一些漏洞。例如土地收益权并未达到统一规范状态。在未来发展中，相关领域可结合原有制度存在的缺陷漏洞，进一步加强监管完善，避免农村集体经济组织乱收费、乱罚款等问题的出现。

（2）积极推进乡镇机构改革

在该任务推进的过程中需要全面落实统一、精简的工作原则，打造规范性、协调性、公正性、廉洁性较强的行政体制与运行体制，保证农村集体经济组织的职责与义务可得到最大程度的发挥。

（3）应完善县乡财政管理体系

对不同领域的乡镇及村组实施全方位的经费转移支付改革。例如行政管理费用，义务教育费用，社会保障费用等，规范农村集体经济组织的收支行为，避免公款挪用问题的产生。与此同时，相关部门需要加大农业投入力度与农村投入力度，为农村集体经济组织提供稳定支撑。

第三节　提高农村经济发展的技术含量

农村经济想要获得突破性发展，就要提高技术含量，这样才能提高农村经济发展的科学性以及合理性。农业经济管理可以为农村经济的发展提供支撑，促进农村经济符合时代发展的需要。广大农民群众要充分认识农村经济管理的作用与重要性，明确农村经济管理的促进作用，扩大农村经济发展的适用范围，将农村经济管理作为第一应用制度，促进农村经济可持续发展。

一、农业循环经济发展的技术支持

（一）清洁化生产技术

1. 有机农业生产技术

有机农业于 20 世纪 20 年代首先在法国和瑞士提出，是一种劳动密集型的农业，需要较多的劳动力，同时有机农业的发展有助于提高农民的就业率。另外，有机农业的发展可以更多地向社会提供纯天然无污染的有机食品，满足人们的需要。当前的有机农业采用了注重生态的系统方法，包括长期规划、详细跟踪记录以及对设备和辅助设施的大笔投资等。

有机农业生产关键技术体系主要是通过改良土壤环境、开发包括生物农药、控释肥在内的有机肥及生物可降解膜等建立起来的。在管理体系方面，有机农业是在借鉴国外有机农业相关管理经验的基础上，结合当地的实际情况，对适合当地的有机农业管理模式进行探索。在服务体系方面，有机农业主要是对适合当地的有机农产品服务和销售体系进行探索。

2. 生态农业生产技术

现代农业发展的趋势和新特色是生态农业，其概念最早于 1970 年由美国科学家提出，其特点主要为：适应性、高效性、综合性和可持续性。生态农业的概念主要有以下几种：一是在大农业发展的基础上，对生产进行稳定，与此同时，综合对农林牧副渔的发展进行促进；二是对人工生态系统不断地进行改造，以实现对资源的充分、合理利用，用最少的经济投入获得优质高产；三是生态农产品应是一种新型农业产品，其突出特点是无公害、高产出、低投入、高效益、无污染。

现代农业涉及的主要技术包括：不使用基因改良、辐射等技术；严禁施用化肥和杀虫剂，合理施用充分腐熟的有机肥；实行作物轮作制；饲养业的原料必须选择生态农产品，不可对家畜进行荷尔蒙的注射，以保证家畜不受污染和损害等。

3. 农作物秸秆处理技术

（1）秸秆还田技术

秸秆还田技术是近些年进行推广并逐渐发展成熟起来的清洁化农业生产技术，是现代农业生产发展的必然趋势，也是农业可持续发展的一项重要技术措施。随着农村经济的快速发展和农民生活水平的不断提高，作物秸秆已不再担当农村主要燃料的角色。因此，将秸秆进行还田处理，可以提高土壤肥力，提高农产品品质，保障作物稳产增产。但秸秆还田技术性较强，如果不能正确掌握秸秆还田技术，秸秆还田后不仅不能增产，反而会引起作物减产。

秸秆还田，可以有效增加土壤有机质含量，改良土壤结构，培肥地力，改善土壤团粒结构，增强土壤通透能力；同时，还可改善农田环境，抑制杂草和病虫害的发生。坚持常年秸秆还田，不但对当季作物有显著增产作用，而且后效十分显著，对下茬作物有持续增产的作用。秸秆还田还有减少秸秆焚烧、减少环境污染、减轻劳动强度、加快收种进度等多方面的生态效益和社会效益。秸秆还田的主要技术包括秸秆直接还田、秸秆间接还田、秸秆生化腐熟快速还田等多种技术措施，可根据当地农业生产实际采取最佳技术措施。

（2）秸秆饲料加工技术

秸秆饲料的加工调制方法一般可分为物理处理、化学处理和生物处理3种。具体地说，物理加工处理方法包括粉碎软化、压块制粒、热喷处理、挤压膨化等；化学加工处理方法包括碱化处理、氧化剂处理、氨化处理、复合化学处理；生物加工处理方法包括青贮技术、微贮技术等。

（3）秸秆能源化技术

秸秆能源化利用技术主要包括秸秆沼气（生物气化）、秸秆固化成型燃料、秸秆热解气化、直燃发电和秸秆干馏等方式。

（4）秸秆的工业应用

作物秸秆工业用途广泛，综合利用作物秸秆，经济效益较好，不仅能够大量地转化废弃的秸秆，还可将潜在的环境污染进行消除。我国目前利用秸秆作为材料的工业原料大致可分为以下4种模式：秸秆碎料板、秸秆中密度纤维板、秸秆轻质墙体内衬材料、秸秆包装垫枕。秸秆的工业应用主要的途径有：生产可降解的包装材料、用作建筑装饰材料、生产工业原料、用作食用菌的培养基、用于编织业等。可以肯定，农作物秸秆将成为我国以及世界上最大的森林资源替代原料。

（二）设施农业技术

设施农业是指具有一定设施，在局部范围内改善或创造环境气象因素，为动植物生长发育提供良好的环境条件，而进行高效农业生产的方式。设施农业技术主要包括以下几种技术：

1. 温室智能监控技术

随着日光温室的迅速增多，人们对其性能要求逐渐提高，特别是为了提高生产效率，对大棚的自动化程度要求也越来越高，因此组建相应的温室智能化监控系统已成为一种必要。温室智能监控技术可以为植物提供一个理想的生长环境，并能起到减轻人的劳动强度、提高设备利用率、改善温室气候、减少病虫害、增加作物产量等作用。智能温室监控系统具有人机交互界面，全汉字动态液晶屏显示，能够实时显示环境的基本参数，可以实现控制参数的录入及信息采集、运行情况的监控，从而实现复杂的流程控制，还可脱离计算机监控软件单独运行。

2. 无土栽培技术

无土栽培是一门新兴的技术，其是在植物矿质营养学研究的基础上发展起来的，采用营养液进行灌溉的方法进行栽培。由于无土栽培可人工创造良好的根际环境，以取代土壤环境，有效地防止土壤连作产生的病害及土壤盐分积累所造成的生理障碍，充分满足作物对水分、矿质营养、气体等环境条件的需要，栽培用的基本材料又可以循环利用，因此具有省肥、省水、省工、高产优质等特点。无土栽培中营养液成分易于控制，而且可以随时调节，在光照、温度适宜而没有土壤的地方，如海滩、沙漠、荒岛等地，只要有一定量的淡水供应便可进行。

3. 温室滴灌技术

日光温室滴灌是一种新型的节水灌溉技术，其节水效果明显，据估算，温室采用滴灌每次只需水 105 ~ 150 m^3/hm^2，而沟灌每次需水 300 m^3/hm^2，每季作物可节水 1800 m^3/hm^2。同时，滴灌设施在防止蔬菜病害发生、节省肥料和增产方面也具有较大优势，表现在以下 4 个方面：一是膜下滴灌降低了日光温室中的空气湿度，可有效地防止蔬菜病害的发生；二是化肥随水直接输送到作物的根部，可实现精准施肥，提高肥料的利用率；三是可提高地温 2 ~ 3 ℃，使产品提前 10 d 左右上市，有利于经济效益的提高；四是滴灌无需人工护渠，省工、省地、省力，容易被菜农接受。

4.CO_2 气肥技术

CO_2 气肥技术是一项农业新技术，其是随着设施栽培技术而发展起来的。CO_2 是光合作用的原料，如果把 CO_2 浓度从大气的浓度（300 mg/kg 左右）提高到 1000 mg/kg，植物的光合效率可提高 1 倍以上；而如果把 CO_2 浓度降低到 50 mg/kg，光合作用因缺乏原料而停止。CO_2 浓度在 100 ~ 2 000 mg/kg，作物产量随 CO_2 浓度的增加而有所提高。CO_2 气肥类型有多种，目前在生产上普遍采用的是化学反应法、微生物发酵法、燃烧法 3 种。化学反应法具有成本低、产气时间和产气量容易控制等特点，微生物发酵法则不需要产气设备，具有省工、省力、安全等优点。

(三)立体栽培技术

立体栽培就是采取合理的间混套作技术和多熟种植技术。无土栽培因其基质轻,营养液供给系统易实现自动化而最适宜进行立体栽培。近年来,应用无土栽培技术进行立体栽培形式主要有袋式、吊槽式、三层槽式、立柱式4种。墙体栽培是利用特定的栽培设备附着在建筑物的墙体表,不仅不会影响墙体的坚固度,而且对墙体还能起到一定的保护作用。植株的立体种植,有效地利用了空间,节约了土地,实现了单位面积上的更大产出。墙体栽培的植株采光性较普通平面栽培更好,因此其太阳光能的利用效率更高。

(四)农业标准化技术

农业标准化是工业化理念下的新农业,具有明显的统一性和全程性的特点,涵盖农业生产全过程,被形容为“从农田到餐桌”的标准化管理。可以说,农业标准化是现代农业的标志。

河南、山东等农业大省改变传统的农业生产模式,用工业的理念来发展农业,是促进农业增效、农民增收的必由之路。像工业的名牌产品一样,按标准化组织生产的农产品同样能带来巨大的经济效益。推广农业标准化建设是政府对今后农业标准化工作的新要求,展望今后的农业标准化工作,发展形势十分有利,农业标准化是现代农业发展的必然要求,随着全社会农业标准化意识的提高和农业标准化工作的深入开展,农业标准化必将在发展农村经济和全面建成小康社会中发挥更大的作用。

二、抓好有带动作用的现代农业科技园区

建设农业科技园区是以市场为导向,以科技为支撑的农业发展新模式,是农业技术组装的载体,是与市场连接的纽带,是现代农业科技信息的辐射源,是人才培养和技术培训的基地,对周边地区农业和农村经济发展起示范与带动作用。因此,园区建设既是我国现阶段推进农业结构调整、提高农业载体效益、增加农民收入、改善生态环境、加快农业产业化与现代化进程的现实需要,也是现代化农业发展的一种有效模式,政府应加大对园区的支持力度,建立多渠道、多层次、多元化的投融资机制,加快对园区急需人才的引进培养,吸收鼓励省外尤其是本地区科研优秀人才不向外流。加强与高等院校,科研院所合作、交流,提高同区的整体科技水平。

(一)农业科技园区高质量发展的内涵

1. 高质量发展的基本内涵

高质量发展是“十四五”乃至更长时期我国经济社会发展的主题。实现中国特色社会主义经济的高质量发展,是我国在面临国内发展环境和国际竞争环境下的必然选择。从国内发展环境而言,人民日益增长的美好生活需要和不平衡不充分的发展之间的矛盾已经成为社会主要矛盾,不平衡不充分的发展就是发展质量不高的表现,破解社会主要

矛盾必须推动高质量发展。从国际竞争环境而言，高质量发展是全面提升我国综合国际竞争实力和维护国家安全的必然选择。

目前，我国相当一部分产业仍位于全球价值链中端乃至低端，产业综合竞争力还有较大提升空间，这就决定了我国必须走高质量发展道路，从而全面提升国家综合实力和国际竞争力。此外，我国在由大向强发展的过程中面临着无法回避的风险挑战，经济安全是国家安全的基础，军事、科技、文化、社会、粮食是国家安全的保障，需要以高质量发展筑牢安全底线。我国经济高质量发展的核心要义在于，第一是要积极回应社会主要矛盾的转变，着力解决经济发展的不平衡不充分问题，实现人民共同富裕；第二是要贯彻“创新、协调、绿色、开放、共享”的发展理念，创新并升级技术和产业，以此来协调经济发展和生态环境之间的关系，充分利用国内国际市场资源来推动开放发展，让所有人共享发展成果。

2. 农业科技园区高质量发展的内涵

农业是立国之本，农业高质量发展是经济高质量发展的基础。农业科技园区高质量发展是农业高质量发展的一个重要组成部分，其理解视角需要置于我国经济高质量发展的整体框架之内，在核心目标、价值理念、发展定位上服务于国内发展环境和国际竞争环境的现实需求。

（1）以高品质农产品供给满足人民美好生活需要

高质量发展是经济发展从“有没有”转向“好不好”，人民日益增长的美好生活需要在农业方面呈现出由在“吃得饱”的基础上向“吃得好”的更高层次转化，高品质农产品成为普遍需求。供给侧结构性改革背景下，农产品提质升级依托于农业科技的持续创新和不断进步。因此，农业科技园区应坚持科技创新导向，以知识、信息、技术等新生要素的运用以及传统生产要素的改造升级为动力支撑，应用于农业的生产端、制造端、流通端和消费端，全面提升农产品的供给能力和供给质量。

（2）“创新、协调、绿色、开放、共享”

原有的单纯追求数量增长和规模扩大的农业科技园区发展理念已经难以匹配高质量发展的要求，导致出现园区功能错位和功能不彰的问题。应秉承“创新、协调、绿色、开放、共享”的发展理念，在发展模式、制度环境、公共服务、体制机制等方面不断优化，促进农业科技园区提质升级。

“创新”是农业科技园区高质量发展的动力源，需以科技创新提升园区核心竞争力，以机制创新提升园区运行效率，以制度创新优化园区发展环境。

“协调”是园区结构平衡的内在要求，政府、市场、企业、农户等多个主体之间、园区发展和资源环境之间都需要加强有效协调，确保园区稳定发展；国家级、省市级等园区的区域功能定位也要加强有效协调，明确各自作用、发挥各自优势。

“绿色”是园区发展的必由之路，树立生态理念，建设绿色园区，才能发挥其农业资源和环境约束“调和剂”的作用。

“开放”是园区高质量发展的必然态度，园区应重视资源“洼地效应”的发挥，聚集科技、人才、资金等资源以促进开放发展。

“共享”则是园区高质量发展的最终落脚点，通过技术赋能提升农民致富能力，形成长效稳定的产业链条以增强园区就业容纳能力，推行入股分红等利益联结机制以增加农民收入，共享农业现代化果实，推进实现共同富裕。

（3）服务国家重大战略需求

近年来，在创新驱动发展战略、科教兴国战略等重大支撑战略以及乡村振兴、脱贫攻坚、国家粮食安全等重大发展战略中，农业科技园区都发挥了积极作用。高质量发展背景下，农业科技园区必须坚持以农业科技创新助力国家科技自立自强和农业产业链供应链优化升级，推进农业农村现代化，守牢粮食安全底线，坚持服务于国家各项重大战略。

（二）农业科技园区高质量发展的行动框架

以科技振兴农业发展，以创新驱动农业现代化绝非易事。实现农业科技园区高质量发展是一项复杂、严峻的系统性工程，既面临建设要素短缺的现实资源约束，也存在功能错位的发展理念失准。新时代背景下实现农业科技园区高质量发展，可从以下几个方面构建行动框架：

1. 以新发展理念明确未来建设逻辑

“创新、协调、绿色、开放、共享”的发展理念指明了农业科技园区高质量发展的建设逻辑。

（1）创新园区发展模式

对于当前出现的园区产业特色缺乏、同质化严重、重申报轻管理等诸多问题，需要根据不同区域资源禀赋、产业优势，强化园区主导产业的特色化凝练，探索差异化模式，以实现园区高质量发展。

（2）厘清政府与市场的职能边界

“有效市场”与“有限政府”是经济高质量发展进程中二者的职能边界。农业科技园区建设以“政府主导、市场运作”为原则，政府主要发挥引导、服务、兜底职能，重心应放到顶层设计、基础设施建设和制度供给层面，从全域角度优化园区空间布局和功能布局，营造良好的发展环境；市场主要发挥资源配置功能，需要以企业为抓手来实现。企业是农业科技园区的基本经济活动主体，因此激发企业活力至关重要。通过培育壮大园区龙头企业，发挥带头示范辐射作用，形成产业资源集聚；明确企业对农业科技和科技成果的需求，通过积极探索，以技术入股、成立研发中心、组建自有研发团队、提高人才待遇等多种形式来吸引技术和人才，形成科技创新资源集聚的局面。

（3）探索农业科技园区生态发展道路

在园区规划、建设、发展过程中注重与自然资源和生态环境的友好共生，用集约化、生态化的现代技术取代粗放型生产方式，加强节能技术、清洁技术、生态技术在园区内的普及。

（4）坚持开放发展

充分利用国内国际两个市场和两种资源，吸引科技、人才、资金等资源向园区集聚，拓宽社会资本和主体参与园区建设渠道。

（5）坚持发展成果共享

因地制宜选择和完善利益联结机制，以收益为纽带，形成“订单 + 股份合作”“农民入股 + 保底分红”等多样化的利益联结形式，坚持利益均衡、成果共享。

2. 以资源集聚强化科技创新能力

健全园区科技支持体系，通过创新招智引智模式、创新成果转化转移机制和优化激励机制，来提升园区的科技资源集聚效能，不断提高其科技创新能力和科技成果转化效率，打造科技创新升极，以科技力量破解园区产业链优化难题，推进园区产业结构调整升级，从而实现农产品品质和服务质量的提升。提升政府科技服务能力，以财政补贴和税收减免激活科技创新活力、以“放管服”改革提升科技创新效率，同时加大财政资金支持力度，构建多渠道筹融资机制，优化科技创新金融环境。园区内企业尤其是龙头企业，既要注重互联网、物联网、生物技术、传感技术、遥控技术、大数据等先进科技成果的吸收引进，又要高度重视自身科技创新能力的培养与强化，持续提升科技成果产出能力。

3. 以有效政策供给加大政策支持力度

符合农业科技园区发展需要的政策供给是实现高质量发展的保障性条件。目前，国家已经颁布《国家农业科技园区管理办法》《国家农业科技园区发展规划（2018—2025 年）》等文件，但符合地方实际且操作性强的土地配套、财政税收、金融贷款、社会投资、人才、科技等普惠性的制度尤其是制度实施推进细则相对匮乏。这使得园区在土地利用、资金筹措、社会资本进入、科技人员流动、科技成果转化方面都缺乏根本性保障，一定程度上阻滞了农业科技园区的高质量发展。

因此，政府需增强农业科技园区发展政策供给的有效性，为园区高质量发展提供保障。一是优化基础政策供给，围绕土地利用、税收、人才流动、人员创业和科技成果转化方面制定专项政策，赋予更大改革试验权。二是创新增量政策供给，创新科技金融、信贷等政策供给，“引导银行信贷资金、风险资金、民间资本等支持农技成果转化和应用”，激发社会资本参与农业科技投入的积极性。三是确立竞争性政策的基础性地位。调动各类主体积极参与农业科技园区建设的热情，形成权责明确、利益均衡、分工协作、优势互补的攻坚格局。

第七章　农业经济管理对农村经济发展的推动作用

第一节　规划农村经济发展的实践方案

农村经济经过多年的发展，出现这样或者那样的问题，例如，土地使用不合理、土地资源紧缺、环境破坏、开发资金不到位等，这些问题成为农村经济发展的障碍，所以，我们要利用农业经济管理综合分析农村经济发展的形式，缓解各方面的矛盾，促进农村经济发展。利用农业经济管理可以从理论层面规划农业经济发展的实践方案，使得农村经济按照正确道路发展，并提高发展的科学性与可行性。

一、农业经济增长与农业环境治理

农村生态环境治理为乡村振兴提供环境支撑，乡村振兴为农村生态环境治理现代化提供政策支持。当前，我国正处在乡村振兴的起始阶段，农村生态环境治理应着眼于农村可持续发展和农村治理现代化方面。

（一）绿色发展是出路

绿色发展、生态农业是农村发展的生命线。“推动形成绿色发展方式和生活方式，是发展观的一场深刻革命”，实施乡村振兴、实现绿色发展要从政策宣传到内心确信再到形成绿色生产生活惯性，这需要法律护航、政策扶持、农民自觉等长期性的引导，形成制度效能上下贯通、农民利益保障内外协调的联动机制，形成政府倡导、村民遵守，政府帮扶、农村自治，社会参与、共享共治的良性共治新格局。

（二）依法治理是底线

法治是社会治理的基础，也是生态环境治理的基础，这就要求不断完善农村环境治理法律法规。为实现农村生态环境治理法治化，全国人大在条件成熟的情况下出台专门法，对农村生态环境治理提供具体的指引。各地市根据本地农村发展情况，及时出台地方性法规及政策制度予以细化落实。在乡镇一级人民政府建立综合执法大队，对农村生态环境进行常态化的监管。建立环境治理第一责任人制度，由主管机关、乡镇机构负责人、农村“两委”负责人、重点农村经济组织为第一责任人，责任人积极倡导地方环境治理规约，鼓励、扶持守法者，约束、制裁违法者。

（三）政府主导是方向

《关于构建现代环境治理体系的指导意见》确立了“党委领导、政府主导、企业主体、社会组织和公众共同参与”的环境治理模式，明确了地方党委和政府承担着生态环境治理的主导责任。主导责任主要体现在政府职能机关在治理政策和治理措施方面发挥组织引导者作用，从生态环境政策的出台、专项资金扶持、税收信贷支持、执法监督等方面积极发挥方向性、监管性的主导作用。主导作用发挥要充分落实地方党委的领导作用，地方党委领导主要是前置性政策制度、机构协调、资源配置的组织领导；政府职能部门则通过法律、政策、规章制度等规范性文件进行落实。

（四）农村自治是主体

农村社会是“自我管理、自我教育、自我服务”自治群体，《宪法》《村民委员会组织法》规定了村民委员会是农村社会管理的自治组织，是农村事务的决策和执行机构；《中国共产党农村基层组织工作条例》规定了农村党支部对农村事务有领导决策作用，这就确定了农村“两委”在农村事务方面的主体地位。这就使得农村“两委”在农村生态环境治理方面具有主体责任，要充分发挥农村党支部“决策参谋、统筹协调、政策指导、推动落实、督导检查”环境治理职能，统筹好农村发展事务，协调生产生活关系。

（五）“三治并进”是保障

“乡村治理其实是一个充满德性与文明的过程，乡村治理离不开法治与德治的相互配合”。乡村社会凝聚着中国千百年来的传统民俗和乡土情结，从古代“皇权不下乡”到今天的乡村自治都折射出乡村社会特殊的稳定结构。在农村现代化及法治中国建设中，农村社会也应继续发挥其应有的自治功能，形成“法治、自治、德治”三治并举的善治局面；《中共中央国务院关于实施乡村振兴战略的意见》及《“十四五”规划》均强调了“法治、自治、德治”乡村治理模式。“三治并进”应在政府主导、多元共治的背景下发挥作用，同时也应强调“三治并举”的阶位性，即法治优先、自治为本、德治相辅。

二、发展农村电商和物流配送体系

通过发展农村电商和物流配送体系，拓展农产品的销售渠道，提高农产品的附加值和市场竞争力，促进农村经济的发展。

（一）多元发展，提高农村电商交易量

要发展农村电商物流，努力提高农村电商贸易是首要考虑的因素，只有农村电商贸易量具备一定的规模，发展农村电商物流才具有实际意义。

1. 定向营销，提升农村电商交易意识

农村常住人口受文化素质、经济条件、思维习惯等因素的影响，短期内很难养成电商交易意识，可以针对比邻农村的县城以及郊区的居民宣传各电商交易网站。居住在县城的居民基本来自农村，他们年轻，具有一定的文化素养，能较快地接收新时代信息，且能快速掌握电商交易的方法。可以通过他们将来自农村的商品买卖进行线上交易，再由他们带动自己的家人，逐渐形成电商交易习惯。

2. 发展农村产业，实现农村商品“上行”销售

将商品从城市流向农村称为下行，商品由农村走向城市称为上行。提升农村电商交易量，更重要的是要积极开拓富有特色的农产品，继而通过交易网站实现农产品的销售。农村生产的大米、蔬菜、鱼肉等都可以通过互联网进行交易，或者在可能情况下，发展当地的乡村旅游业，将当地的特色产品进行网上销售。各地政府应勇于创新，注重当地农产品品牌的建立，多方宣传，形成品牌的影响力，或创建自己的销售网站，或引导各大品牌电商企业参与当地农产品的销售，以此来扩大农产品的销售渠道。

（二）业务互联，形成产品交易规模

在农村基础设施、通信网络，以及居民消费习惯等均没有得到实质性改观之前，物流企业开展农村商品的物流业务得不偿失。要想在目前的情况下有效地开展农村的物流业务，形成产品业务规模，降低业务成本，是一个行之有效的方法。可以由当地政府牵头，联系各大物流企业与当地邮政建立联盟组织，在乡镇建立物流配送中心。上门揽货和货物的“最后一公里”配送均由邮政完成，各大物流企业或快递企业只需将归属于自己的有限货物从乡镇物流中心进行揽货或者将所需送递货物集中至该配送中心交由邮政即告终结。这样，通过有效的信息系统实现邮政与各物流企业间的商品信息互通，既增加了邮政的物流业务量，也减少了各物流企业的低效运作，最后利用邮政在当地农村的“土著”优势，实现货物的最终送达，有效地保证了各方的运作效率。

（三）加大投入，完善农村基础设施建设

发展农村物流最大的制约因素莫过于农村基础设施建设的缺失。因此，当地政府以及各大物流企业、电商企业都应该时刻考虑如何加强当地的基础设施建设，其中包括了道路、网络、通信，以及物流设施的规划和完善。政府可以联合各大物流企业和电商企业，依靠他们的专业，借助他们的强大的财力，合理规划和建设当地的基础物流设施。可以给予优惠政策，吸引各大相关企业参与到当地物流系统的规划建设中。

（四）加强培训，推动农村物流人才梯队建设

当前农村物流人才极度匮乏，鲜有专门的物流从业人员扎根于农村，人才已成为制约农村物流发展的短板。县乡地区的自身劣势导致其无法像城市一样吸引优秀人才，这就需要地方政府出台健全的政策法规。一方面政府从劳动保障、就业补贴等方面增强县

乡自身的吸引力度，吸引优秀人才回流，鼓励回乡创业，加大对外部物流人才的引进；另一方面采用政府培训、行业培训、企业培训、自我学习、校企合作、政企合作等方式，推动地区内物流经验的相互学习与推广，逐步建立起本地化的物流人才培训体系。此外，物流企业以及电商企业也可以从薪酬、职业晋升等方面引导企业员工走向农村工作岗位，专注于农村的物流事业。

三、加强农民教育培训和技术服务

通过加强农民教育培训和技术服务，提高农民的素质和技能水平，提高农村经济的科技含量和生产效率，增强农村经济的竞争力。

（一）强化三个坚持，把握好农民教育培训发展方向

1. 坚持服务“三农”

按照农业农村“十四五”发展保供固安全、振兴畅循环的工作定位，紧紧围绕巩固拓展脱贫攻坚成果同乡村振兴有效衔接、加快推进农业现代化、大力实施乡村建设行动等重点任务，聚焦粮食生产、绿色发展、农民增收等重点工作，与涉农重大工程、重点项目统筹谋划，向粮食生产功能区、重要农产品生产保护区和特色农产品优势区倾斜；大力培养生产经营服务主体带头人、创新创业带头人和高素质农民，补齐农业农村政策和知识短板，提升产业发展水平和带动能力；强化青壮年农民职业教育，同步考虑务农农民学历提升，探索灵活多样的培养形式；鼓励支持学生学农务农，引导农业院校办农教农，培养更多具有较高学历层次的农村青年骨干人才。

2. 坚持以农民为主体

既要遵循教育培训本身的规律，又要遵循农民生产生活规律和农民群体的特殊需求。开设固定课堂、流动课堂、空中课堂、田间课堂，运用农民喜闻乐见的形式，采取“分段式、重实训、参与式”培训，把教育培训办进产业、办到乡村、办到田间地头；把内容是否需要、方式是否接受、产业是否发展作为衡量教育培训效果好不好、质量高不高的标准；加快建立促进农民发展的政策体系，实现终身教育、个性教育、开放教育。

3. 坚持服务农民全面发展

主动适应农业科技进步、农业生产组织方式变革、新产业新业态加快形成、城乡融合发展对农民教育培训提出的新要求，推动农民教育培训从关注农业生产，向生产、生活、生态共赢共生拓展；从技术技能为主，向提升农民经营管理能力、综合素养拓展；从服务传统产业，向服务新产业新业态拓展；从一产为主，向农村一二三产业融合发展拓展。

（二）实现两个提升，确保农民教育培训质量效果

1. 提升教育培训内涵

突出产教融合、实践育人。培养目标从抓提高技术技能水平，向抓全要素培养、提高农民综合素质能力转变；教学理念从单向传授为主，向行动学习、双向互动、教学相

长转变；从知识的数量型增长，向经验跃升、视野拓展、思维优化的内生性增长转变；工作导向从注重数量规模，向注重质量效益转变，切实提高教育培训的针对性和有效性。提升教育培训能力。分层分类组织师资培训，开展国家级共享师资建设试点，开展教学比武，建立共享机制，打造名师队伍，深入开展省级、县级农广校校长轮训；建好用好实训基地，规范农民田间学校建设，突出现场教学功能，提升服务水平；探索教学资源便捷化供给和教学媒体融合发展，完善教材建设机制；加大农民教育培训信息平台应用力度，实现教学过程与咨询服务融通，满足农民多元化学习需求。

2. 提升教育培训质量

强化规范标准建设，严格落实教育教学规范，按照教学计划、内容、学时、评价等各项要求，制定完善教学规范，严格落实教学环节，因地制宜安排教学；推进知识能力标准化建设，建立模块化课程体系，形成思想品德、理论知识、技术技能、市场营销、农村金融相配套的教学模块，实现培训目标、内容、课程衔接配套；严格过程监管，定期督导抽查执行情况，加强培育全过程规范化管理；以学员满意度为核心，建立农民教育培训质量效果评价长效机制；构建高素质农民发展监测体系，建立全国高素质农民教育培训常态化统计机制，持续发布全国高素质农民发展报告。

（三）做到三个创新，加快培养高素质农民队伍

1. 创新办学模式

突出产业导向和素质能力导向，深化“送教下乡、农学交替、弹性学制”的农民职业教育办学模式，丰富“村庄是教室、村官是教师、现场是教材”农村实用人才带头人培养模式内涵，加强田间学校建设，推进教学链与产业链、价值链、供应链融合，方便农民就地就近参加培训学习，实现产业链上培养人，生产实践中培育人的目标。

2. 创新体制机制

发挥高等院校专门机构主体作用，把知识和技能送到农民身边。鼓励高等院校、职业院校积极承担农民培育任务，创新机制开展农民学历教育，促进农民培训与学历教育有效衔接。鼓励科学研究、技术推广与农民教育培训有机融合，促进前沿技术、先进成果、优良品种和经营模式通过教育培训向农民示范、转化、推广和普及。设立市场化主体承担农民教育培训任务的规范要求，引导市场资源有序参与。

3. 创新方式手段

开发贴近农民生产生活实际、符合农民视听习惯的广播电视节目，传播“三农”政策，普及农业科技。建设高素质农民远程教育大课堂，推进 5G、人工智能、互联网技术应用于教育教学，加强基层落地应用，开展智能化在线学习、资源开发和教学管理服务。遴选支持一批优质教育培训机构参与高素质农民培育线上学习资源建设。推进高素质农民培育线上培训逐步全面覆盖，鼓励有条件的地区开展线上学历教育，促进线上线下教育

培训有效融合。

（四）建强三个保障，形成农民教育培训

1. 强大合力加强组织保障

将农民教育培训纳入乡村振兴整体规划统筹安排，加大绩效考核力度，完善工作机制，明确任务分工。加强与组织、教育、财政、共青团、妇联、科协等部门沟通协调，建立定期联席会议制度，形成多部门联合推进农民教育培训的工作合力。健全完善农民教育培训专门机构体制机制，形成横向协作、纵向联动的工作格局。

2. 加强政策保障

鼓励农业农村系统科研人员、技术专家，涉农院校教师参与农民教育培训，在项目申报、职称评定、人才激励等方面予以倾斜。健全更加公平普惠的培训政策，建立农民就地就近接受非全日制中等职业教育的免学费和助学政策，鼓励对农民接受高等农业职业教育给予学费补助，构建技术培训、职业教育相衔接的农民终身学习体系。整合促进农民发展相关政策，加大产业发展、用地政策、信贷担保、金融保险方面的对接服务，建立高素质农民培养、评价、使用、激励、保障有机衔接长效机制。

3. 加强宣传保障

搭建多元化农民发展平台，继续办好全国农民教育培训发展论坛，支持各地举办形式多样、面向农民的技术技能大赛、创新创业竞赛等活动，搭建农民抱团发展平台。强化农民教育培训宣传和引导，及时总结挖掘各地好经验、好模式，示范带动农民教育培训创新发展。选树表彰一批优秀农民学员、优秀教师和优秀管理人员，努力营造全社会关心支持农民教育培训良好氛围。

四、促进农村人口流动和城乡融合

鼓励农村人口流动和城乡融合，推动农村劳动力转移就业，提高农民收入和生活水平，促进农村经济的发展。

（一）统筹制定基于城乡融合发展的农村人口流动规划

农村流动人口的治理政策既要把握农村地区人口变化特点，也要科学掌握人口及乡村差异性和发展分化特征。

在宏观层面，有必要构建城乡融合发展下人口流动规划领导小组，强化人口流动战略规划统筹的组织保障。

决策机制方面，建议从国务院到各级社会治理领导小组和社会治理办公室组成纵向决策机制，实行国家统筹、省级负责、市州抓协调、县为主体、乡村落实的社会治理体制；横向上建立各级层面的职能部门组成的联席会议制度，分工明确，注重不同部门之间的协作，避免利益博弈而损失协同效率，形成部门合力效应。

新型城镇化发展的后半段主要是更好地统筹承载人口、吸纳劳动力，实现经济高质量发展，全面推进人本市民化。乡村振兴的侧重点是在人口流出之后统筹利用好各类资源，展现人力资源等双向流动的功能与价值，实现乡村与城镇联动发展。组织决策机构需要提高不同区域层面城乡人口规划和预测的科学性、严谨性，提前对人口流动趋势做出研判，提前规划好土地、基础设施和公共服务等，统筹建立详细的农村人口流动档案，把握人口空间格局的动态特征。科学、综合地应用计量分析方法与情景模拟分析方法等，进行人口预测和规划，明确各地人口发展趋势，提高人口流动发展的质量。针对各地人口规划存在的问题，建立人口规划的审查和管控机制，保障其科学性和严谨性，实现农村人口的合理流动。

（二）强化促进农村流动人口内能发展的制度供给

县城和中心镇是农村流动人口就地城镇化的重要载体，未来应通过内能发展体制机制改革，在促进大中城市发展的同时，着力提高县城和中心镇的竞争力、吸引力，提升其基本公共服务水平。

积极打造中心乡镇和明星镇，实现省内人口流动的就地就近城镇化，这样更加符合农民回流城镇化需求。保障制度供给应以保护和改善各类人口权益为出发点，提高资源利用效率和社会服务供给质量。对流入地而言，在城镇化和市民化进程中，需积极处理好人口迁入与土地、基础设施、公共服务、社会事业等综合承载力的矛盾，以保障各类人口基本公共服务均等化为目标，优化各类资源配置，提高资源和服务的可获得性。如，在土地流转制度供给方面，从内能发展的视角，土地流转政策主要基于农村流动人口自愿基础上的自发性土地流转行为，不鼓励支持农村自治组织将耕地以集体和规模化方式向外部资本流转的非自愿行为，尤其是要警惕一些人与资本强权联合，忽视流动人口自我内能发展制度保障，担负民生成本和社会秩序的潜在风险，强制性推动集体性和规模化的土地流转。

逐步完善常住人口与内能保障性服务供给挂钩，按照常住人口规模逐步调整，建立公平高效的保障统筹层次。此外，还应积极鼓励和支持举家流动、就近迁移等模式，降低资源优化配置的难度，提高流动人口的获得感及幸福感。

（三）积极探索建立城乡人口双向流动的体制机制

目前，城乡融合发展关键是努力促进以人为主的要素双向流动。根据目前的城镇化水平，需要注重新型城镇化，也不能忽视逆城镇化。

农村人口单向流动形成的乡村人力资源流失严重和“空心化”突出等问题，迫切需要探索创新城乡人口流动的双向机制，切实推行乡村振兴战略，发展好乡村产业，引导志在为“三农”发展的人才进入乡村，促成想为乡村振兴奉献资本和才华的人成就事业，让各类为家乡投入的人能找到参与建设的渠道，让乡村产业特色发展进而乡村全面振兴成为引导人口回流的基本途径。

探索设立国家城乡融合发展试验区，多样化建立健全农业转移人口市民化新机制和城市人才入乡激励机制等，切忌“千镇一面、万村一模”，应鼓励农村外出人员返乡创业，建立人才双向流动与共育机制。

借鉴西方发达国家经验，试点省域“城乡等值试验区”，建立城乡协同发展的大学镇和公司镇，支持鼓励人口双向流动的特色多样化思路。城乡融合发展下人才双向流动的核心的是让城市资源合理流向乡村，积极探索人才下乡、大学下乡、公司下乡等，多举措提升乡村公共服务，进一步缩小与城市间差距。理想的乡村振兴和新型城镇化，是在同一个方向下“你中有我、我中有你”的真正融合。

（四）建立健全以人为本发展为核心的乡村共同体

城乡融合发展下的农村流动人口社会治理的关键是人本发展取向。在多元主体的城乡融合发展下，流动人口的社会治理需要以社会组织、企业、家庭和个人组成的社会治理共同体，坚持以民为本和服务为先理念，充分发挥多主体的参与贡献及信任机制，整合社会治理和城乡治理的各个要素，创新完善城乡治理结构和方式，提升可持续性发展的城乡治理水平。

健全城乡人口治理机制，应完善以党组织为核心的政治共同体，以村民自治为核心的基层民主共同体，以家庭农场为核心的经济共同体，以村落标识建筑为载体的文化共同体。乡村共同体越多样，农民的归属感和共同体意识就会越强，就越能留住年轻的精英群体，消除农村空心化的土壤和空间。发挥基层党组织政治核心作用和精英群体带动作用，带领村民走向现代化，促进人的全面发展。构建乡村共同体需要科学合理搭建城乡区域公共服务一体化平台，让流动人口真正享受到便捷完善的服务。引导各类社会组织、志愿者参与社区服务和人口流动管理，增强他们的文化自觉和自信，培养他们的认同意识、责任意识和融合意识，通过城乡区域内共同体转化融合，切实提高农村基层组织的自治能力，实现城乡社会流动人口的协同治理。

（五）构建农村流动人口内生性发展的终身职业教育培训体系

城乡融合发展核心是“人”的志愿融入和人力资本自由转换，农村人口流动和市民化不单是户籍与空间的转移，更是终身职业转型和可持续发展的漫长过程。农村人口流动源动力和市民化问题的本质是教育问题，与成人技能素质契合度最高的职业教育培训就成为流动人口的现实需要和市民化进程的必由之路。因此，构建农村流动人口的终身职业教育培训体系是解决其内生性市民化和流动性再社会化的必然选择。农村人口流动实质是人力资本不断积累和人力资源不断优化配置的过程，而这是由终身职业教育培训的投资形成的。构建农村流动人口的终身职业教育培训体系应立足于个人长远发展的实际需求，开展全方位、多样化、系统性的终身职业教育培训。

农村流动人口终身职业教育培训体系需建立终身教育账户，推行流动性学分银行和终身学习信用档案等新模式；加强职业规划，搭建智慧网络教育平台等长效运行机制。出台政策鼓励教育机构与经济组织构建职教集团、经济组织与社区组织建立社区教育及智慧服务平台、社区组织与教育机构组建社区学院等形式，组成终身职业教育共同体，实行例会制度和定期反馈机制，强化激励举措和有效的监管，政府管理机构统筹引导经济组织、社区组织和教育机构三者协作推进开放、系统、多元的农村流动人口终身职业教育体系有效运行。

农村流动人口规模大是我国城乡发展中的基本国情。由于各地发展情况千差万别，近年来，虽然按照常住人口统计的城镇化率仍在不断上升，但外出农民工的增速却已明显放缓，这也说明城镇化和乡村振兴战略远比想象的复杂。农村流动人口的治理对策会随之难度加大，应从内生性发展和自我赋能发展角度出发，深刻理解城乡融合的时代内涵，着力打造城乡融合发展下农村人口流动社会治理新格局。

第二节　促进农村资源的高效利用

农村经济不断发展壮大，资源呈现短缺的状态，例如，土地资源紧缺、各类资源逐渐减少，这成为农村经济发展的最大障碍。如果不能很好地解决这类问题，就会导致农村经济发展出现断层或者缺少发展后劲，影响经济的稳定发展，广大农民群众的生活水平将会受到威胁。从长远的角度考虑，如果土地资源不能得到合理调配，将会影响后代人的发展，扭曲后代人的发展空间。为了建设社会主义和谐社会，实现可持续发展，必须对土地资源进行管理。农业经济管理可以促进农业资源的合理分配，提高农业资源的使用效率，缓解农业发展的压力，实现农村经济可持续发展。

一、农村土地资源管理对土地利用转型的影响

（一）土地资源工程的影响

土地资源作为一项覆盖多种学科的系统性工程，主要包含对土地的规划、整治以及合理利用等等。在土地资源管理中，土地整治项目质量的好坏将会直接影响到土地利用转型的效率，在这一过程中需要采用多种先进的专业技术，比如土地整理、土地开发或是复垦等等，这样才能确保最大限度地发挥出土地资源的利用价值，同时还能弥补我国土地资源枯竭的空缺。由于我国国土面积广阔，所以根据土地资源枯竭所体现出来的问题，便是土地利用率较低。采用土地整改的方法，有利于解决土地利用中的隐性状态，合理调整土地利用结构，将那些分散、荒废的土地资源通过整合的方式，重新得以高效

利用，并为土地的合理利用转型奠定坚实基础。例如，当前我国农业经济发展所面临的问题，主要是缺少规模化、系统化的运营方式，难以应用先进的技术和设备，如果通过土地整治，就能将大量的耕地面积进行集中化的应用和管理，以此来达到农业经济规模化经营的目的，从而有利于农业水平现代化目标的实现。

（二）土地资源管理经济手段的影响

在对土地资源进行管理的过程中，管理人员不仅要坚持客观经济发展的原则，还要始终遵守与之相关的规章制度，并运用各种行之有效的经济管理手段，来对土地资源进行管理和控制。在各种土地资源管理经济手段中，我国经常用到的主要有地价和地租两种，通过利用地租地价杠杆作用原理，能够进一步调整土地利用结构，逐渐向土地利用显性的形式变化，再利用税种税率之间存在的差异性，使得人们合理开发并使用土地资源。要想有效提高土地资源利用集约度，还需要发挥出政府的带动作用，政府带领农民创建产业园区，并加大经济和人力资源的投入力度，树立良好的形象，使得各用地企业也纷纷加强在土地开发利用方面的经济投入，这样才能进一步扩展产业规模。

（三）土地资源管理政策的影响

关于我国土地资源管理政策中的各项规章制度，在明确现有土地利用结构的基础上，还能影响到土地的利用转型。例如，相关法律已经明确规定，农民所拥有的土地所用权，不能随意转让，也不能被用在非农业建设等方面，这项规定能够在一定程度上保护农耕用地，但与此同时，如果缺少农业经济的资金投入，那么就会造成大量的农耕用地变为荒地，最终土地资源的价值也难以获得充分保障。因此，要想有效解决这一现状，就需要国家放宽相应政策，根据地方政府的实际发展需要，建立健全土地资源管理政策，使其在能够确保农耕有地的前提条件下，充分发挥出土地资源的作用，让土地资源得以重新利用，从而有利于土地利用的转型，在全国范围内，有效提高土地资源的利用率。

二、土地利用转型与农村土地资源管理的有效策略

1. 创建并完善土地有偿使用制度

政府部门应根据我国土地资源利用与管理的实际情况，创建并完善土地有偿使用制度。

制定科学合理的土地价值，根据土地的使用面积、使用年限以及用途等方面，来征收一定数量的费用。

还需要根据不同区域的经济条件，以及用地企业的具体情况，对费用问题进行适当的调整优化，这样才能有效确保土地资源的合理流转与应用。与此同时，也需要严格管控土地的使用权限，以免造成土地资源随意开发或是滥用的情况，一旦出现违规行为，要第一时间对其进行惩处。

2. 在确保农民利益的前提下，适当调整土地结构

在土地利用转型中，不仅要确保有足够数量的耕地，还用保证农民的经济利益，这样才能使得土地管理部门的管理活动顺利进行。由于我国国土面积广阔，再加上人口数量众多，农民成为耕地的直接利用者，若是农民的经济效益无法得到充分保障，那么将难以发挥出耕地的真正价值，在土地利用转型过程中，应采取科学有效的措施，来充分调动农民参与的积极性，促使农民将大量的时间和精力投入在土地资源管理中，这样才能更好地完成土地资源结构的优化与调整。

3. 充分发挥政策制度在土地利用转型中的作用

土地管理的相关政策，既包括耕地保护、土地征收征用以及土地用途管理，还包括城乡土地管理制度和承包经营权流转政策，等等。如果正确利用这些政策制度，那么将会加速土地利用转型升级。例如，有关部门可以通过土地节约和集约利用制度来规范土地利用率低下的问题，从而制约土地资源的浪费；合理运用土地承包经营权流转制度，既能有效地保证各类土地的交易与管理，又能使一些传统的农业用地向更高效率的土地转化。除此之外，对新的管理体制和规章进行优化，还可以促进改革，提高土地使用的合理性和高效性。

4. 合理利用土地资源工程，实现土地利用转型

在土地利用转型的过程中，可以采用土地整治的方法，例如，那些长期闲置或是荒废的土地，可以对其进行重新开发、整理以及复垦。其中，利用土地资源工程来推动土地利用的转变是一种十分有效的途径。土地资源项目包括土地整治技术、土地规划方案等，具有很强的系统性，能够将工学、农学、理学、管理学等多种学科结合起来。对土地进行整治，可以结合土地的基本特性，适当调整土地的利用方式，例如，将分散的土地资源集中在一起，以免造成土地资源的浪费。另外，也可以改造低产田地，使其土地质量得到有效提升，对盐碱地和硬地的改造，再或者，在合理的投入下，进行城镇用地的规划，尽可能地减少城市建设用地的扩充，在确保土地利用率的基础上，对土地利用进行调整。

5. 贯彻落实动态规划观

不论是我国社会经济的发展，还是人们的实际需求，都会随着时代的变化而变化。土地利用转型与管理也不是一成不变的，需要及时对其进行调整与优化。基于这种情况，要把动态规划理念贯彻到底，做到静态和动态的相互协调，相辅相成，逐渐趋于平衡的状态。在对土地资源进行规划管理时，应做到以下三点：第一，应区分农业用地、未利用土地以及建设用地三者之间的范围，尤其是应重点保护耕地，严禁一切滥用农业用地的行为，一经发现，就会对违反者给予严重惩罚；第二，有关部门要加强对土地使用的动态监测和管理，及时发现不合理的使用情况，并对不合理的政策作出相应的调整。在建设用地上，管理者和规划者应依据不同时期的经济变动情况，对土地使用合理性进行

评价，并及时纠正不足，采用动态管理理念，对土地利用进行规划调整；第三，还要严格控制建设用地的使用，防止过度开发，确保开发水平不超过区域可承受的限度。

6. 提升规划队伍的建设水平

在土地资源开发管理过程中，由于涉及的范围通常都会比较广泛，再加上工作内容的复杂性，土地管理部门更需要注重提升规划队伍的建设水平。首先应加大对相关工作人员的培训力度，增强工作人员的职业素养和技术能力，还需要及时调整并完善规划队伍结构，努力提升干部队伍的政治素养和综合水平。其次建立健全奖惩制度，这样才能进一步提升规划队伍的建设水平，采用奖惩制度的方式，能够充分调动员工工作的积极性和创造性，激发员工的工作热情，比如，对于一些表现良好、综合成绩突出的工作人员，可以对其进行奖励和表彰；而对那些违反土地利用的规章制度的行为，应给予其行政处分，情节恶劣者，还需要追究其刑事责任，这样才能督促工作人员不断提升自身的工作能力和职业素养。

第三节　协调发展与经济的关系

发展要协调各个方面的关系，尤其是发展与经济的关系，如果一味地追求经济发展，不顾资源、环境等方面的制约条件，将会造成资源浪费，竭泽而渔。为协调发展与经济之间的关系，使用农业经济管理是必然的选择。农业经济管理可以对农村经济发展的优势、劣势进行分析，经过科学选择协调各方面矛盾，既可以保护环境，又可以促进资源高效利用，实现农村经济的健康发展。

一、合理转变农业发展方式

在目前乡村振兴战略背景下，为能够使农村经济协调发展，首先需要注意的一点就是应当转变农业发展方式，实现农业更好发展，为农村经济发展水平的提升打下坚实的基础，具体需要从以下方面入手：首先，有效提升农业质量水平及经济效益。真正实现农业发展模式的有效转变，需要以乡村振兴战略理念为指导，积极形成新思想及新观念，将农业经济水平提升及农业经济效益的提高作为关键任务。

（一）建立农业投入稳定增长的机制

资金供给短缺是制约农业发展方式转变的主要因素之一。应从切实保障农业投入出发，建立“政府财政投入启动、信贷投入助推、农户投入为主、社会广泛参与”的多元化农业投资体系。坚持工业反哺农业、城市支持农村和“多予少取放活”的方针，加大财政投入和金融信贷向“三农”的倾斜力度，扩大公共财政覆盖农村的范围，建立健全财政支农资金稳定增长机制。进一步深化农村金融体制改革，增加农业信贷投入，减少农村资金的非农化流失。较大幅度地增加农业生产环节的补贴，充分调动广大农户和集体经济组织增加投入的积极性。此外，要优化农业发展环境，积极开展招商引资工作。

（二）实施科教兴农战略

在我国农业面临日益严峻的资源约束条件下，科技是实现农业发展方式转变的关键。因为无论是提高农业的产量、质量和效益，还是增强农业的国际竞争力、实现农业的可持续发展，都依赖于农业科技的进步和创新。因此，必须实施科教兴农战略。

1. 大力加强农业技术的研究和开发

要以生物技术和信息技术为重点，组织科技攻关和技术引进，实现农业科技的跨越式发展。要加强农产品深加工技术研究，延长农业生产链，提高农产品附加值。围绕发展“高产、优质、高效”农业的方向，在农作物育种技术及新品种选育、优质特色畜禽、水产品种培育及农药、动植物无特定疫生产技术方面有所突破。同时，应集中突破一批节能、节水、节地、节肥、节药和循环利用的关键技术，促进农业可持续发展。

2. 促进农业技术的推广与普及

加大先进实用农业技术推广普及力度，重点抓好优良品种、节水灌溉、配方施肥、病虫害综合防治、作物栽培与管理等的推广。建立新型多元化农技推广体系，强化农技推广服务的公益性职能，全面推进农业科技入户工程，扶植农业科技示范户，提高他们的辐射带动能力。加强农业科技服务平台建设，健全农业科技交易市场网络，加速科技成果的转化。

3. 加强对农民的培训转变农业发展方式

发展现代农业，必须着力提高农村劳动者素质，使其实现从经验型向知识型、从单干型向组织型、从身份型向职业型、从被动型向主动型转变。现在农村文盲人数虽然减少，但真正有文化、懂技术、会经营的新型农民并不多。因此，必须对农民开展农业生产技能、经营管理和政策法规培训。首先，要在切实保障农村义务教育的基础上，通过发展职业教育、成人教育和各种短期培训，提高农民的专业技能。其次，要组织科技人员深入农村传授科技知识，开展多种形式的文化教育和科技普及活动。再次，要加大对大专院校和中等职业学校农林专业学生的助学力度，鼓励他们毕业后到农村，为发展现代农业建功立业。

（三）发展农业产业化经营

推进农业产业化，通过龙头企业一头连农户、一头连市场，实行合同化管理的途径，解决一家一户的小生产与千变万化的大市场矛盾，实现资源的优化配置，提高农业的比较利益。实现农业产业化应注意做好以下几方面工作：

1. 调整和优化农业经济结构

要培育壮大主导产业，精心组织粮、棉、油、禽、菜等骨干农产品的生产；要以资源为基础、市场为导向、科技为先导，因地制宜，因势利导，发展优势农产品产业带，促进农业的多元化经营、区域化布局、专业化生产，培育特色品牌，形成规模优势，提高农业经济效益。

2. 引导农民进行标准化生产

现代农业要求从田头到餐桌各个环节的标准化，标准的内容延伸到农产品生产、加工、包装、储运等各个环节。因此，必须严格贯彻《农产品质量安全法》，加强动植物疫病防控，积极推行农业标准化生产，加快完善农产品质量安全标准体系，建立农产品质量可追溯制度，加快农产品生产环境和产品质量的检验检测，保证上市农产品的质量安全。

3. 健全农村社会化服务体系

大力发展农户小规模、集成大群体式的专业化、区域化的农业生产基地，并培育龙头企业、农村合作经济组织、农业产业园区等市场主体，使它们成为连接农户和市场的桥梁和纽带。通过强化合同管理，使他们与农户形成利益均沾、风险共担的利益共同体，以降低农业生产风险，提高农产品的竞争力，增加农民收入。同时，适应农业市场体系和国际化要求，健全农村社会化服务体系。要在农业的产前、产中、产后各环节，加强对农户的农机、水利、信息、技术等服务，形成农村社会化服务的良好环境，为农产品创造增值的机会。

（四）深化农村改革，为转变农业发展方式提供体制、机制保障

由于城乡二元结构和发展阶段的影响，我国农业发展方式的转变还面临体制性约束，主要表现在：对农业的长期过度索取；对农民、农村和农民的歧视性待遇；政府对农业的干预过多等。因此，必须深化农村改革，为转变农业发展方式提供体制、机制保证。在稳定和完善家庭承包经营的基础上创新农业经营方式。长期以来，人们把家庭承包经营制度，视为农业发展方式转变最大的制度障碍。其实，家庭经营制度是天然适应农业特点的经营形式，也是保护农民基本权益的有效形式。

纵观世界各国，凡已实现农业现代化的国家，无不实行家庭经营，因此，农业家庭经营与农业现代化并不矛盾，关键在于工业化要向家庭经营注入现代生产要素，城镇化要为扩大家庭经营规模转移农村人口，市场化要为扩大家庭经营提供完善的社会化经济技术服务。在当前和未来很长的时间内，这种生产经营机制适应我国农业状况，是我国农业基本的生产经营制度。因此，必须在坚持这一基本经营制度的前提下，有条件的地方可发展多种形式的适度规模经营。同时，要探索集体经济的有效实现形式，发展农民专业合作组织，支持农业产业经营和龙头企业发展，从而提高农民的组织化程度，优化现代农业组织体系。

二、加强农村与城市协调发展

在目前的乡村振兴战略形势下，要想使农村经济协调发展，还需要注意促使农村与城市的协调发展，使农村与城市之间的差距逐渐缩小，让农村和城市之间的联系更加紧密，实现农村与城市之间的共同发展，通过经济发展带动乡村经济发展。

（一）落实以人民为中心的思想

城乡融合发展的指向是人的自由全面发展。城乡融合最终要落实到实现人的全面发展与社会全面进步上来。从我国发展的大趋势看，城镇化进程还没有完成，还会有上亿人口转移到城镇非农产业就业并离开农村。而且我国进城的农村人口和农业劳动力转移到非农业产业的特点是“精英移民”，无论是在年龄、受教育程度方面还是在性别比例方面，进城的人口和转移的劳动力都要明显优于留在农村的那部分人口和劳动力。这就要妥善处理好新型城镇化和乡村振兴战略的关系，为进城的人、返乡的人和下乡的人创造自由流动的制度环境，实现真正意义的城乡融合，避免发生“抢人”大战给两者带来“误伤”。

第一，要支持有条件有意愿的农业转移人口在城市就业创业、落户定居，全面融入城市社会，为农业能人腾出更大的舞台施展拳脚。重点是健全农业转移人口市民化机制。目前我国有两亿多农业转移人口在城市里就业和生活，但他们却没有完全享受到同城市居民平等的公共服务和市民权利。因此必须有力、有序、有效深化户籍制度改革，放开、放宽除个别超大城市外的城市落户限制。还要剥离依附在户籍制度上的社会保障、教育、就业等不平等的制度，以居住证为载体，实现城镇基本公共服务常住人口全覆盖，提升城市包容性，从而逐步实现农业转移人口与城市居民身份统一、权利一致、地位平等，最终使农业转移人口融入城镇，实现城乡居民权力和利益的融合。

第二，必须创新乡村人才工作体制机制，在促进乡村人口和农业从业人员占比继续下降的同时，注重优化乡村人口结构和农业劳动力结构，充分激发乡村现有人才活力，把更多城市人才引向乡村创新创业，提高乡村人力资本质量。要从财政金融政策、技术支援、人才培育、组织管理等各方面扶持培育新型农业经营主体，鼓励和培养一批愿意从事农业、扎根农村的职业农民。同时还要建立健全城市人才入乡机制，进一步打通城乡人才双向流动的渠道，制定更加可操作的财政、金融、社会保障等激励政策，吸引鼓励各类人才返乡、入乡、创业、兴业，引导科技人才和工商企业家下乡整合乡村要素资源，激励各类人才在农村广阔天地大显身手。

（二）建立城乡要素双向流动机制

城乡融合是对城乡优势资源的统筹利用，以及对城乡各自偏颇和缺点的规避。城乡要素的自由流动是城乡融合发展的本质要求。这就要求必须纠正长期存在的城市中心发展思路，把完善产权制度和要素市场化配置作为重中之重，以体制、机制创新彻底破除城乡二元结构，解决长期以来没有解决的城乡“两张皮”问题。其中最为迫切的是要建立各类发展要素在城乡之间自由流动和平等交换的机制，促使两地的要素在城乡之间充分自由流动，实现城乡要素良性互动。

长期以来，受传统二元体制的束缚，我国城乡要素流动是单向的，大量资源、要素从农村单向地流向城镇地区，导致农村生产要素长期缺乏和发展能力持续下降。近年来，随着各地统筹城乡发展力度的加大，城市的人才、资本、信息和技术等要素也开始流向农村，城乡要素的流动正从单向转化为双向。但由于城乡生产力水平的差异，加之市场机制作用强化了城市对乡村要素的“吸附效应”，农村大量的优质资源仍在源源不断地向城市汇聚，而城市资源要素向农村的转移水平则相对较低。

城乡融合发展，就是要实现城乡之间要素流动的双向化，城乡之间以平等的地位实现要素公平交易。这就必须破除城乡体制间的壁垒，消除城市优质要素资源向农村流动的体制机制障碍。要充分发挥市场在资源配置中的决定性作用，利用市场机制整合城乡资源。建立城乡融合的金融市场、信息、技术市场、土地市场和劳动力市场等市场体系，按照平等、开放、融合、共享的原则，积极引导人口、资本、技术等各类要素在城乡之间双向合理流动和平等交换，达到资源优化配置。另外也要看到，资源要素具有追逐利润的天性，所以逆转农村要素的持续外流不能完全依靠市场机制，还必须建立完善激励约束机制。要积极创新城乡财政支农政策、吸引人才留住人才的优惠政策、金融机构激励约束机制以及农村的土地制度改革等人才、土地、资金、技术方面的制度安排，推动优质要素向农村流动。

（三）提高城乡发展质量

城乡基本公共服务均等化不但可以促进城乡之间的协调发展，让百姓的获得感更高，还能提高公共资源的配置效率，缩小城乡之间的发展差距。目前，城乡差距大最直观的依然是基础设施差距大，城乡发展不平衡最突出的依然是公共服务不平衡。这种不平衡表现在资源布局、能力提供和服务质量上。一是包括教育、医疗、社会保障等在内的城乡基本公共服务标准差距较大；二是优质基本公共服务供给的城乡与区域不均衡问题突出。城乡居民权利不平等，这也是导致农村人口外流的重要原因之一。

让改革发展成果更多、更公平惠及全体人民，必须深化公共服务领域供给侧结构性改革，突出改革重点，完善运行机制，坚守公平底线，提升基本公共服务均等化。一方面要推进城市的道路、供水、污水管网、垃圾处理、电力电信、环保、信息化等基础设施向农村延伸覆盖，通过城乡基础设施一体化规划建设管理，做到无缝对接，互联互通。另一方面要推动城市优质公共服务向农村延伸覆盖，建立全民覆盖、普惠共享、城乡一体、均等服务的基本公共服务体系。通过城乡公共服务规划和政策统筹衔接使城乡居民享受的基本公共服务突破城乡行政区划界限，做到资源共享、制度对接、流转顺畅、差距缩小、待遇互认，提高城乡基本公共服务均等化水平，提高公共服务供给效率。从群众普遍关心的问题入手，充分发挥政府的功能支撑作用，统筹规划建设城乡基础设施网络，推动城镇公共服务向农村延伸，把社会事业发展重点放在农村和接纳农业转移人口较多的城镇，逐步实现城乡基础设施建设、基本公共服务制度并轨、标准统一，通过供给侧结构性改革，按照不同群体需求分类提供有效公共服务，解决公共资源均衡配置问题，减少并最终弥合城乡差距，逐步实现城乡居民生活质量和生活品质的等值化。

（四）推进产业融合发展

产业融合是现代产业发展和现代产业体系的一个重要特征，也是改变城乡二元经济结构的重要突破口。长期以来，受城乡二元分割体制的影响，我国的城市和乡村各为一体，城乡产业沿着各自的轨迹演进和发展，存在着发展不平衡、产业分离、关联度不高等突出问题。

城乡融合发展需要在产业空间分布和产业链融合上建立健全体制机制和调整产业政策。城乡之间要产业协同融合发展，核心是要用城市的科技，特别是跟农业相关的科学技术来改造乡村的传统农业，用城市的工业来延长农业的产业链条，用城市的互联网产业等服务业丰富农村的产业业态。要健全乡村旅游、休闲农业、健康养老等新业态培育机制，完善农村电子商务支持政策，实现城乡生产与消费多层次对接。农村自身也要因地制宜因势利导，充分发挥乡村资源、生态和文化等优势，建立科学合理、可持续的乡村内生发展机制。要充分发挥当地的要素优势，统筹利用农村自然、生态和文化资源，充分挖掘农业非传统功能，探索农村一、二、三产业融合发展新模式，提升农业的价值创造能力，提高城乡经济融合度，为城乡融合发展提供广阔产业空间。政府也要在财政金融政策、基础设施和技术等方面加大政策支持力度，助力农业农村的发展。要在保障好农民自主权和收益权的前提下通过放松管制、改革体制机制促使信息、资金、技术等发展要素在城乡之间、在不同产业之间有序流动和优化配置，使城乡产业能够优势互补、分工协作、渗透融合、协同发展，实现深度融合。

三、农村经济发展与环境保护的协调发展

环境与人类生存密切相关，环境的恶化必然影响人类的生产生活，当前，环境问题已经成为全世界最为关注的问题，防治污染，保护环境，是我们全人类共同面对的难题，我们应坚持发展经济的同时保护好环境，走可持续发展的道路。

（一）保护环境与农村经济发展的关系

经济发展与环境保护的关系，其实就是人与自然的关系。解决好环境问题，就应该处理好人与自然、人与人、经济发展与环境保护的关系。有些人认为环境保护与经济发展是对立的，要保护环境就要牺牲经济的发展。而近些年的实践证明，只要正确处理好

环境与发展的关系，二者就可以相互促进地协调发展。对于我国而言，人民生活水平和农村经济的发展以及清洁的生活环境息息相关。有些农村只注重发展经济，虽然农民创收了，有钱了，生活水平提高了，但是生活的环境被破坏了，农民依然无幸福可言。保护环境和农村经济发展是紧密联系、相辅相成的关系，他们都是人民小康生活必不可少的部分。我们必须既重视环境保护、又重视经济发展，绝不能顾此失彼，一条腿走路。

（二）如何保护环境的同时发展经济

保护环境，既要做好保护现有资源的工作，又要做好预防和治理污染的工作。做好这两方面，才能建设好我们的新农村。

1. 对现有资源的保护

（1）保护土地资源

保护土地，人人有责。一方面，我们可以通过开垦“四荒”——荒山、荒坡、荒滩、荒丘来扩大土地数量，同时要总结过去不科学的滥垦滥伐等的经验，吸取以往的教训，积极推进退耕还林、还草工作，使耕地、林地、草原等得到合理的、科学的规划，尽力发挥它们的职能，并使其“和平相处，互不侵犯”。另一方面，我们要重视土地的征收征用，保护现有的土地数量和质量。

（2）保护水资源

我们要保护土地资源，更要保护农村水资源。众所周知，我国是一个淡水资源比较匮乏的国家，人均淡水量更是严重不足，各地还经常发生旱涝灾害，旱灾涝灾都对农村环境有很大的影响。近些年，国家认识到这方面的重要性，投入了大量资金，并加快水利工程建设和对病险水库进行除险加固，对大型灌区进行节水改造。重视节水，引导农民合理利用水资源，势在必行。

（3）发展循环经济

循环经济不同于传统经济，前者比后者更加有科学性、合理性，是将自然与人类活动紧密结合、互相促进的经济，在农村要大力倡导发展循环经济。近些年，我国很多地区尝试并发展循环经济，主要倡导以农作物秸秆、畜禽粪便、工业废弃物为原料，通过协会、企业、工业园区这些平台，将农业节水、节地、节肥、节药等工程做到实处，同时降低工业耗用。并注重清洁生产及废弃物的再生利用，以加快发展循环经济，

2. 防治污染

当前，我国农村环境污染主要体现在水污染和土壤污染两个方面。这些污染直接或间接地影响着人民的身体健康和正常生活，必须引起相关部门的重视。

（1）防治水污染

水是生命之源，水的质量直接关系着人民的身体健康乃至生命安全。而在我国农村，由于普遍使用化肥、农药，这些化学物污染了水源；另外，禽畜养殖业所产生的禽畜粪

便污染大幅度增加、农村垃圾、人畜粪便、作物秸秆等固体废弃物及生活污水、生产废水，未经处理直接排放，也是水污染的一个重要来源。因此，我们要努力借鉴国内外防治水污染的经验和方法，立足我国农村实际，将生态农业和有机农业进行发展和推广，鼓励农民群众发展对水没有污染的绿色经济，同时加大农村水污染治理的科研研究力度，以科技武装我们的农民群众。第二，乡镇企业污染治理统一规划、合理布局、综合治理；企业改造升级的步伐要加快，进一步促进乡镇工业规模化、集约化，同时限制危害、威胁城乡水源地的乡镇企业；做好农村环保的规划工作，制订农村小微企业环境污染治理规划。最后，将养殖场建设得更加生态化，坚持可持续发展的道路。

（2）防治土壤污染

由于大量使用化肥，我国很多农村的土地土壤质量都在下降，土壤质量直接关系着农作物的质量，关系着农作物的出口经济，更关系着广大人民群众的身体健康，我们不能只为了发展经济，为了搞创收而忽视土地资源的利用，可以通过制定相应的法律法规来约束化学产品对土壤的污染，同时引导农民发展绿色无污染经济，保护我们的土地清洁、安全。

（三）积极进行环保宣传教育，使环保意识深入人心

坚持环境保护和农村经济协调发展，必须注重环境保护的宣传工作，农民是新农村建设的主力军，要想搞好农村建设，保护好农村的生产环境，必须提高农民的环境意识和素质，可以通过多种宣传、教育途径，调动农民保护自身环境意识的积极性，使保护环境成为农民自愿自觉的行动。我们要金山银山，更要绿水青山，农业是我国的基础产业，是我国的立国之本，我们必须重视农村经济的发展与环境保护的有机融合。只要我们团结一心，以科学的发展观指导我们的行动，相信在不久的将来，我们的新农村会建设得更加美好，人民的生活会更加幸福。

参考文献

[1] 姚宇宸 . 乡村振兴战略背景下农业经济发展机遇和对策［J］. 南方农机，2022，53(21)：116-118.

[2] 李清林. 基于强化农村经济管理的农村集体经济发展研究［J］. 中国集体经济，2022(30)：8-10.

[3] 周明，彭峰. 产业融合视角下农村电商发展的现实意义及对策分析［J］. 农业经济，2022(10)：45-47.

[4] 王志强，姚鹏. 基于纯生态乡村旅游模式的经济增长策略研究［J］. 农业经济，2022(10)：59-61.

[5] 李王飞. 简述乡村振兴战略背景下农业农村经济发展路径［J］. 农家参谋，2022(18)：61-63.

[6] 白雅蕊. 普惠金融下我国农村金融存在问题及对策研究［J］. 农村经济与科技，2022，33(16)：191-194.

[7] 董春阳，赵鹏举，何长流. 生态环境保护理念下林业经济可持续发展措施［J］. 现代农业科技，2021(22)：119-122.

[8] 姜峰. 试论农业经济管理对农村经济发展的促进作用［J］. 吉林农业，2019(24)：44.

[9] 郑朝军. 农业经济管理对农村经济发展的促进作用探微［J］. 财经界（学术版），2019(23)：21.

[10] 王凌云. 浅析农业经济管理对我国农村经济发展的影响［J］. 农业技术与装备，2019(11)：72，74.

[11] 童云. 深化农村土地制度改革问题的研究——以安徽省为例［J］. 鄂州大学学报，2020，27(3)：48-50.

[12] 刘姝昕. 习近平“三农”观的实践创新研究［J］. 汉江师范学院学报，2020，40(2)：92-97.

[13] 张培丽，管建洲，阴朴谦.“三农”问题研究新进展及未来研究方向（2019）［J］. 经济研究参考，2020(7)：5-16，107.

[14] 谈文松. 农村土地流转过程中存在的问题及政策探究［J］. 山西农经，2021(16)：68-69.

[15] 朱敏霞. 乡村振兴战略下农村土地流转存在的问题与路径研究［J］. 农业经济，2020(7)：93-95.

[16] 张勇，唐超，路娟. 股份合作型新集体经济:生成逻辑、运行机制及实践约束——来自陕西省Y村的例证［J］. 湖南农业大学学报（社会科学版），2020，21(05)：8-17.

[17] 韩俊英.《农村集体经济组织法》的立法路径与方案设计［J］. 农村经济，2019(02)：131-137.

[18] 唐琪. 农村集体经济组织的法律地位［J］. 农家参谋，2018(03)：1-2.

[19] 黄建水，许小凡. 农村集体经济组织法人资格的立法研究［J］. 河南工业大学学报（社会科学版），2018，14(02)：8-12.

[20] 兰芳. 农村集体资产监督管理研究［J］. 中国集体经济，2020(32)：5-6.

[21] 杨洋. 农村集体经济振兴的蕴含价值、现实困境与实现路径［J］. 农村经济，2020(09)：27-33.

[22] 吴昊. 农村集体经济组织法人治理机制建构［J］. 河南社会科学，2021，29(02)：28-36.

[23] 高飞.《民法典》集体所有权立法的成功与不足［J］. 河北法学，2021(04)：3-12.

[24] 黄旖旎，符刚，贾未寰. 我国农村集体资产管理的问题及对策分析［J］. 时代金融，2017(29)：114+116.

[25] 李保楼. 农村集体经济发展中经营内容和组织模式研究［J］. 山西农经，2021(02)：45-46.

[26] 曹斌. 日本农村集体产权制度的演进、特征与构成［J］. 中国农村经济，2020(10)：131-144.

[27] 侯建新. 西欧中世纪乡村组织双重结构论［J］. 历史研究，2018(3)：93-106.

[28] 方尹. 村级集体资产管理模式的探索和创新［J］. 农村经济与科技，2020，31(18)：114-115.

[29] 侯萍静，刘维忠. 村集体资产管理效益研究［J］. 中国集体经济，2019(17)：1-2.

[30] 胡玉杰，李丽媛，彭徽. 乡村治理现代化背景下我国农村公共产品供给机制的演变、经验及建议［J］. 生态经济，2020(10)：112-118.

[31] 许海英. 加强农村集体资产管理的现状与对策［J］. 农家参谋，2019(22)：24.

[32] 林春. 农村集体资产管理的经验、问题与对策［J］. 江苏农村经济，2019(11)：41-43.

[33] 赵会来. 关于加强农村集体资产管理的探讨［J］. 时代经贸，2019(31)：74-75.

[34] 粟泽荣. 论传统农业如何向现代农业转型［J］. 种子科技，2021，39(12).

[35] 侯方安. 农业农村现代化对农业机械化转型升级发展的需求及影响［J］. 农机科技推广，2021(5)：24-25.

[36] 李喆. 浅析现代农业产业体系的发展现状与前景［J］. 山西农经，2021(20)：153-155。

[37] 刘昊，隋美超. “互联网 +”农业模式在我国经济发展中的现状问题及对策［J］. 农业与技术，2021，41(22).

[38] 董慧敏. 基于乡村振兴战略背景下的农业生产生态环境问题研究［J］. 杨凌职业技术学院学报，2021，20(4).

[39] 焦红林，王天乐，王庆云. 乡村振兴战略下农业产业化问题的思考［J］. 甘肃农业，2021(11).

[40] 李倩舒. 乡村振兴背景下“农文旅”深度融合特色小镇高质量发展的路径研究：以常州舜山小镇为例［J］. 西部旅游，2021(7)：50-51.

[41] 甘伟铭，陈新建. 乡村振兴背景下农业保险高质量发展的对策研究：以广西壮族自治区为例［J］. 区域金融研究，2021(7)：36-42.

[42] 刘文敏. 乡村振兴背景下郴州市新型农业经营主体高质量发展研究［J］. 中国集体经济，2021(21)：1-2.

[43] 张春玲，刘秋玲. 乡村振兴战略背景下农业高质量发展评价及路径研究［J］. 经济论坛，2019(4)：141-146.

[44] 麦成柱. 加快特色农业高质量发展全面深入实施乡村振兴战略［J］. 广西经济，2019(3)：28-29.

[45] 王贵媛. 乡村振兴战略下农村集体经济的发展路径［J］. 中国集体经济，2021(7)：1-2.

[46] 刘依杭. 新时代构建我国现代农业产业体系的若干思考［J］. 中州学刊，2018(5)：45-49.

[47] 张照新. 以乡村振兴战略引领新时代农业农村优先发展［J］. 人民论坛 · 学术前沿，2018(3)：34-39.

[48] 李国茹. 农村农业产业化发展路径探究［J］. 山西农经，2018(4)：42.

[49] 王文通. 关于加快农业振兴的建议［J］. 河北农机，2018(3)：13.

[50] 董红，王有强. 农民专业合作社发展的现状、困难及对策探析［J］. 云南民族大学学报（哲学社会科学版），2018(2)：105-109.

[51] 陈铁丽. 乡村振兴金融需求多元化与农村金融供给侧改革［J］. 农村金融研究，2019(11).

[52] 程郁. 引导金融资源向农村回流的政策性机制研究［J］. 经济纵横，2019(11).

[53] 王春辉. 农村金融服务模式创新发展策略研究［J］. 农业经济，2019(11).

[54] 赵洪丹，赵宣凯，丁志国．农村金融创新与农村经济发展——基于 2000—2015 年吉林省县级面板数据的分析［J］．中国农业大学学报，2019(12).

[55] 王冠华．新时代背景下农村金融改革的策略分析［J］．金融经济，2019(22).

[56] 熊宗燕．土地利用转型发展及土地资源管理策略［J］．住宅与房地产，2018(19)：170.

[57] 王蓉蓉．土地利用转型与土地资源管理策略分析［J］．价值工程，2018，37(19)：27-28.

[58] 王志成，张辉，张超，刘江华，陈都．新疆阿克苏灌区土地资源合理利用及变化分析［J］．资源节约与环保，2017(08)：125-126.

[59] 何睿智．土地利用转型与土地资源管理策略分析［J］．资源节约与环保，2019(03)：116.

[60] 王艳，陈艺娇．"十四五"推进农业农村现代化规划［N］．农民日报，2021-12-9(001).

[61] 孔德晨．未来五年，农业农村现代化这样建设［N］．《人民日报》海外版，2021-12-10(003).

[62] 马爱平．数百展项打卡"十三五"农业农村科技创新成就［N］．科技日报，2021-10-25(003).

[63] 张荣达．拓展农业功能加快推进农业农村现代化［N］．毕节日报，2021-5-21(005).